オリエント世界はなぜ崩壊したか

異形化する「イスラム」と忘れられた「共存」の叡智

宮田 律

新潮選書

オリエント世界はなぜ崩壊したか
異形化する「イスラム」と忘れられた「共存」の叡智

目次

オリエント世界はなぜ崩壊したか

異形化する「イスラム」と忘れられた「共存」の叡智

変わってしまった世界──序文にかえて

イスラムの美

私が中東、およびイスラムの研究をはじめて、四〇年が経とうとしている。一〇代の頃から井上靖の小説や、中央アジア研究で数々の業績を遺した岩村忍氏などの著作に触れてシルクロードに対するあこがれがあった。慶應義塾大学二年生の時、西洋史の中で「オリエント史」の講義を受講したが、そこで考古学専攻の教授が語る発掘調査の体験からは、壮大な遺跡を築いた古代オリエントの人々のロマンやエネルギーを感じとった。東洋史専攻の学生となった私は、中国の明代や清代の歴史よりも、ペルシア語の教室から聞こえてくるその言葉の甘美な響きに惹かれるようになった。

大学三年の夏休みに、東京外国語大学でペルシア語の三週間の集中講座があった。午前中だけの授業だったとはいえ、まったくの初心者向けの授業から始まり、講座の終わりには、初歩的な文章を読まなければならないハードなコースだった。担当の先生たちは古代から現代までイラン文学の専攻者が多かった。

その中にはイラン人の女性講師もいた。当時のイランはまだ一九七九年の「イラン革命」の前であった。彼女は昔イランで女性がヒジャーブ（顔を覆う布）をしていた頃、どうやって嫁さがしをしたかを説明してくれた。なんでもイランでは仲人役や男子をもつ親が、公衆浴場（ハンマーム）の垢すりの三助に女性の顔や身体的特徴を尋ねるのだという。
講座の最後では一一～一二世紀のペルシアの詩人、オマル・ハイヤームの四行詩集（ルバイヤート）を読んだ。

君も、われも、やがて身と魂が分れよう。
塚の上には一基《もと》ずつの瓦が立とう。
そしてまたわれらの骨が朽ちたころ、
その土で新しい塚の瓦が焼かれよう。

『ルバイヤート』（小川亮作訳・岩波文庫）

同じ講座を受講していたある大学の女性教員が、「イラン詩の、人が土に還るという情感がいいのよね」と語っていたことをよく覚えている。私もイランにも日本の『平家物語』の冒頭で語られる仏教の無常観があるのだと思い、日本人の精神との共通性を感じた。
このペルシア語の講座を受講したのは一九七八年八月のことだったが、奇しくもこの月の一九日、イラン西南部の石油都市アーバーダーンで何者かによる映画館焼き打ち事件が発生した。四〇〇人以上が亡くなる最悪の事件であり、反政府勢力を弾圧するために、国王の秘密警察が仕掛けたともいわれるが、これは翌年二月に起こる「イラン革命」へと繫がっていった。

イラン革命の直前には映画「燃える秋」が公開されている。五木寛之原作で、真野響子、北大路欣也が主演であった。王政末期のイランでロケが行われたために、王政下のイラン社会を知る上でも貴重な映像といえるが、そこには精緻なペルシア絨毯やイスファハーンの「王のモスク」にある青いタイルが鮮明に映されていた。映画館の客席からは女性たちの「きれーい」というため息混じりの声が聞こえてきたのを覚えている。


一九八九年三月、イラン・イラク戦争が終わったばかりの頃、私は初めてイランを訪問した。首都テヘランには、イラクのミサイルによってできたクレーターもあったが、旅行者の目では戦争の大きな惨禍を見て取ることはできなかった。闇の両替商人が街にあふれ、私など外国人を見つけては「ドルを買うよ」などと話しかけてくる。当時のイランは途方もないインフレで、一〇〇ドルをイランの通貨リアルに換金しようものなら、ズボンのポケットに入りきらないほどずっしりと重く厚い札束が返ってきた。戦争直後でもテヘランのバザールには活気があり、大勢の人たちで混雑し、商人たちの客を呼ぶ声が快く響いていた。

一九九〇年代初頭に訪れたシリアもまた、のどかな様子だった。首都ダマスカスのウマイヤ・モスクの周辺にはまばゆいばかりの象嵌細工など伝統的な工芸品が並び、外国人観光客などを相手に商売をしていた。私はホテルの屋上のレストランで夜風に吹かれながらアラブ音楽に興じた。

当時のシリアにはイスラエルとの緊張や先代アサド政権による人権抑圧はあったものの、政情は安定し、今日のような内戦の気配などまったくなかった。エジプトも同様で、ギザのピラミッドなどでは勝手にガイドを始める人々に大勢出くわした。あまりにしつこいので、欧米人観光客などが「かまわないでくれ」などと怒っていた。この頃のエジプトの観光地は、どこもテロとは無縁で、首都カイロでも外国資本のホテルのカフェではゆったりと水タバコをふかすエジプト人や外国人観光客たちも少なからずいた。

一九八〇年代終わりから九〇年代初頭、日本がバブル景気で絶頂期ともいえる状態にあったためだろうが、これら中東の国の人々の日本人を見る目には敬意に近いものがあった。イランでは、NHKのドラマ『おしん』が人気で、私が日本人と分かると、「オシン、オシン！」などと声をかけられたものだった。

中東イスラム世界は人のぬくもりが感じられるところだ。不断に外来の人々と接してきた遊牧の伝統からだろうか、一度しか会っていない人でも「今晩、うちに来て泊まらないか」「うちで夕食をともにしないか」などと心安く誘ってくる。本来のイスラムは「客人、異邦人」は特に大事にしなければならないという価値観をもつ社会なのだ。

米国での留学時代も、中東イスラム諸国出身の学生たちは、日本人が自分たちの地域を研究していると好意をもってくれ、率先して文献の検索などを手伝ってくれたり、翻訳のアドバイスをしてくれたりした。米国人の学生たちにはどこかビジネスライクな印象があったが、中東出身者たちとは、教員であれ、学生であれ、食事やハイキングなど、学外でも共に過ごすことが多かった。

一九九〇年の「変調」

中東イスラム地域に明らかな「変調」が見え始めたのは、一九九〇年に入ってからであった。一九九〇年八月二日に発生したイラクのクウェート侵攻を契機に、その翌年には「湾岸戦争」が始まった。サダム・フセインが世界有数の産油国であるクウェートに侵攻、併合を宣言したことに対して、当初はアラブ諸国の地域機構である「アラブ連盟」によって「アラブによる解決」が唱えられた。だが米国の先代ブッシュ政権は軍事介入を決定、サウジアラビアを戦略の拠点に定め、米軍を送り込んだ。

サウジアラビアはイスラムの聖地メッカ、メディナを抱え、さらにいえばイスラムの中でも特に戒律を重んじるワッハーブ派の国である。国際的な批判はともかく、現在も女性の行動が制限される国に、米軍は女性兵士を派遣したのである。このことがサウジアラビアの人びとにどのような感情を抱かせたであろうか。米軍の兵士たちは一九九〇年のクリスマスもサウジアラビアで盛大に祝った。

米国はサダム・フセインのイラクが一九八〇年にイランに侵攻した際には批判の声を上げることはなく、むしろ支援に回ったが、親米産油国のクウェートがイラクに併合されると、たちまち厳しい姿勢で臨み、イラク軍をクウェートから排除してしまった。湾岸戦争には欧米諸国の明らかな「二重基準」が見られた。

「二重基準」といえば、一九六七年の第三次中東戦争以降、ヨルダン川西岸やガザ、ゴラン高原を占領してきたイスラエルのことも浮かんでくる。イスラエルには撤退を求めない欧米諸国だが、イラクによるクウェート併合には直ちに反応したのである。実際、サダム・フセインは、クウェートからのイラク軍の撤退を条件に、イスラエル軍の占領地からの撤退を求めたが、欧米諸国はこれにまともに取り合おうとはしなかった。

いくつかの「二重基準」に見られる不義、イスラム世界に対する米欧諸国の軍事介入に反応して一九九五年、九六年と立て続けに、サウジアラビアにある米軍施設で大規模なテロが起こった。さらに一九九八年にはケニア、タンザニアにある米国大使館が爆破された。

これらの事件は国際テロ組織「アルカイダ」によるものとされている。いうまでもなく「アルカイダ」はサウジアラビアの富豪一族に生まれたオサマ・ビンラディンが組織したものである。ビンラディンはサウジアラビアに駐留する米軍に激しく反発し、その憎悪や報復の感情を「イスラム過激派」の活動として、ますますエスカレートさせていった。だが、一九九八年の大使館爆破を受けて、クリントン政権はスーダンとアフガニスタンに報復攻撃を行ったものの、クリントンはただ「テロには屈しない」と述べただけで、なぜ米国がテロを受けるのかについて言及することはなかった。

ところで湾岸戦争が起きた一九九〇年代前半は、中東（パレスチナ）和平にも光明が見えた時期でもあった。一九九三年、PLO（パレスチナ解放機構）のヤーセル・アラファト議長とイスラエルのイツハク・ラビン首相が「暫定自治に関する原則宣言」（オスロ合意）でパレスチナとイスラエルが共存を図っていくという精神を共同で唱えたのである。これによってパレスチナは徐々に自治地域を拡大し、やがてパレスチナ国家が成立するはずであった。この当時出会ったイスラエル・テルアビブ大学のリベラルな大学教員は期待に胸ふくらませながら、「この原則宣言はきっとうまくいく」と言っていたが、数次の中東戦争やテロの応酬を経て、ようやく動き始めた和平の背景には、パレスチナと敵対し続けたイスラエル側の疲弊を見て取ることも出来る。

しかし、この「原則宣言」にはパレスチナとイスラエル双方から反対の動きが出た。一九九五年一一月、和平を推進していたラビン首相は、テルアビブでの和平推進集会後にイスラエルの極右の青年に銃撃されて死亡。他方、パレスチナの側でも、イスラエルの存在を認めないと訴えてきたパレスチナの政党「ハマス」、その過激派によるテロが一九九六年に立て続けに起こった。そしてラビン死去を受けて行われたイスラエル初の首相公選ではパレスチナに対して強硬姿勢を貫くネタニヤフ首相による政権が成立し、以来、和平は停滞したままである。

そして世界は変わった

二〇〇一年九月一一日、ニューヨークの世界貿易センタービルに旅客機が突入する様子をニュースで見た時、私はすぐさま「イスラム過激派の犯行だ」と思わざるをえなかった。彼らほど米国を憎悪する組織は他に見当たらないからだ。メディアもそう察知したのだろう。イスラム地域について本を書いていた私は突如として多くの新聞やテレビからコメントを求められるようになった。

私は米国留学時代、イラン現代史の研究では世界的に著名なニッキー・ケディ教授に師事していた。彼女はイランだけでなく、イスラム世界各地を調査して回り、イスラムの文化や社会を比較する論稿を著していた。そうした彼女の研究手法に影響され、私は文献だけでなく、実際にイスラム諸国を見聞することを研究の中心においた。地道に現地社会を観察しなければ、研究の目も曇り、論理も弱くなり、さらには書く文章にも力が入らないと思うようになった。著書では、現代イスラム世界の宗教、文化、歴史、政治、国際関係などを扱うが、しかし二〇〇一年九月一一日からメディアでコメントを求められる場合、テロや紛争に関するものがほぼすべてと言ってよいほどになった。私自身の仕事環境の変化も、イスラム世界の変容に応ずるものであったように思う。

九・一一事件の翌月、米国はビンラディンをかばうアフガニスタンのタリバン政権を攻撃した。攻撃に際しては米軍は、「北部同盟」という反タリバン勢力を支援、活用して地上から打倒することを考えていた。そして米国が思い描いたように、タリバン政権は軍事介入の二カ月後に崩壊したのだが、タリバン勢力自体がなくなることはなかった。首都カブールからは撤退したタリバンは、その後も各地で根強い活動を続け、カブール撤退から一四年経った二〇一五年九月、アフガニスタン北部のクンドゥズを制圧した。そのために二〇一六年末にアフガニスタンから完全撤退を宣言していたオバマ政権はスケジュールを変更せざるをえなくなっている。

理不尽な戦争

九・一一事件を経て、中東地域はすっかり変わってしまった。それは、アメリカを中心とした世界がイスラムへ徹底して介入することによって起こった。

すでに湾岸戦争や九・一一事件直後のアフガニスタン攻撃でも変貌は見られたが、これらの戦争は地域や対象が限定的であった。しかし、この後に展開する「イラク戦争」はそうではない。まがりなりにもイラクという国連に加盟する主権国家の元首を徹底的に追い込むものであり、その根拠もまたアフガニスタン攻撃以上に不可解かつ理不尽であった。ブッシュ政権は九・一一事件と、「イスラム過激派」とはまるで無関係のイラク、サダム・フセイン政権を結びつけ、イラク戦争に遮二無二向かっていったのである。

フセイン政権は世俗的な社会主義に訴えるバアス主義のイデオロギーをもち、オサマ・ビンラディンなどいわゆる「イスラム過激派」との思想的なつながりはまったくなかった。それは私たち専門の研究者はもちろん、アラブ地域を知るものにとっては常識以外の何ものでもない事実である。そもそもイラクについていえば、イラン・イラク戦争においてはアメリカをはじめ西側欧米諸国が挙《こぞ》って支援した国であった。

にもかかわらず「対テロ戦争」を掲げるブッシュ政権は、執念とも思えるほど前のめりになり、二〇〇三年三月、イラクが大量破壊兵器をもっているとして「イラク戦争」を開始した。イラクの大量破壊兵器については一九九〇年代に国連の査察を受け入れ、廃棄・破壊されていることはすでに報告されていた。だがチェイニー副大統領などは、CIAを使ってイラクとアルカイダの関連を証言するウソの供述を、捕えたアルカイダのメンバーから、無理に引き出そうとした。

案の定、戦争が始まってもイラクからは大量破壊兵器は見つかることがなく、イラクとイスラム過激派との関係も証明するものは何も出てこなかった。代わりに現れたのは数十万ともいわれる多くの民間人を含むイラク人の戦死者と、中東のさらなる混乱であった。

「イラク戦争」が生み出したもの

「イラク戦争」の戦闘終結宣言は開戦から四二日後に出されたが、このあとに続く有志連合軍のイラク駐留は、イラクを一層混乱に陥れた。

米軍を中心としたイラク暫定統治機構の方針はあくまでもフセイン政権下で人権を蹂躙、迫害されていた人々の解放であり、政治の民主化であった。虐殺の対象にされていたクルド人たちは「自治」の名の下、実質的な独立を与えられ、さらには非主流派であったシーア派が政府の中枢に取り込まれた。それはフセインの独裁、恐怖政治と対比すれば、大いに歓迎されるべきことと も考えられた。

が、実際に行われていたのは、米国に従わないスンニ派の排除であり弾圧であった。米国に従順なシーア派を優遇した上で、スンニ派の人々を政府や軍から排除することは、イラクを「分断統治」し、政治、社会の分裂を固定化することに他ならない。冷遇されたスンニ派は大量の失業にみまわれ、米国がつくった新体制に対する不満を募らせていった。

米軍が占領統治を始めた直後からイラクではスンニ派の武装集団が活動するようになった。またこの活動が「磁石」となって、さらに世界各地から米軍をこころよく思わない武装集団も引き付けていった。その中にいた一人が、後に「イスラム国」を組織するアブー・ムーサブ・アル・ザルカウィであった。内戦状態に陥ったイラクでは、米軍からも四五〇〇人の戦死者が出た。

しかし、それでも米国の方針は改められることはなかった。米国主導のもと成立したイラク新政権も暫定統治の方針を忠実に継承し、イラク南部の石油資源から上がる収益は、北部のスンニ派地域に配分されることはなく、スンニ派武装集団は、いよいよ先鋭化していった。そして、やがてその矛先は、イラクに多国籍軍を送った「有志連合」の〝本国〟に直接向けられるようになった。

二〇〇四年三月一一日、スペインのマドリードで列車爆破テロ事件が起こり、一九一人が死亡。イギリスのロンドンでも二〇〇五年七月七日に地下鉄、バスで同時多発テロが発生し、五二人が犠牲となった。「イラク戦争」はイラク国内の秩序を崩したと同時に、世界の均衡をも破壊してしまったのである。もはや何かが変わったという次元を超越し、報復の応酬は広く世界に暴力と混乱をもたらすこととなったのである。

「アラブの春」という混乱

二〇一一年は、アラブ諸国で「アラブの春」という一連の民主化要求運動が起きた年だった。これもまたイラク戦争の影響を否定することは出来ないが、独裁政権がチュニジア、エジプト、リビア、イエメンで次々と倒れ、アルジェリア、モロッコ、サウジアラビア、ヨルダンなど、中東や北アフリカの多くの国々でデモが発生した。ただ、結果として民主化に成功したのはチュニジア一国だけだった。

私はこの年の秋に「アラブの春」の舞台となったエジプト、ヨルダン、レバノンを回った。その年の二月にムバラク政権が打倒されたエジプト社会は平穏になったように見え、総選挙を前にして、「過激派」と形容された「ガマア・イスラミーヤ」も政党をつくり正面からの政治参加を考えていた。

私はムバラク政権時代に外務大臣を務めたアムル・ムーサ氏と面談した。ムーサ氏は「エジプト国民はムバラク政権の失政に苦しんできた。私はエジプトの社会、経済発展のためにできるだけの努力を払うつもりでいて、ムスリム同胞団とは意見の交換を繰り返している」と言い、ムバラク後のエジプト政治に対する抱負とイスラム原理主義のムスリム同胞団との連携を語っていた。

だが、この後の二〇一二年、初めての民主選挙で成立したモルシ大統領の政権は、各宗派のバランスを図った組閣を行ったものの、一方でモルシの出身母体である同胞団を優遇する側面も見せたことに加え、経済の低迷もあって急速に支持を失った。そして二〇一三年七月、軍によってモルシは拘束され、大統領の座から引きずりおろされてしまった。

そもそも、エジプトは政治とともに国内の経済活動もまた軍の強い影響下にあったために、

「アラブの春」で突然変わった政治体制に経済が追いついていなかったのである。モルシの後を継いで大統領となったのはエジプト軍最高評議会議長のシシだったが、シシ大統領を頂点にする新たな軍人政権は、早速、ムスリム同胞団の弾圧を強化した。その結果、同胞団の一部は過激化して、シナイ半島で活動する「イスラム国・シナイ州」を名乗る集団のメンバーとなっている。

ヨルダンは、「アラブの春」をいち早く察知した国王が他の国よりも迅速に首相を退陣させ混乱の収束を図った国である。国王は選挙法の改革、政党法、表現の自由、さらには憲法改正などの改革を進めるように指示した。経済面でも公務員の給与の引き上げなどを行い、民主化要求運動の主張を先取りした。しかし一方で国内を見渡せば、貧富の格差は激しい。

二〇〇四年、日本人青年の香田証生さんを拉致、殺害したアブー・ムーサブ・アル・ザルカウィも、その名が示すように首都アンマン近郊、ザルカ市の出身だが、改めて彼の生家近くを訪ねると、極端に恵まれない人々が少なからずいることがわかる。このようなところからザルカウィのような過激な者たちが生まれ続けていることを考えると、イスラム過激派の源流のひとつに経済問題があることは間違いない。

「イスラム国」は何を目指すのか

「アラブの春」では、かつて一九九〇年代に共産圏で起こったようなドラスティックな民主化の動きは生まれなかった。むしろ政権が二転三転したり、弾圧が強化されたりして、国内は一層混乱、社会基盤も脆弱化した。一部においては内戦が恒常化したところもあって、シリアがその最たる例であろう。アサド政権は民主化運動に対し、ひたすら厳しい弾圧を行ったため、その凄惨さゆえに軍隊が真っ二つに分かれ、その暴力的手法に反感を抱く勢力が、反政府勢力の「自由シリア軍（FSA）」となった。内戦状態に陥ったシリアでは、およそ二〇万人が亡くなり、総人口の五分の一にあたる約四〇〇万人が難民となった。そして国全体が「廃墟」となってしまったが、この争いをより深い混迷に陥れているのが、イラク戦争の果てに生まれた「イスラム国」である。

二〇一四年六月に、イラク北部の都市モースルが自称「イスラム国」に制圧されて、「イスラム国」はにわかに国際的に注目されるようになった。イラク北部やシリア東部で支配地域をもつようになった「イスラム国」だが、イラクで急速に台頭した背景には、スンニ派住民たちがイラク新政府に対して抱く不満や反発がある。「イスラム国」は住民に加え、遊牧部族長などのコミュニティー指導者、さらにはフセイン政権時代のイラク軍将兵たちの感情を上手く汲み取り、組織の拡大に役立てた。囲い込んだイラク軍将兵を通じ、米国がイラク軍にもたらした兵器を入手することもあれば、元イラク軍将官を通じて「イスラム国」に集まった有象無象を〝軍隊〟として機能させることにも成功したのである。こうして力を得た「イスラム国」はイラク新政府軍を破ると、そこに残された装備で、さらに軍を強化していった。

だが、「イスラム国」の脅威はこれだけではない。イラク、シリア周辺からだけではなく、もっと遠くから人を集めることにも長けていた。

二〇一五年一一月一三日、「イスラム国」を名乗る者たちによる同時テロがパリで起こった。一三〇人が犠牲になり、これを受けてフランスのオランド大統領は、「戦争状態に入った」と高らかに宣言した。しかし、同時テロを起こしたのは主にフランスなどヨーロッパで生まれた人間たちだった。ヨーロッパ諸国は一九六〇年代に労働力不足を補うために北アフリカから移民を迎え入れたが、ヨーロッパが不況になると、「移民」にルーツを持つ者は次第に〝お払い箱〟になっていった。テロを起こした者たちの多くが、この移民たちの子孫である。彼らの不満や閉塞感を捉えた「イスラム国」のリクルートにより、ヨーロッパの若者が次々にシリアに渡り、そこでテロのノウハウを学ぶのである。もしフランスが本当に国内でのテロを抑制したいのならば、異様に高い移民の失業率（二〇一三年は一七・三％、非移民は九・七％）など不均衡な社会経済状態を改善することを視野に入れるべきだろう。フランス国内でテロを起こそうとする人間は、フランスがしきりに空爆するシリアにはいないのだ。

さらに、二〇一五年一二月に、イギリス議会もシリアを空爆することを決めた。キャメロン首相は、シリアを空爆すれば、イギリスはより安全になると説いたが、フランスと同様にイギリス社会でテロを起こす可能性があるのはシリアの武装集団ではなく、おそらくイギリス国内の人間であろう。そもそも空爆で「イスラム国」を封じることができるという確証もまったくない上に、イギリスの安全を増すためにシリアを空爆するということ自体、イギリスにテロの標的になる十分な背景があることを明らかにするようなものである。
中東の一地域で起こったことが、いまやヨーロッパに混乱と悲劇をもたらしている。

米国の変心

二〇一五年一二月、米大統領選の共和党候補者指名争いで優位に立っていたドナルド・トランプがカリフォルニアで起きたイスラム教徒による銃撃事件を受けて、イスラム教徒の入国を当面禁止すべきだという声明を発表した。世界中の人びとがこの言葉に耳を疑ったが、一方で彼が圧倒的な支持を得ていることも事実である。アメリカもまた変わりつつある。

米国の初代大統領であったジョージ・ワシントンは一七八四年三月二四日付、側近のテンチ・ティルグマンに宛てた文書でこんなことを書いている。

「アジア、アフリカ、ヨーロッパの人間であれ、またイスラム教徒、ユダヤ教徒、クリスチャンであれ、よき労働者ならば（政府のために）雇用すべきである」（米 Touro Synagogue のウェブサイトより）

またワシントンは、あるユダヤ人に宛てた書簡の中でも、

「米国の自由と個人の生活を保障しながら『アブラハムの子どもたち』は米国では恐れることは何もない」（同）

と述べている。一神教の「アブラハムの子どもたち」はユダヤ人とともにイスラム教徒も指す言葉である。ワシントンなど米国の建国者たちは宗教による差別を否定し、また新しい国家である米国に活力を与えるため、様々な宗教、人種の人材を活用することを考えていた。そうすることで欧州の軛《くびき》からも離れられると思っていたのである。

本来、米国は異教徒に寛容な国で、合衆国憲法でも信教の自由は認められている。しかし、九・一一事件を境に急加速した欧米のイスラム世界への軍事介入と、それに対する過激派によるテロの「報復」によって、寛容さはすっかり失われてしまった。それはまさに一九九〇年代前半に米国ハーバード大学教授サミュエル・ハンチントンによって提唱された「文明の衝突」論が現実となった格好でもあった。冷戦終結後、世界を大きく二分するキリストとイスラムの両文明から新たな対立が生まれ、やがて衝突するというハンチントンの理論は、当時、大いに話題となり、「文明の対話論」なども持ち出され、議論もされた。だが、二一世紀の現実を目の当たりにして、もはや否定することは出来なくなった。二〇一五年現在で、イスラム世界の人口はおよそ一六億人、そのうちテロを起こすのはごくごく例外的な人物だが、イスラムに対する嫌悪やムスリム移民の排斥を唱える風潮は欧米諸国でますます強まっている。

二〇一五年一二月、フランスで同時テロ後、初めての全国選挙となる州議会選挙が行われたが、移民の排斥を掲げる極右政党の国民戦線が全国得票率で一位となるなど躍進した。

また他方、「イスラム国」も空爆を行う国など、自らに危害を加える国や勢力に対する「報復」を強めるようになった。二〇一五年一〇月末にロシアの旅客機がエジプト・シナイ半島で墜落した事件にも「イスラム国」関与の可能性が高いとされ、また、パリ同時テロの前日の一五年一一月一二日には、レバノンのベイルートで自爆テロが発生し、四三人が犠牲になったが、ここは「イスラム国」と戦うシーア派組織「ヒズボラ（神の党）」の拠点地域である。

ハンチントンは、このような文明と文明のぶつかり合うところを「フォルト・ライン（断層線）」と言い、そこで起こる戦争は、「地理的な近さ、異なる宗教と文化、異なる社会構造、そして社会の歴史的記憶の中で起こる」ものとして、容易には終結せず、もし解決するにしても、それには高度な政治的判断が求められるとする。

ならば、私たちは絶望しなければならないのか。いや、すでに絶望の淵に彷徨《さまよ》う人々の、いかに多いことか。「イスラム国」の伸長のみならず、西欧諸国における極右勢力の台頭を見れば、フォルト・ラインは、いまや国境線だけではなく、国の中にも生まれているといってもいいだろう。人類は永遠の消耗戦に突入してしまったと見るべきなのだろうか——。

だが、私は、そうは思わない。なぜなら人類には今日まで文明を築き上げてきた叡智がある。誕生間もない心もとない文明の灯を絶やすことなく受け継いできた古代、幾度となく破壊を繰り返しながらも新たな文明を獲得したその後の世代……さまざまな経験を積み重ねて、今の人類が存在する。ならば、これからの人類にそれが出来ないはずがないではないか。

人類は何も絶望するために文明を築いたわけではないのである。少なくとも今、混乱の震源地として第一に挙げられる中東はそのようなところではなかった。

本書の狙いは、人類の文明を源流からたどり、長い歴史の中で獲得した叡智を探し求めることにある。もちろん、それは容易な作業でもなければ、誰もが納得する叡智を見つけ出せるかどうかもわからない。

だが、人類は一日でも早く、原点に立ち返る、もしくは立ち返ることを考えはじめなければならないと思う。それは長きにわたって中東文明を見続けた、一研究者の感覚から来るものである。このままだと、人類は積み上げてきたものさえも失ってしまう――。

昨今の出来事を見ていると、私はそんな気がしてならない。

シカゴ大学のエジプト学者ジェームズ・ヘンリー・ブレステッド（一八六五‐一九三五）は、一九一六年に出版した著書『古代――初期世界の歴史〝Ancient Times ― A History of the Early World〟』の中で、ナイル川からチグリス・ユーフラテス川に至る三日月状の豊饒で、水利にも恵まれた土地のことを「肥沃な三日月地帯」と形容した。それは人類が希望を抱きながら生きるために欠かせない文明を生み出したところである。

そこを「オリエント」と呼ぶ。

しかし、いま、「オリエント」は深くて絶望的な混迷のなかにある。

第一章　オリエント興隆

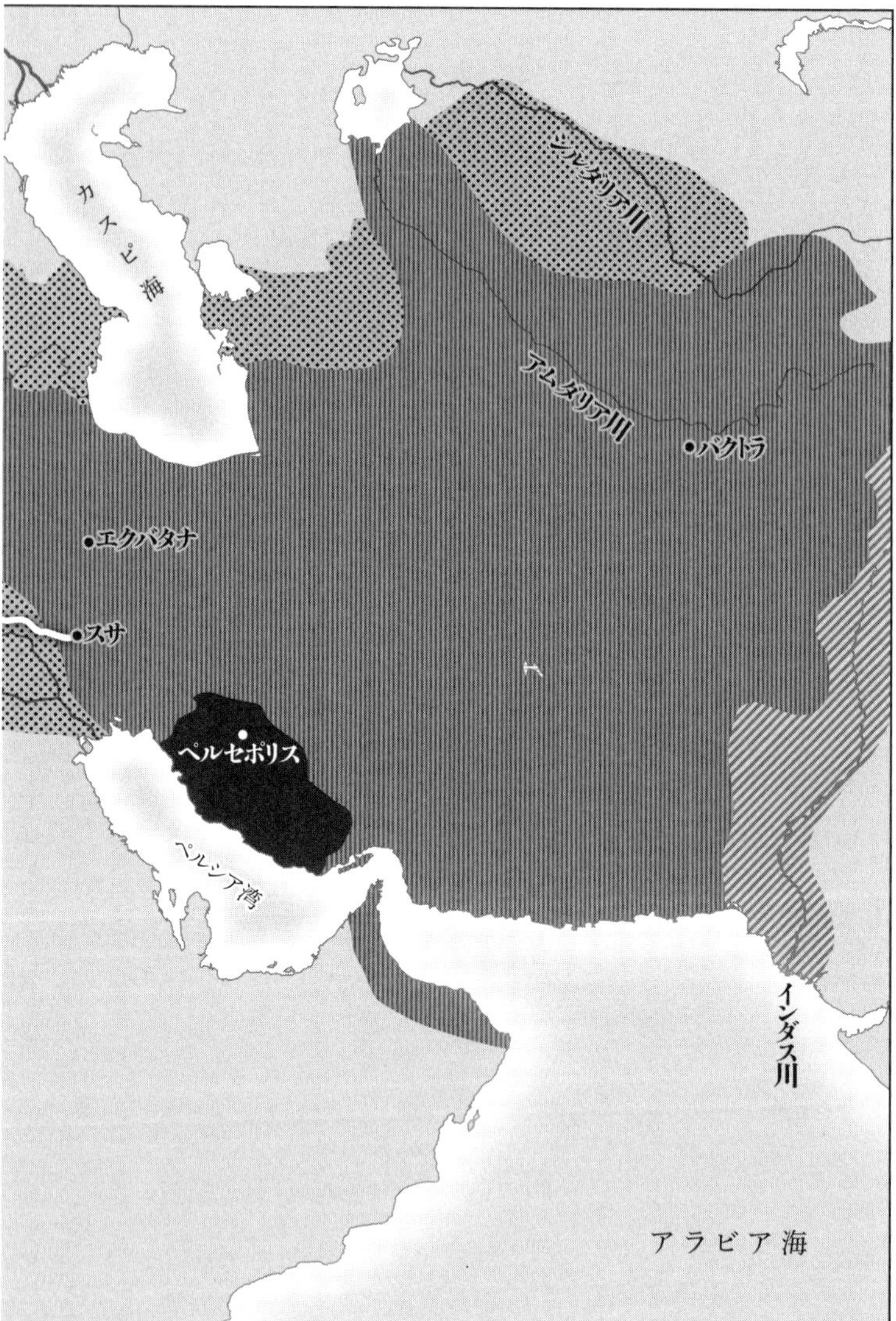
カスピ海
シルダリア川
アムダリア川
バクトラ
エクバタナ
スサ
ペルセポリス
ペルシア湾
インダス川
アラビア海

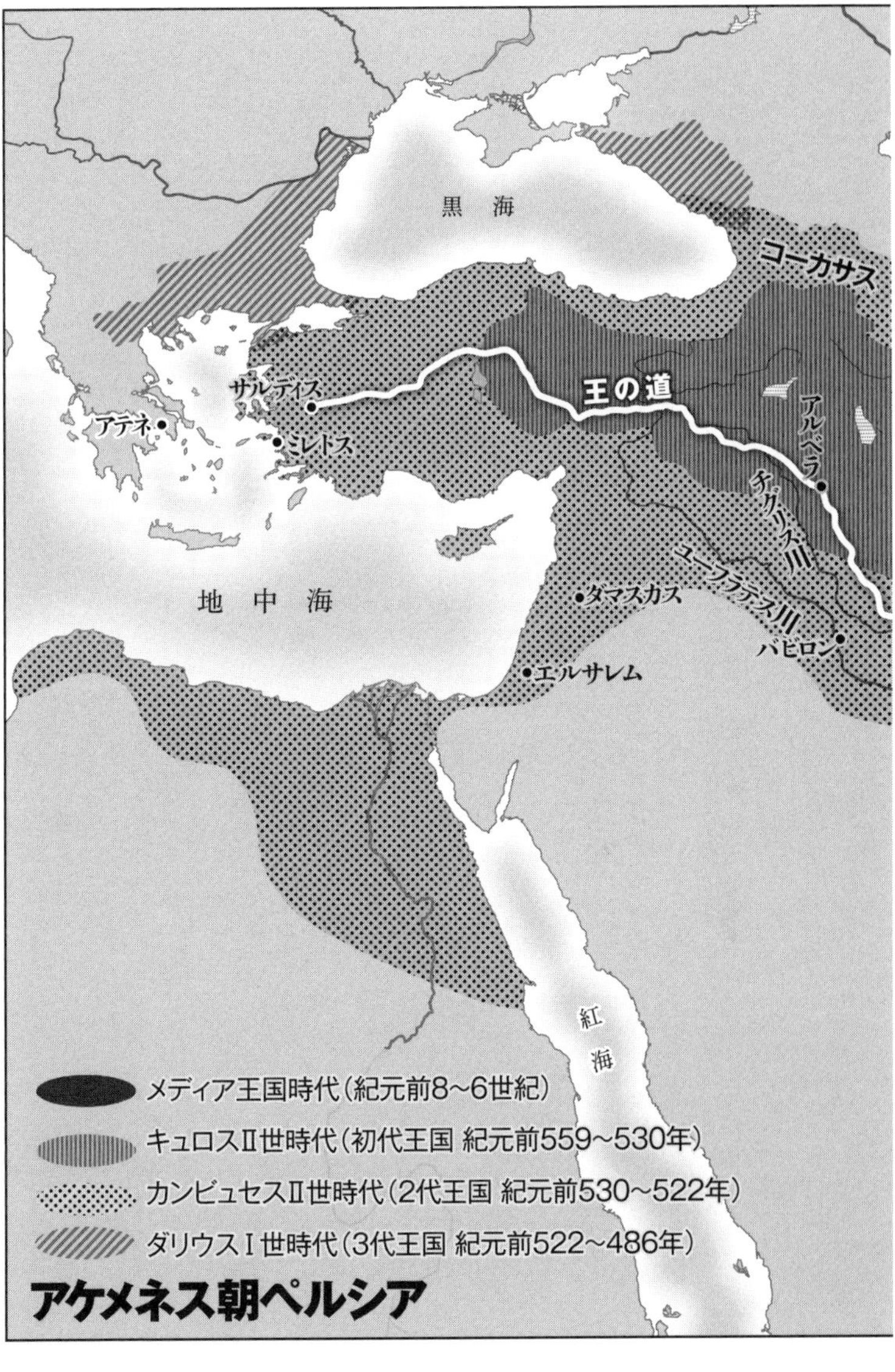
黒海
コーカサス
王の道
サルディス
アテネ
ミレトス
アルベラ
チグリス川
ユーフラテス川
地中海
ダマスカス
バビロン
エルサレム
紅海
メディア王国時代（紀元前8～6世紀）
キュロスⅡ世時代（初代王国 紀元前559～530年）
カンビュセスⅡ世時代（2代王国 紀元前530～522年）
ダリウスⅠ世時代（3代王国 紀元前522～486年）
アケメネス朝ペルシア

オリエントの源流

私たちは、ふだん、なにげなく「オリエント」という言葉を使っているのではないだろうか。数々の企業名しかり、洒落たリゾートホテルの名前にもありそうなものだ。そして時には人の顔を見て「オリエンタルな顔立ち」などと言ったりもするのだが、ここで、ふと思うのである。「オリエント」とは何だろうかと。

「オリエント」を辞書で引けば、最初に《東洋。東方諸国。》（『広辞苑』第六版）という意味が示され、次いで、《ヨーロッパから見て、近東諸国。西洋史上、特に古代のエジプト・メソポタミアを指す。》（同）とされる。

近東とは、最近使われなくなった言葉だが、それはレバノンやシリアといった国々を指し、古代エジプト、メソポタミアは、そのまま現在のエジプト、イラクにあたる。いわば一般的に中東と括られる地域であり、序文でも伝えた、まさに今、世界を揺さぶり続ける国際情勢の震源地である。

と、ここまで述べて改めて学問的な「オリエント」の定義を見てみよう。三笠宮崇仁《みかさのみやたかひと》親王とともに「日本オリエント学会」を創設した古代オリエント史研究のパイオニア、板倉勝正氏によれば、オリエントとは、

《西北はダーダネルス海峡から東南はインダス川、東北は中央アジア南部から西南はヌビアまでを含む。元来ラテン語で〈東方〉すなわちギリシアをさしたが、ついで拡大して中近東地方に適用された》（『世界史小辞典』山川出版社）

となる。ダーダネルス海峡とはトルコとギリシアをつなぐ二つの海峡の内のひとつ（もうひとつはボスフォラス海峡）で、マルマラ海を通じて黒海と地中海を結ぶ航海の要所である。そしてヌビア地方とは今のエジプトからスーダンあたりを指す。

こう見ると、「オリエント」とは、欧州やユーラシア、南北アメリカといった大陸と比べればはるかに小さい、実は地図上の限られた地域に過ぎず、ラテン語の語源までたどれば「ギリシア」の一地方になってしまうのである。だが、実際には「オリエント」という言葉には壮大な広がりがある。たとえば「西洋《オクシデント》」と「東洋《オリエント》」で分ければ北半球のおよそ半分を示すことになるだろう。この広い定義についてには、この章の最後でさらに深めてゆくが、ここでは本来の「オリエント」、いわゆる現在の中東地域をその根源として捉え、「オリエント」とはいったい何であるかを探ってゆく。

「オリエント」の中心をなすものが、エジプトとメソポタミアの都市文明であることは先に示した定義のとおりである。この両文明については世界四大文明（他は黄河文明、インダス文明）ということで、誰もが知る言葉だろう。だが、果たしてそれが持つ「意味」を問われると、とたんに答えに窮してしまう。「エジプトのピラミッド」「メソポタミアの楔形文字」といった教科書に載る用語の先に見えてくる文明の背景であり、当時生きた人々の思想である。

エジプト文明が、今のエジプト・アラブ共和国、ナイル川沿いに興った文明であり、メソポタミア文明が、今のイラク共和国あたり、チグリス川とユーフラテス川の二つの河川に挟まれた一帯に興った文明――とは、それこそ中学校の教科書にも載っている。大概は、他の文明と一緒に、教科書の最初の方にまとめて紹介されているものだが、ここで改めて地図を見ていただきたい。現在のエジプトとイラクの間には、ヨルダンとイスラエルの二つの小さな国があるだけで、首都カイロとバグダードの距離はわずか一二〇〇キロ。高速道路ならば東京‐福岡間ほどの距離しかない。これをどう見るかである。確かに文明の発生は、それぞれの大河によってもたらされたものかもしれないが、時を経て、文明が成熟してくると、二つの文明は密接に交わり始める。別々に捉えて完結させるよりもむしろ、ひとつの「オリエント」として見る必要があるのではないだろうか。

一帯の歴史を見るにおいて、日本語では、なかなか発音しにくい地名や人の名前がたくさん登場する。また、いずれもが、すでに失われた文明として、イメージしにくいというのもあるかもしれない。しかし少しずつひもといてゆくと、そこには今に生きるさまざまな事象の誕生があり、失われた文明というよりも、今もなお生き続けているということが分かるはずである。「オリエント」をたずねることにはそんな意味がある。

ざっくりとオリエントの歴史を見ると、オリエント全域を最初に支配したのは、アッシリアだった。いまのイラク北部に都をおく、このメソポタミア由来の王国は紀元前六八〇‐前六七〇年

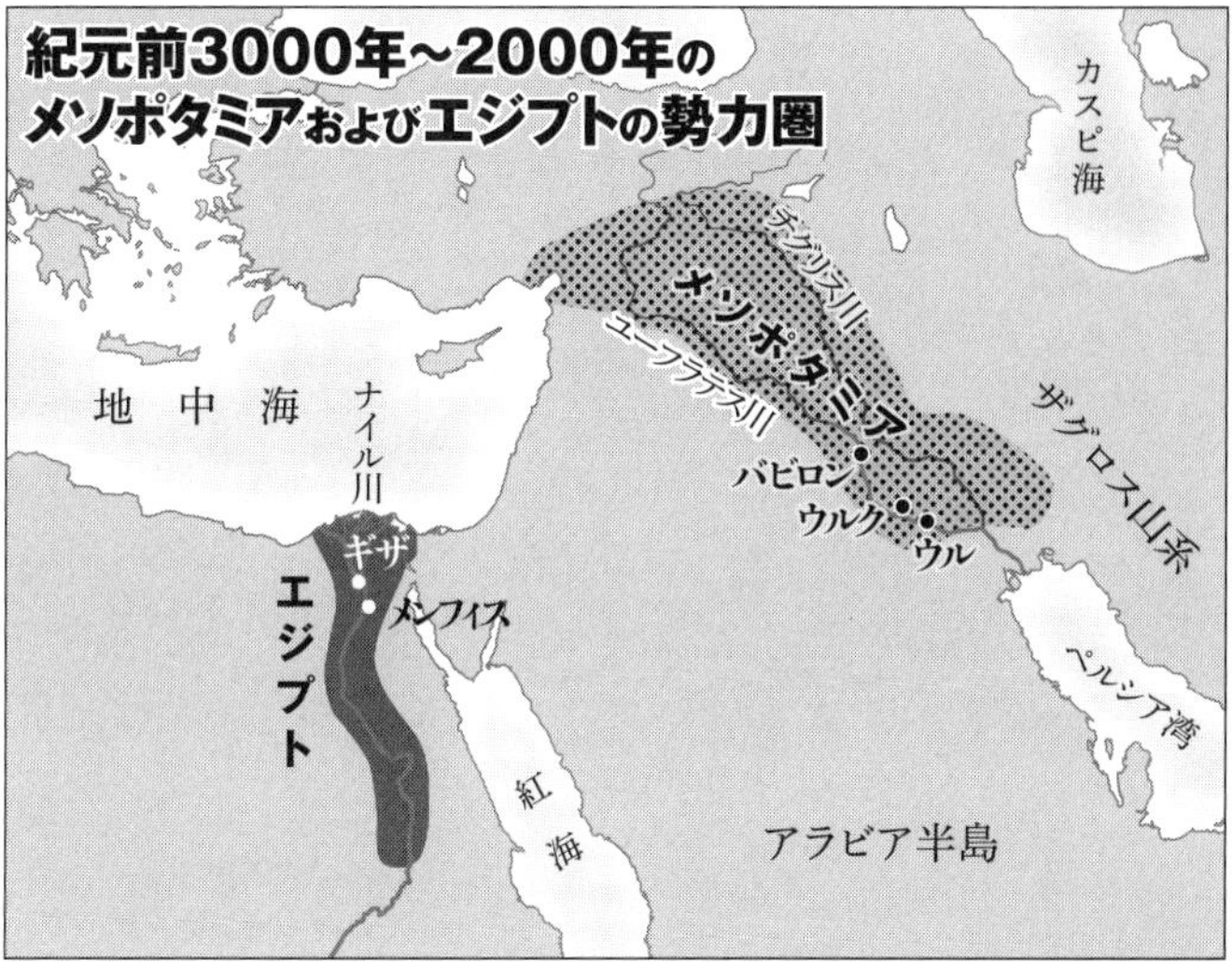

ごろに一帯の勢力をおさえ、一大帝国を築き、紀元前六〇〇年頃には滅亡した。そのあとをアケメネス朝ペルシアが継いだ。そしてそのアケメネス朝は紀元前三〇〇年、ギリシア人のマケドニア王国、そのアレクサンダー大王の東方遠征によって追いやられ、代わってギリシア由来のヘレニズム諸国が分立した。もちろんこの周辺では同時並行でさまざまな国家、集団が現れては消えているが、ヘレニズム成立に至るまでの時代の一区画を一般的に「古代オリエント」と呼ぶ。この中で様々な文化が生み出され、時代は作られていくのだが、それは古代ローマのことわざ「光は東方より」がしめすように、「オリエント」なくしては今日の文明はなかったといっても過言ではない。

そこで、教科書のおさらいのようだが、オリエント源流の文明の例を少し挙げてみよう。「太陽暦」と「幾何学」はエジプトに生まれ、

「天文学」「一二進法（緯度・経度・時計）」はバビロニアに端を発する。また「アルファベット」も、現在のシリア周辺に住んでいたフェニキア人のフェニキア文字にその源流を求めることが出来る。そして何よりも、紀元前一二〇〇年頃にはここから、一神教のユダヤ教が生まれている。そして、このユダヤ教からはキリスト教が派生し、さらにはイスラムもまたオリエントから誕生したことを考えれば、今日の世界をわける価値観が、いずれも一つの〝屋根〟のもとに生まれ育ったことは、実に興味深い。このことについては後に詳しく触れよう。

ところで、「光は東方より」にちなんで、オリエントを表すもう一つの言葉として「レヴァント」がある。レヴァントは、フランス語の「ルヴェ（lever、昇る）」から派生した言葉で、「太陽が昇る地域＝東」という意味であり、歴史的には東地中海地域を指してきた。十字軍の遠征後の一二世紀、現在のレバノンのスールやサイダー（いずれも首都ベイルート南部の沿岸都市）と交易関係を築いたヴェネツィア商人たちも「レヴァント」を用いていた。非常に曖昧に使われてきたことは確かで、小アジア（トルコ、アナトリア半島）やシリア、時にはギリシアからエジプトに至る地域も「レヴァント」といわれることもあれば、第一次世界大戦後にフランスが統治したシリアとレバノンに限って使われることもある。いずれにせよヨーロッパの国々には文明をもたらす、まさに輝かしい地域として見られていたことの証左であろう。ただ残念なことに、現在はもっぱら「イスラム国（ＩＳ）」の別称、「ＩＳＩＬ＝Islamic State in Iraq and the Levant（イラクとレヴァントのイスラム国）」で見ることが多い。

さて、「古代オリエント」の大きな枠組みを見たところで、ここからは「古代オリエント」の礎をなす「メソポタミア文明」と「エジプト文明」をたどってゆこう。この二つの文明はやがて「オリエント」として捉えてゆくことになるが、いずれも別の地域に発生し、それぞれ数千年にわたる長い歴史の中で育まれたものゆえに、やはり違った個性を持つ。この個性を知ることは、「オリエント」の性格を知る上で重要である。

まずはメソポタミア文明である。それはチグリス川とユーフラテス川によって育まれた文明であり、シュメール、バビロン、アッシリアなどの古代国家を生んできた。いずれも今のイラク、イラン、クウェートあたりにあった国家として知っておきたいが、これら国家はいずれも、河川の洪水を止める努力と、そこで行われる灌漑によって文明を発達させた。

灌漑によって発達した農業により余剰の生産物がうまれ、そこから集団での生産体制、さらには国家の原型ができた。まず生まれたのは「シュメール」だった。シュメールとは南部メソポタミアの古代名であり、今のイラク、クウェートあたりにあった都市文明をいう。いつの時点で文明を形成した移住者たちがこの地域に到達したかは定かではないが、紀元前三〇〇〇年ごろには、先住民と様々な地域から多様な言語をもつ移住者たちによってシュメール人が構成されたといわれている。シュメール人たちは、変化を続けるチグリス川やユーフラテス川の様々な条件に対応するために灌漑技術からさらに、天文学、文学などを発展させた。また彼らは、最初に筆記技術をコミュニケーション手段にした人々といわれている。筆記で記録を残すことによって複雑な農業技術を後世に伝えたのである。

また、シュメール人は宗教を持っていた。その宗教は、すべての事象は神のあらわれとする汎神論の立場をとり、政治的性格も帯びていた。有力な聖職者が土地の貸し借りから、農業や貿易、戦争の決定などをとり行い、ズィグラットと呼ばれる寺院から国家の重要事項について宗教的判断を下した。ズィグラットは日干しレンガでできた山の形状をした建造物で、その頂きに祭壇があった。旧約聖書『創世記』に記される「バベルの塔」もこのズィグラットがモデルだといわれている。

シュメールは、紀元前二三三四年に、セム語族の都市国家「アッカド」(イラク南部周辺)のサルゴンI世(在位前二三五〇頃‐前二二九五頃)によって統一され、ここにサルゴン朝が開かれた。事実上、メソポタミアにおける最初の領土国家である。サルゴンI世は、遠くエジプト、エチオピアにまで軍隊を派遣し、都市国家間の抗争を止めさせたり、政教分離の政治を行ったりした。彼らは弓矢の発明によって軍事的な力を獲得していた。

しかし、このアッカドの支配も二〇〇年間しか続かなかった。サルゴンの曾孫の王朝が、東部山岳民族のグティによって滅ぼされたのである。だが、このグティもシュメール人が再興した国家「ウル」(チグリス、ユーフラテス河口周辺)の王によって破られ、シュメールの支配を回復させた。とはいえ、この復活したシュメールの支配も長続きはせずに紀元前二〇〇〇年までに滅んだ。

シュメールを滅ぼしたのは砂漠の民としてしばしば都市を襲ったアモライト(アムル)人だった。アモライト人もまたチグリス・ユーフラテス川沿いに諸都市を建設したが、そこで築いた首都がバビロン(イラクの首都バグダードの南方)である。このバビロニア国家は、第六代ハンムラビ王の時代（在位前一七二四‐前一六八二）に、ペルシア湾からチグリス・ユーフラテス川周辺のほとんどの地域をその支配下に置いた。ハンムラビ王の業績として知られるのは、やはり、『ハンムラビ法典』であろう。今でもその一節「目には目を……」を用いて、特に報復を正当化するときなどに使われるが、実はこの用法は誤っている。本来はある一定の罪を犯した者には、それに対応した罰しか与えてはならないという意味で、いわば報復の連鎖、無限報復を禁ずるための条文なのである。この他、弱者救済や女性の地位向上など、現代の福祉にも通ずることも記されている。したがって『ハンムラビ法典』とは、悪を懲らしめ、正義をその支配地域に普及させ、強者が弱者を抑圧しないことを主旨とするきわめてすぐれた法典としてみなければならない。そして、この法の精神、哲学はこの後に紹介するペルシアの法体系やイスラム法にも、しっかり息づいて、その社会形成を援《たす》けている。

ただ、このような法体系を築きながらもバビロニア国家も決して長くは続かず、紀元前一六〇〇年頃、北方からやって来たとされるインド・ヨーロッパ語族の諸民族の一つ、ヒッタイト族によって征服されてしまった。地中海からペルシア湾までその支配を広げたヒッタイトが軍事的に成功した理由はなんといっても人類においてはじめて鉄を利用したことであろう。だが、そのヒッタイトも、理由は定かではないが、紀元前一二世紀に滅んでしまった。この後、紀元前九世紀、アッシリアが現れるまで、軍事力でメソポタミアを支配する勢力は現れなかった。

こうして見ると、古代メソポタミアの文明は民族の絶え間ない移動と交流、また、それに伴う争いによって築かれていった文明ということが分かるだろう。そして争いの経験の中で、いかに平和を構築するか、いかに過ちを繰り返さないかも考え、『ハンムラビ法典』のような叡智も生み出された。

メソポタミアの古代都市「ウル」の王墓の出土品からは、紀元前二五〇〇年頃には、その交易がイラン高原よりはるか東方のアフガニスタンに及んだことが確認されている。また、イラク北部を中心に支配したアッカド（紀元前二〇〇〇年代後半）のサルゴン王の碑文には遠くインダス文明まで交易圏が広まっていたことが刻まれている。

さて、古代メソポタミアを概観した次にエジプト文明をみてゆくが、エジプト文明もまた、「エジプトはナイルの賜物」（ヘロドトス『歴史』）という言葉が示すように、大河によって育まれた文明である。紀元前五〇〇〇年ごろに初期の王朝が築かれ、その後、幾多の王朝の興亡を経て、紀元前三〇年、プトレマイオス朝がアレクサンダー大王に征服されるまでを一般的に「古代エジプト」とする。ただエジプトはメソポタミアとちがって、さまざまな民族、国家が交錯することはなかった。それには様々な理由が挙げられるが、端的に言えば、エジプトが地形的に文明の行き止まりになっていたということである。メソポタミアは東にインダス、黄河、西にエジプトがあり、さまざまな民族、国家がこの地を行き交ったが、エジプトの東西には広大な砂漠が広がり、南に向かえばナイル川の大瀑布があり、容易に人びとを寄せ付けなかった。それゆえに、エジプトにおいては大きな変動が起こらなかった。結果として、ピラミッドに象徴される、時間を要する巨大な建造物の文明が作り上げられた。

とはいえ、メソポタミアのバビロニア国家と時期的に重なる紀元前一四世紀から前一三世紀の、いわゆる「アマルナ時代」、航行の技術も発達し、メソポタミアとの交流が盛んになる。アマルナとはナイル川中流域にあった都市の名前で、ここに都をおいたエジプト新王国、第一八王朝後期のアメンホテプⅣ世から、その娘婿、有名なツタンカーメン王の時代を指す。この頃のエジプトは、ヒッタイト、ミタンニ、カッシートといったメソポタミア諸国との間で活発な交易をおこなっていた。

この時代で特筆すべきは、音を表す文字（表音文字）であるアルファベットの原型が、フェニキア人によってつくられたことである。エジプトとメソポタミアの狭間に拠点を持つフェニキア人、アラム人の小王国などが繁栄し、その商人たちの活動によってオリエント世界の一体化は一気に進んだ。

アルファベットは、紀元前二〇〇〇年頃にシリア・パレスチナで発明されたセム系文字に起源をもつとされる文字である。特に北セム系のフェニキアのアルファベットは紀元前一〇〇〇年から前七〇〇年頃、ギリシア人に伝えられ、ギリシア人はこの文字に母音を加えて、ギリシア・アルファベットをつくり、それがラテン文字やロシア文字となっていった。また東方へは、「陸のフェニキア人」と形容されるほど活発に商業活動に従事したアラム人商人たちによって、アラム語がアッシリア帝国の公用語として広大な範囲に広まっていった。

文字を科学的に研究したアメリカの古代史学者イグナス・ジェイ・ゲルブ（一九〇七―一九八五）によれば、アラム・アルファベットは、インドのデヴァナーガリ文字を経て、ベンガーリ文字、タミール文字、チベット文字を生み、ペルシアではパフラヴィー文字を経て、アヴェスター文字、アラビアではナバティア文字を経て、アラビア文字に、さらに後代になるとアラビア文字からペルシア文字、ウルドゥー文字に変化していったという。宗教についてはこの先、さまざまなところで述べてゆくことになるが、文字、言語もまた、源流をたどれば、メソポタミアとエジプトをつないだ交易の民が大きな役割を果たしていることは実に興味深い。

統一された「オリエント」

交易と言葉によってエジプトとメソポタミアは次第に一体化していったが、完全にひとつの国家、地域になったというわけではなかった。紀元前六〇〇から前五〇〇年頃、軍事的にはメソポタミアの新バビロニア、イラン高原のメディア、小アジアのリディア、そしてエジプトの四国が対立の状態にあった。この分裂状態にあったオリエントをはじめて統一したのが、アッシリアである。アッシリアは北部メソポタミアに興った国家で、紀元前七世紀にエジプトを含む全オリエントを統一した。

セム語族に属すアッシリア人は、紀元前九世紀前半、メソポタミア北部から西に拡大し始めて、紀元前八五九年までに地中海に到達し、現在のイラク、トルコ南東部を支配した。ところで、この、しばしば目にするセム語族、さらには並列して示されるハム語族は、不確定な部分と諸説が

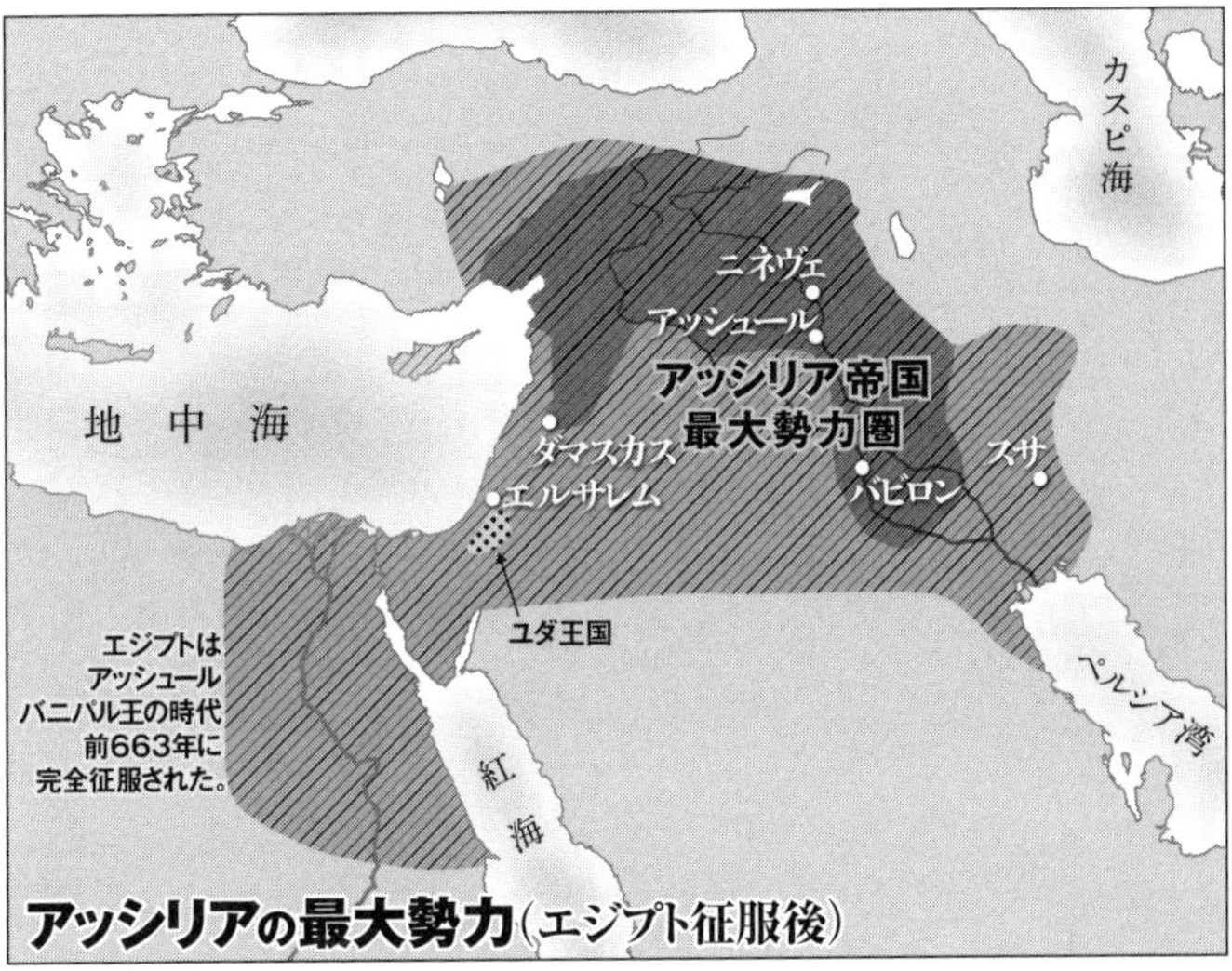

アッシリアの最大勢力(エジプト征服後)

あり厳密な分類は難しいが、セム語族が今の西アジアのアラビア語、ハム語がエジプトからエチオピアあたり、アフリカ大陸中部以北の言語の源流になっていると捉えれば理解しやすい。セムもハムも、いずれもが旧約聖書「創世記」に描かれる「ノア」の息子たちの名前に由来している。

さて、そのセム語族が築いたアッシリア、その勢力は紀元前八世紀までは、さほど強大なものではなく、ティグラトピレセルⅢ世（在位前七四四－前七二七）が王位に就いた頃から急速に力を増して周辺地域を次々に征服、やがてバビロンの国王を名乗るようになった。アッシリアは高度に整備された官僚制度の下、強力な常備軍をつくり上げた。が、これも前六一二年には、二つの新しい王国、メデスとカルディア（メソポタミア南東部）によって崩壊することになる。

カルディアは、アッシリアからバビロンを奪うと、新バビロニア王国を立ち上げ、アッシリアの支配していたシリアとパレスチナも統治するようになった。そして前五八六年にはユダ王国を滅ぼし、エルサレムを破壊した。ユダ王国とは、まさに今のイスラエルの地にあったユダヤ人を中心に形成された国家であり、このころ起こった歴史的に有名な事件が「バビロン捕囚《ほしゅう》」である。「バビロン捕囚」とは、紀元前五八六年、新バビロニア王国のネブカドネザルⅡ世が、ユダ王国の首都エルサレムを征服した際、生き残ったユダヤ人のほとんどを反乱防止と労役を目的に捕虜としてバビロンに連行したものである。彼らはその後、新バビロニアを滅ぼしたアケメネス朝によって解放されるまでの約七〇年間、バビロンに留められた。

さて、アッシリアを倒し、ユダ王国を破壊した新バビロニア王国（カルディア）は、バビロンをさらに壮大な都として建設した。しかしこの王国も、東の勢力によって崩壊した。アケメネス朝ペルシアの台頭である。新バビロン王国は、前五三九年にアケメネス朝のキュロスⅡ世によって攻略され、アケメネス朝ペルシアの一部となった。二〇〇〇年もの間、セム語系の民族が支配してきたメソポタミアは、新たにインド・ヨーロッパ語族——アケメネス朝ペルシアに支配されることとなった。

「寛容」がもたらした繁栄

アケメネス朝ペルシアは古代オリエントに生まれた初めての巨大帝国である。紀元前六世紀頃、現在のイラン高原に発祥し、後のイラン・イスラム共和国へ連なる国家であり、中核をなす民族も、もちろん現在のイラン人にあたる。ただ、イランと呼ばれるようになったのは実は二〇世紀に入ってからのことである。その経緯については、第四章（一六四頁参照）で興味深いエピソードとともに触れることにしよう。このころはまだイランという国家はなく、ペルシアと呼ばれていたために、しばらくはペルシアとしてこの地域をあつかっていく。

アケメネス朝の勢力は西はエジプト、東は中央アジア、中国にまで及んだ。そして北は小アジアを経てヨーロッパの地中海沿岸部にまで版図を広げたが、これだけ強大な勢力を誇りながらもアケメネス朝は、その帝国を、言語も含め、ペルシア人だけが支配する国家にしなかった。むろん広大すぎるゆえに、完全なる支配は不可能であったともいえよう。しかし、これまで見てきたメソポタミアの国々、そのほとんどが単一の民族による国家形成であったことに対し、アケメネス朝は積極的に異民族を取り込み、その結果、興隆した。このことは「オリエント」を考えるにおいて実に重要なことである。帝国の巨大な版図と他民族の存立は、一見、背反するように見えるが、実はこのことが、このオリエントを「オリエント」たらしめていると考える。その理由を求める前に、まずはアケメネス朝の体制について、すこし掘り下げてみてみよう。

アケメネス朝は、紀元前五五九年から紀元前三三〇年まで継続した王朝で、王朝の基礎をつくったのはキュロスⅡ世（在位前五五九－前五三〇）であった。そしてダリウスⅠ世（在位前五二二－前四八六）の時代には対外的な脅威も除かれ、クセルクセスⅠ世（在位前四八六－前四六五）の時

ペルセポリス遺跡クセルクセス門（イラン）
著者撮影

代でダリウスI世時代にかかげた主な建設事業を完成させた。その代表的なものが、現在イランにある世界遺産「ペルセポリス」である。

アケメネス朝の社会構造の中心にいたのは「王の中の王（シャーハーンシャー）」と称する国王であり、この名称は後に一九七九年に革命で倒れたイランの国王モハンマド・レザー・パフラヴィーも用いた。アケメネス朝の宮廷はおもにスサ（イラン南西部）にあったが、夏はエクバタナ（同北西部）、春はファールス（同南部）、また時にバビロンに移ることもあった。宮廷には大土地を所有する世襲の貴族、また軍隊、ハーレム（後宮）、祭祀をつかさどる聖職者たちがいた。

一方、地方は「サトラップ」と呼ばれる「行政官」によって支配されていた。サトラップは中央政府によって任命される役職であり、国王はこのサトラップを通じて地方行政をコントロールしていた。ただ、王朝も後期になるとサトラップは部分的に世襲制になり、サトラップの判断で様々なことが決められるようになった。

また、軍隊も同様に、当初はペルシアの部族で構成されていたが、時代を経るに従って部族以外の人間も徴用されるようになった。それでも常備軍だけはペルシア人から成り立っていて、王の周辺にはペルシア人の近衛兵が一〇〇〇人ぐらいいたとされている。

これだけ見ても、アケメネス朝が従来の国々とは違う、より整備された社会システムを持った国家ということができるが、もちろんこのシステムだけで広大な帝国が支配できたわけではない。このシステムを補完し、支えたのがほかならぬ、多民族、多宗教を認めた自治の制度であった。これを「寛容」の制度と呼ぶことにしよう。

アケメネス朝の支配は「寛容」のもとに行われていた。帝国はサトラップを配していたとはいえ、その草創期より、征服した土地の人々にはその宗教、習慣、商慣行の維持を許していた。例えばキュロスⅡ世による「バビロン捕囚」の解放においては、ユダヤ人に彼らの信仰に戻ることを許した上、破壊された神殿の再建も認めた。さらにはユダヤ人を捕えたバビロニアの民に対しても、彼らの神マルドゥクの信仰を認めた。アケメネス朝のペルシア人自体はゾロアスター教を信じつつも、帝国内においては、その信仰を強制せず、それぞれの地域、民族に対しては、彼らの宗教を認めた。

宗教だけではない。アケメネス朝はカンビュセスⅡ世の時代にエジプトを征服したが、帝国はエジプト人を隷属させることはせず、むしろ、彼らによる王朝（アケメネス朝エジプト）の創設を許した。アケメネス朝の下で反乱を起こした人々の中には特赦を与えられる者たちもいた。

またアケメネス朝では、ペルシア語で「ダータ・バル」と呼ばれる裁判官が存在したように、法整備が進められ、効率的な徴税制度と結びついていた。征服された土地は王に属すとされ、土地から上がる収入は「地代（借地料）」として徴収されたが、ペルシア人や被征服者のものではない土地から税は徴収されなかった。すなわち元からそこに住んでいた者たちからは決して収奪しないという方針であった。

さらに国王は戦争の報奨として軍人たちに土地を与えたが、こうした軍人に与える「封土」のほかに、世襲による私的財産の土地も認めていた。しかも土地の保有はペルシア人だけでなく、異民族にも認められ、ここにもアケメネス朝の寛容の支配を見てとることが出来る。

「寛容」と言ってしまうと、あたかも杜撰《ずさん》な政治システムのようにも受け取れるが、そうではない。締めるところは締め、そうでないところは現地の慣習に合わせることで、帝国は維持され、繁栄を獲得していった。そしてその繁栄で得た富によってアケメネス朝の支配者たちは民生の安定のために、国づくりを進めた。

灌漑や農業技術の改善に積極的に取り組み、さらには交易にも力を入れた。道路網の整備や海路での交易の開拓への努力が払われ、新しい海上交通の開発が行われた。ナイル川から紅海を運河でつなぎ、アラビア海からペルシア湾に抜ける海上ルートが開いた。ペルシア湾の港湾も建設した。陸上においても王都スサから小アジア西部のサルディスまでの道路は「王の道」と呼ばれ、そこを通じて行われる駅伝による書状のやり取りは「ツルよりも速い」と言われ、発達した伝達システムを築いた。その他、硬貨も鋳造されて、商業活動は活発化し、貸金業、一種の銀行制度もつくられた。

「寛容」を生み出した「善の神」

こうしたアケメネス朝の繁栄を生み出した社会システムと、それを支えた「寛容」の政治システム。この「寛容」の思想がいかに生まれたのかを考えるとき、第一に考えなければならないのは彼らの信仰した宗教、ゾロアスター教であろう。ゾロアスター教といえば、日本では一般的に拝火教と呼ばれ、ひたすらに火を崇拝する原始宗教と思われがちだが、決してそうではない。そこには明らかな宗教観、道徳観があり、人びとの行動を支配する思想が存在していた。

ゾロアスター教は紀元前一〇〇〇年頃、イラン高原東北部（あるいはカザフスタンという説もある）で生まれた宗教である。開祖ゾロアスター（ザラスシュトラ、ツァラトゥストラ）が三〇歳の時、天使ヴォフ・マーナと遭遇したことに全ては始まる。ヴォフ・マーナがゾロアスターを創造主アフラ・マズダーの前に連れてゆき、そこでゾロアスターはアフラ・マズダーによって預言者となることを委託されたのだというが、もちろん伝承に負うところが大きく、その実態については諸説あるまま、確定された史実はない。

ゾロアスター教の教義によれば、世界はアフラ・マズダーによって理想的形態でもって創られたものとされる。最初に創造されたのは「天（アースマン）」で、この言葉の元々の意味は「石」であった。天に続いて作られたのは「水」であり、世界は水の上に創造された。そして、創造主であり全能の神アフラ・マズダーと、それと対立する破壊霊アンラ・マンユの存在を認め、善神であるアフラ・マズダーが悪神に究極的に勝利を収めることを理想とした。後のユダヤ教やキリスト教、イスラムのような一神教ではないが、ギリシアや、ラテン、インド他の多神教とも異なり、中心には定められた神がある。そこにあるのは善悪二元論である。善悪の判断は各自に委ねられるが、最終的に人は神によって裁かれ、善者は天国に行くとした。そのために社会正義の促進を説き、善思、善行、善語を奨励した。

ゾロアスター教、鳥葬の遺跡「沈黙の塔」
(イラン・ヤズド郊外)　著者撮影

「我、よいこと思う。
ゆえによい我あり」

これはゾロアスター教の教典『アヴェスター』に記された言葉だが、まさにこの「善行」に収斂される宗教的支柱こそが、アケメネス朝の「寛容」の精神を生み出したといっていいだろう。

教義の背景には、開祖ゾロアスターが育った、混乱期のメソポタミアがあったと考えられる。多彩な民族、宗教が衝突すると起こる争いも、ひとたび認めあうと、争いが止むということから、「善行」という最低限の価値観のみを掲げ、あとは個々に判断をあずける。一見、無秩序のように思えるこのシステムが実は最も安定の近道であることを、彼らは気付いていたのであろう。それは、数千年の争いの続いたメソポタミアがようやくたどり着いたひとつの結論でもあった。

ゾロアスター教の功績

ところで、小説家、松本清張は、その作品『火の路』(一九七五)の中で、日本の飛鳥時代にゾロアスター教が伝わり、斉明天皇(第三七代 在位六五五－六六一)はその信者であったと大胆な仮説を打ち立てている。斉明天皇はマギ(古代ペルシアの司祭)の秘術を用い、そのために『日本書紀』の中では神秘的な人物として描かれている、とする。また『ペルセポリスから飛鳥へ』(一九七九)という紀行文でも、奈良の東大寺二月堂の「お水取り」や各地の「火祭り」の行事が、ゾロアスター教の影響を受けたものではないかという推論を立て、古代日本にペルシア人がいたのではないかと語っている。いささか突拍子にも思えるものだが、当時は大ブームとなり『火の路』はドラマ化もされた。ただ、この推論を全くもって荒唐無稽なものとして捉えてはならない。なぜなら、ユダヤ教、キリスト教、イスラム、さらには仏教という、現在の巨大宗教、そのいずれもがゾロアスター教に強い影響を受けているのである。むしろゾロアスター教の思想や神々から、それぞれの宗教が生まれたといっても過言ではない。

各地の宗教を認めたことにより、アケメネス朝のもと、さまざまな宗教が生まれ育ったが、最も特筆すべきは、そこで「ユダヤ教」が誕生したことである。これまでも何度か触れた新バビロニア王国による「バビロン捕囚」だが、アケメネス朝のキュロスⅡ世によって解放されるまで、ユダヤ人の宗教は「ユダヤ教」ではなかった。紀元前一二八〇年頃、預言者モーセに啓示したとされる神の名はヤハウェであり、草創期においては「ヤハウェ宗教」などと呼んでいたといい、それは、あくまでもユダヤ人の中に生まれた一民族の一宗教にすぎなかった。ただ、「バビロン捕囚」で故国とともにその信仰の中心にあった神殿を失うと、バビロニアの地で自らの宗教に対しての思いを強くし、一神教としての宗教理論を固めていった。旧約聖書の一部もまた、この頃に書かれたものとされる。キュロスⅡ世によって解放され、彼らに信仰と移動の自由が与えられると、帰還したパレスチナの地で理論は実践に移され、現在にいたる「ユダヤ教」を確立したのである。いうなれば「ユダヤ教」はアケメネス朝によって開花した宗教ということが出来よう。

また、これより後の時代の紀元前四年ごろにはパレスチナでイエス・キリストが誕生している。宗教的な解釈はともかくも、イエス・キリストはユダヤ人だけのユダヤ教に閉塞感を感じ、より普遍的に多くの人々が救われるキリスト教を生み出したとされる。したがってユダヤ教の確立がなければ、キリスト教の誕生もなかったということが出来るだろう。また詳しくは次章に譲るが、イスラムの創始者ムハンマドもまた、若い頃ユダヤ教とキリスト教を知ることによって、その〝延長線上〟に自らの宗教を生み出している。これらのことを考えればゾロアスター教が支えたアケメネス朝の「寛容」政策が、結果として世界三大一神教を生み出したということは、大いに留意すべきことである。

キリスト教は、ゾロアスターをエゼキエル（紀元前六世紀頃のユダヤの大預言者）や、ニムロデ

（ノアの曾孫で狩りの名人）などの聖人同様に重視していた。それは聖書の中でも確認することが出来る。ゾロアスター教はイエス・キリストの誕生、すなわちクリスマスにも登場する宗教でもある。イエス・キリストは現在のパレスチナ・ヨルダン川西岸のベツレヘムで生まれた。そこで聖書の一節を引いてみよう。

1、イエスは、ヘロデ王の時代にユダヤのベツレヘムでお生まれになった。そのとき、占星術の学者たちが東の方からエルサレムに来て、
2、言った。「ユダヤ人の王としてお生まれになった方は、どこにおられますか。わたしたちは東方でその方の星を見たので、拝みに来たのです。」（『マタイ伝』二・一―二・二）

つまりイエスは大シリア（「歴史的シリア」ともいう）に生まれた人で、この東方から来た占星術師は、この後で述べるペルシアのパルティア王国からやって来たゾロアスター教の祭司だったと考えられている。新たな王の誕生を恐れたヘロデ王は、二歳以下の男の子をすべて殺害することを命じ、そのためキリストもエジプトに逃れた（『マタイ伝』第二章など）。この説が正しければイエスは「シリア難民」だったということになる。大シリアは、現在のシリア、レバノン、ヨルダン、イスラエル、パレスチナ、イラクを含む地域をいう。

このように、ゾロアスター教は、キリスト教の誕生にも多大な影響を与えたが、イスラムも同様である。イスラムのシーア派初代イマームのアリーは（アケメネス朝を継ぐゾロアスター教の）サ

ーサーン朝最後の王、ヤズデギルドの娘より生まれたという口承が広まり、多くのゾロアスター教徒がシーア派イスラムに改宗する背景になった。また、教義においてもアフラ・マズダーは、不滅と至福を約束する「正義」の王国の中心に存在し、人は聖霊（スパンタ・マンユ）と破壊霊（アンラ・マンユ）の闘争の中に位置づけられ、そのどちらかを選択することが要請される――このゾロアスター教の概念にもとづくと、ユダヤ教、キリスト教、イスラムに見られる最後の審判とそれに先立つ肉体の復活、天国と地獄などは、ゾロアスター教から継承したものと考えられる。それは、イスラムという宗教の中心に「正義 'adl」という概念があることからもうかがえるだろう。イスラム共同体の中においては、富は公平に分配され、政治は共同体全体の利益が優先される。もちろんその政治にはムスリムの意思が反映され、イスラム法に則った上で、さらにはイスラム世界の運命が外部勢力によって決定されないこととする。

ゾロアスター教の「善悪二元論」「寛容」の倫理は、ほぼ原形をとどめたままイスラムに継承されているといってもいいだろう。

オリエントの学芸の発展

アケメネス朝が信仰したゾロアスター教にオリエントの宗教の源流を認めたところで、次いで考えてみたいのがオリエントに生まれた文化である。宗教と同様に、人類の発展に大いに寄与する思想や技術がこの地から多く誕生している。宗教に通ずるところから見れば、例えば「夢」である。実はオリエントには「夢」に関するものが多く残されており、それがオリエントの文化に大きく寄与している。

エジプト第一二王朝（前一九九一－前一七八六）に記された『チェスター・ベアティ聖書パピルス写本』の中に夢判断の記録が残されている。またバビロニアでも夢占いが行われていたことは新アッシリア王国時代の王アッシュールバニパル（在位前六六八－前六二七）が残した銘板からもわかっている。『旧約聖書』にも預言者たちの夢に関する記述があふれている。

これら「夢」についてまとめてみると、古代オリエントでは、伝統的に夢とは、①神からもたらされる真実の、実現する夢、②悪魔がもたらす邪悪な、虚偽の夢、③個人の思いや欲望、身体状態によってもたらされる夢の三つに分けられる。その中でも後のイスラム世界で最も重視されるのは、①の夢で、イスラム世界では夢は預言や助言、警告を与えるものとされた。イスラムの聖典コーラン（クルアーン）でも夢は神からのお告げや未来に関する予告として現れているが、ユダヤ教にしてもキリスト教にしても、いずれもが神の啓示によって生まれた宗教であり、こうした夢の概念とは不可分であると考えるべきであろう。

また、バビロニアの人たちに見られるように、オリエントは数学や天文学でも多大な功績を残している。六〇分の一の算術や角度は現在でも用いられているし、半日が一二時間というのもバビロニアの遺産である。三平方の定理は紀元前一八世紀のメソポタミアで生まれたものだが、その基礎は占星術である。そもそも天の動きを読むということは、占星術が発達する前のメソポタミアで確認されている。紀元前二〇〇〇年ごろには、すでに新年という概念があって、新年を祝い平安を祈念する行事が行われている。例えばバビロニアでは、春分の日の新月が現れた時が新年の始まりで、アッシリアでは秋分の日に最も近く現れた新月をもって新年とした。

いうまでもなく占星術は、太陽、月、惑星を観察することによって人間、集団、国家の運命を予見したり、またその運命を決定したりするものだ。バビロン第一王朝（前一九世紀-前一六世紀）では国家の軍事、為政者やその家族の生活の未来について占っていた。その後、ギリシアで体系化されて、ペルシアを経て、アラブ世界に伝わっていった。

土木の分野でも、目覚ましいものを残している。コンクリートの起源となる人工的な石材も、紀元前三〇〇〇年紀にバグダードの南東二五〇キロぐらいにあるウルク（イラク南部サマーワの東）周辺で用いられている。またアケメネス朝時代にはカナートという地下水路が整備され、農業の振興や居住地の拡大が図られた。カナートは山麓部に掘った井戸にたまった水を、長い水道で運ぶ横井戸のことであり、乾燥した砂漠地帯では貴重な水源である。遠くから見ると、こんもり盛り上がった土の井戸が砂漠の中に連なっていて、まるで月のクレーターが一筋に延びているかのようである。この時代、荒れ地や砂漠には、ゾロアスター教のアンラ・マンユや悪魔が住み着くと考えられ、灌漑によって緑の農地をもたらすことは善とみなされた。水や緑は砂漠の民にとって、天国の象徴ともいえるものだった。そのため、アケメネス朝の王たちは用水路を開設することに力を注ぎ、食糧確保に努めた。現在のイランにも三万本とも五万本ともいわれるカナートが残っている。

さらにアケメネス朝時代には、ナイル川と紅海を結ぶ運河も建設され、これが後にスエズ運河に発展していった。この運河によって古代エジプトとペルシアの交流が一層盛んになり、オリエントの一体化はさらに進められた。また、この運河を通じてペルシアのカナートの技術はエジプトに伝えられ、そこからさらに、北アフリカやスペインにも伝播していった。カナートは乾燥した地域に住む人々にとって、生活圏を拡大させ、また食糧を得るための重要な手段となった。古代ペルシアで生まれた水利確保の技術が現代でもオリエント世界全般で脈々と生き、人々に潤いを与えている。

このほか法制度もメソポタミアでは高度に発達し、『ハンムラビ法典』などが後の規範となったことは先に述べたとおりだが、こうして様々なことが「オリエント」から生まれ出たことは、先にふれた「光は東方から」という言葉を表すものであり、その光が科学技術にとどまらず、今なお、現代を照らし続けているということは特筆すべきことである。

新たなオリエント

さて、ふたたび国家の変遷に話題を戻そう。アケメネス朝ペルシアは、「寛容」の精神をもとに、さまざまな民族、言語、宗教を包含したまさに一大帝国であったが、およそ二〇〇年で滅亡してしまった。高度に発達した経済システムゆえに起こったインフレが衰退の背景とされるが、直接的な原因はギリシア北方、マケドニアからやって来たアレクサンダー大王の東方遠征だった。

しばしば世界史の教科書などでは、紀元前三三三年の「イッソスの戦い」や、紀元前三三一年の「アルベラの戦い」といった用語が出てきて、アレクサンダーの戦略の妙味に興味をそそられるものだが、ここは先に進もう。圧倒的な兵力を誇っていたものの、アケメネス朝のダリウスⅢ

世は、アレクサンダー大王の戦略により、「イッソスの戦い」で敗れ、「アルベラの戦い」で都を追われ、最後は側近に暗殺されてアケメネス朝ペルシアは滅亡した。アレクサンダー大王の遠征は、アケメネス朝を倒したのち、瞬く間にその版図を広げ、その勢力はインドにまで及んだ。

こうしてオリエントは新たな文化を迎え入れることとなった。いわゆる「ヘレニズム文化」の誕生である。ヘレニズムとは、ギリシア神話の登場人物ヘレーンに由来し、ギリシア人がその子孫を名乗るように、ギリシアそのものを意味するが、むしろ文化においては、従来のペルシア文化と融合した、新たなものと捉えた方がいいだろう。

現在、エジプトにアレクサンドリアというエジプト第二の都市があるが、その名が示すように、アレクサンダーが築いたものであり、ここがオリエントの新たな中心都市となった。アレクサンダーは版図を広げるたびに、各地に「アレクサンドリア」という名の町を作り、そこにギリシア人を入植させていった。その数は七〇に及んだともいわれ、最大のものがエジプトのアレクサンドリアである。ただ、このように勢力を拡大したアレクサンダー大王は三二歳で急逝。末期、「最強の者に継がせよ」と遺言したことで混乱が生じ、配下の武将たちによって帝国は分割統治となってしまった。これが「ヘレニズム諸国」である。

一般的に「ヘレニズム諸国」とは、プトレマイオス朝エジプト、セレウコス朝シリア、アンティゴノス朝マケドニアの「ヘレニズム三国」のことを指すが、ここではセレウコス朝シリアを見ていこう。なぜなら、ここにアケメネス朝ペルシアを受け継ぐ国が生き続けていたのである。その国の名を「パルティア」という。

「パルティア」という名称自体は、アケメネス朝のダリウスⅠ世の時代、紀元前五二〇年に、現在のイランのホラーサーンに相当する地名「パルサヴァ(Parthava)」として登場する。そして紀元前二四七年、その中のパルニ族の首長であるアルサケス(アルサケスⅠ世)がセレウコス朝に反旗をひるがえして独立王国を創設したのがパルティア王国である。パルニ族は北方ペルシア系の遊牧民族であった。パルティアは西方に勢力を伸ばして、ヘカトンピュロス(イラン北部セムナーン州)に首都を置いた。

紀元前二〇〇年頃にはアルサケスの子孫たちは、カスピ海の南岸地方にまで勢力を拡大した。ミトラダテスⅠ世(在位前一七一-前一三八)はインドに攻め入り、イラン西南地方を併合してメディアからメソポタミアに入り、紀元前一四〇年にはアケメネス朝に倣って「王の中の王(シャーハーンシャー)」を名乗った。この間、約一〇〇年、すべてのイラン高原とチグリス・ユーフラテス渓谷はパルティアの支配下に入った。

パルティアは常に、北東は遊牧部族のスキタイに脅かされ続けていたが、ミトラダテスⅡ世(在位前一二三-前八八)の時代にスキタイを破り、紀元前九二年には、衰退したセレウコス朝に対抗するために、ローマ帝国との軍事同盟を結んだ。そしてセレウコス朝を弱体化させると、その領地のほとんどを手に入れ、紀元前一世紀の中頃には強大な帝国を築き上げた。首都をクテシフォン(バグダードの南東)に造営した。

パルティアは騎兵を中心とする騎馬遊牧民国家であり、アルサケス家を筆頭とする七大氏族のもとに、大地主貴族、騎士を含む小地主貴族、神官などが支配階級となっていた。政治的にはアケメネス朝の制度・慣習を引き継ぎ、二〇近い属州と一〇余りの臣従王国によって構成された封建制の社会を築いていたが、スキタイ、セレウコス朝、さらにはローマ帝国との戦争が続き、決して安定したものではなかった。ただ、アケメネス朝から「オリエント」の特徴はしっかりと引き継いでいた。それが交易である。

パルティアは、アケメネス朝ほどの広大な版図を誇った帝国ではなかった。しかし、中国とヨーロッパを結ぶ〝シルクロード〟上のオアシス都市を結合したため、古代中国の文献にもその名が多数残されている。この交易こそ「オリエント」のもう一つの特徴といっていいだろう。アケメネス朝が「寛容」社会を構築したとするならば、パルティアは東西の交流を「寛容」に受け入れることで、その経済的基盤を作り上げた。

この「寛容」の姿勢は、文化、宗教の面にも見ることが出来る。言語はペルシアの方言のひとつであるパルティア語とともにギリシア語も用いられ、宗教についても、当初はこの地域に発生した太陽神を崇めるミトラ教を信仰していたが、次第にミトラ教を包含するかたちでゾロアスター教に変わっていった。ちなみにこのミトラ教は、ヘレニズム文化と交わることで、地中海を渡り、古代ローマでの信仰を得ている。また、パルティアの東端の地域では仏教が信仰され、パルティアの仏教学者たちは中国の漢王朝に仏教の研究に出かけている。

パルティア後期になると、国王が「シャーハーンシャー」を自称したように、アケメネス朝の後継を自任するようになり、次第に美術や建築にはペルシアの要素が加わるようになった。とはいえ、パルティア文化は、東西の文化を積極的につなぐものであり、硬貨のデザインにはギリシアの影響が見られた。これこそが「オリエント」の象徴といえよう。

とはいえ、パルティアもまた長くは続かなかった。セレウコス朝との争いが終息した後、紀元前一世紀の初め頃からローマ帝国との戦いが始まり、その後およそ三〇〇年間にわたってシリア、メソポタミア、アルメニアをめぐって抗争が続いた。結果、多くの資源を費やすことになり、中央政府の権威は低下した。二世紀の終わりになると、国内諸侯の反乱や王室内の対立なども起こりはじめ、二二六年、サーサーン朝によってパルティアは滅ぼされた。

ペルシアの復興

パルティアは確かに、アケメネス朝を引き継ぎ、かつヘレニズムや中国、インドの文化を取り込み東西文化を融合させた画期的な国家ではあったが、その大半を戦乱に費やしたために、文化としては決して爛熟期を迎えることはなかった。しかし、この後のサーサーン朝はアケメネス朝に興った古代ペルシア文化を最もよく継承し、発展させた王朝だったといえるだろう。と同時に、この王朝は、ペルシアがアラブ・イスラムに呑みこまれるオリエントにとっては特筆すべき王朝となった。

サーサーンとは、アケメネスがそうであったように、その王朝の始祖の名に由来するとされるが、いずれも何者であるかは分かっていない。ただ、その勢力は王朝を築いた初代君主アルダシール1世（在位二二四 - 二四〇）の頃から、急速に伸長しはじめた。サーサーンは、もともとパルティアの支配下の小国だったが、パルティアを滅ぼすと西方に進出し、ローマやビザンツ帝国とも争った。また東方では中央アジアから北インドに勢力を持つクシャン（クシャーナ）朝や遊牧民族のエフタルとも攻防を繰り返した。二代目のシャープール1世（在位二四〇 - 二七二）の時代には、北はソグディアナ（ウズベキスタン、タジキスタン周辺）からジョージア（旧グルジア）のイベリアまで、また南はアラビア半島にまで版図を広げた。首都はクテシフォンに定め、王は「シャーハーンシャー」を自称した。

サーサーン朝の下では、再びペルシア文化が花開いた。壮麗な建築が首都のクテシフォンをはじめ、フィールーザーバード（イラン南部）、サルヴェスタン（ペルシア湾東部）に作られ、ビシャープール（イラン南西部）、ナクシェ・ロスタム（イラン南西部）、ナクシェ・ラジャブ（イラン中部）の断崖には壮大な彫刻が施された。金属細工、宝飾細工なども、洗練されたものになっていった。学芸は王室によって奨励され、東西から集積された学問はサーサーン朝の言語であるパフラヴィー語に訳された。金貨、銀貨、銅貨にも王が狩猟する姿が描かれ、そこにはギリシア語ではなくて、パフラヴィー語が用いられた。パルティアのアルサケス家が用いたギリシア語による文学や言語はサーサーン朝では衰退していった。

ただ一方で、この時期はローマ帝国がキリスト教を国教として採用した時期でもあった。これは特筆すべきことである。サーサーン朝は、アケメネス朝を引き継ぎ、ゾロアスター教を国の宗

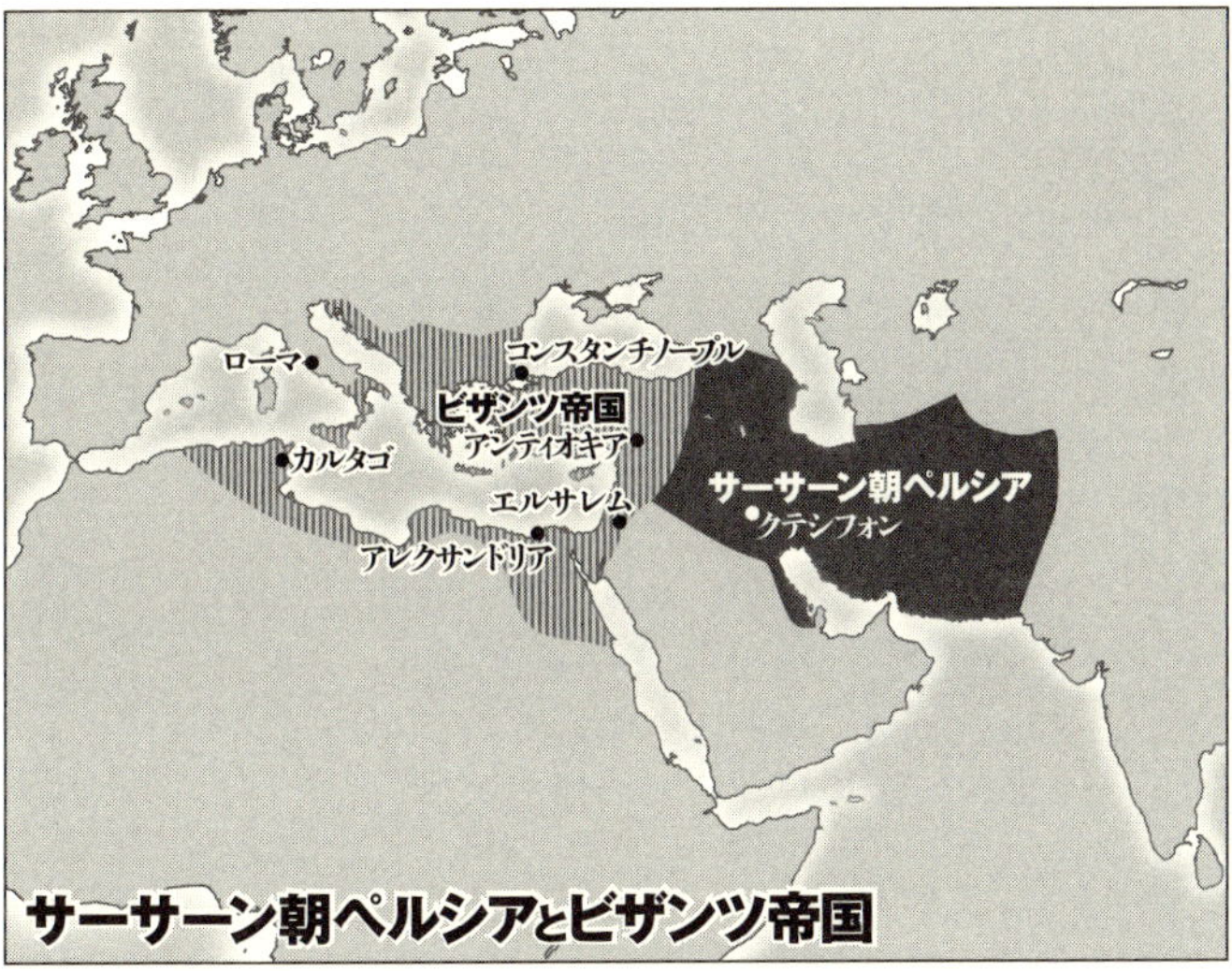

サーサーン朝ペルシアとビザンツ帝国

教としていたが、メソポタミアやバビロニアのキリスト教徒たちは、宗教的な理由からローマ帝国に好感をもつようになり、二九四年、アルメニアでその王がキリスト教の信仰をもつようになると、いよいよキリスト教は広まっていった。

寛容と争いの狭間で

三九九年に王位に就いたヤズデギルドI世は、当初、キリスト教やユダヤ教に寛容であった。しかしゾロアスター教徒の側から反発が起こるようになったため、クリスチャンやユダヤ教徒の弾圧に乗り出していった。ただ、その息子のバフラームV世（在位四二一－四三九）は、四二一年から四二二年のビザンツ帝国との戦いに敗北。一転、サーサーン朝は一〇〇年間の平和と異教に対する寛容の時代を迎えることとなる。

ちなみにバフラームV世は狩猟や数々の恋愛の

エピソードを持つ人物で、今でもイラン人の間で人気がある。

このバフラームV世の時代、サーサーン朝は中央アジアの遊牧民国家エフタルの侵入に悩まされ始める。ペーローズ（在位四五九－四八四）はエフタルとの戦いに敗れ、彼の財産は没収され、家族は捕えられ、国土は荒廃した。ペーローズの弟のバラーシュ（在位四八四－四八八）も、エフタルの脅威に対応できず、王位はペーローズの息子であるカヴァドゥ（カーバード）I世に渡った。

カヴァドゥI世は、精力的にサーサーン朝の平和と秩序を維持しようとした。エフタルとの戦いに疲弊した彼は、ビザンツ帝国との和平を目指すようになり、その息子のホスローI世（在位五三一－五七九）の時代、五三三年にはビザンツ帝国のユスチニアヌス帝（在位五二七－五六五）との和平を確立。これによってキリスト教への寛容な姿勢も見られるようになった。

ようやく安定した治世を得たホスローI世は、帝国の税制を整え、土地に基づく徴税を行うようになった。この税制改革は、従来は土地の生産高に対して課せられていたのに対して、新たな税制は土地そのものに定額の税を課すものであった。この税制はイスラム時代まで継続して、国家に安定した財源を提供した。その他、特筆すべき功績としてサーサーン朝の官僚制度を確立し、官僚、閣僚、またディーワーン（大臣）の職も創設した。

しかし、この安定の中、ホスローI世時代は、再びビザンツ帝国との戦争も再開した。五四〇年にアンティオキアはホスローI世の軍隊によって占領され、多くの捕虜たちをアンティオキアから首都クテシフォンに連れてきて、アンティオキアに似た町づくりを行わせた。また中央アジアではトルコ系の民族と連携してエフタルの弱体化も図り、サーサーン朝の版図は、東はアムダリア川にまで到達した。彼はまたカフカス、アルメニアにまで遠征し、また南方ではイエメンを平定した。

ホスローI世は、学芸の保護者ともなった。五二九年にビザンツ帝国のユスチニアヌスI世が哲学学校を閉鎖すると、そこにいたネオ・プラトン主義者たちはホスローI世に嘆願、その再開を実現した。またゴンディシャープールの医学校も彼が創設したといわれている。有名な医学者のブルゾエ（Burzoe）はホスローI世によってインドに派遣され、サンスクリット語の文献を集め、それを中世ペルシア語に翻訳した。チェスもこの時代にインドから紹介された。ホスローI世時代につくられた天文表は、後のイスラム時代の天文学研究に基礎を与えることになった。ゾロアスター教の聖典である『アヴェスター』の成文化も行われ、アヴェスター・アルファベットもつくられた。さらに、古代ペルシアの王たちの伝承を集めた『フワターイナーマク』も編纂され、後のフィルドウスィーの『王書（シャーナーメ）』（八四頁参照）の原型となった。

ホスローI世は、多くの橋梁、道路、宮殿を建造し、「ターク・キルスラー」と呼ばれる巨大なアーチがある彼の宮殿も、その統治時代に現在のバグダードの近くにあるクテシフォンに造営されたと考えられている。このようなホスローI世の統治は後のアラブ・イスラム帝国でも模倣された。

しかし、サーサーン朝は、このホスローI世の治世で拡大した領土のため、多方面に敵を作るようになったことも事実であり、ビザンツ帝国のほか、現在のモンゴルにあった突厥《とっけつ》、また北アフリカの諸国との関係をこじらせ、サーサーン朝は次第に疲弊し、やがて訪れるイスラムの拡大に呑みこまれてゆくこととなる。

古代人のロマンチック街道——シルクロード

さて、章を終わるにあたって、ひとつ触れておきたいものがある。それは古代オリエントとさらに東方の国々の関係である。

先に紹介した松本清張の『火の路』における斉明天皇とゾロアスター教の関係はともかくも、奈良の正倉院にはサーサーン朝のものとみられるガラス器「白瑠璃碗《はくるりのわん》」が収蔵されている。このガラス器がいつ、どういった形で正倉院にもたらされたのか、はっきりとしていない（収蔵品として確認されたのは江戸時代）が、それがサーサーン朝の遺跡から出土するものと同様のものであることは、ほぼ間違いがない。それゆえに、このガラス器がたどった道のりに思いを馳せると、オリエントが壮大な広がりを見せ始める。いわゆるシルクロードである。

シルクロードは、中国の漢（前漢［前二〇二－後八］）の時代に、漢王朝が西方との通商を開始した時から交易ルートとして使われるようになったとされる。シルクロードは中国文明とローマ文明をも結ぶものであり、中国からは絹が、ローマからは金や銀が運ばれた。また仏教やネストリウス派のキリスト教がこの道を介して双方に伝えられた。

中国の西安を出発してローマに至るまでの、およそ六五〇〇キロ。古代シルクロードの旅は決して平坦なものではなかった。道中、タクラマカン砂漠があり、そこは降雨は少なく、オアシスからオアシスまでの距離も遠かった。夏季の砂漠の苛酷さはもちろんのこと、冬季もマイナス二〇度になることもあった。もちろん砂嵐の時には極度に視界が悪くなった。そんな砂漠を経由して、パミール高原を越え、アフガニスタンを通ってレヴァント地方に到達。そこから船で地中海を渡った。すべての行程を行き来する者たちは少なく、いわば商人たちのリレーによって、物資は運搬されていた。

主に扱われていたのは、道の名が示すように、中国原産の絹である。その生産は紀元前二七〇〇年頃から始まったとされ、製法はおよそ三〇〇〇年近くにわたって外国に持ち出すことを禁じられていた。外国人に教えた者には死罪が科されたという。もちろん絹製品は、宮廷、貴族にのみ許された高級品であり権威の象徴であった。

だが、やがて絹は周辺諸国の支配者たちへの贈り物となり、中国の重要な輸出品となっていった。漢代の衣服はシルクロードを通じて、エジプトなど遠隔な地でも見られるようになった。

インドのクシャン（クシャーナ）朝（前一世紀-後六世紀頃）は、仏教を保護したカニシカ王で有名な王朝である。このクシャン朝のシルクロード支配により、東西交易は一層盛んになり、中国からはシルクロードを経由して絹布だけでなく、青銅鏡・漆器などが西方に運ばれた。またローマ方面からはガラス器などが中国にもたらされた。中央アジアではローマの貨幣が多数発見されている。

中央アジアに発生したペルシア系民族のソグド人は、代表的なシルクロード商人で、東トルキスタン（中国新疆ウイグル自治区）やセミレチェ（カザフスタン東部周辺）に一種の植民地をもっていた。ソグド人が住んでいた地域は「ソグディアナ」と呼ばれていたが、この地域は東西を結ぶ隊商ルートの要衝に位置していた。ソグディアナでも、綿織物、絹織物、毛織物、陶器、皮革製品、さまざまな金属製品の生産が盛んで、これらの製品もまたシルクロードを介して東西に輸出されていった。

紀元前一世紀になると、絹はローマ帝国にも伝えられ、贅沢品として非常に人気が高く、王宮がその価格を決定した。ビザンツ帝国では、絹の製造方法に関する規定ができて、聖職者の衣服や祭壇のかけ布、さらには宮廷の収入源としても重宝されていった。六世紀のビザンツ帝国の歴史家プロコピオスによれば、中国が秘密にしていた絹の製法も、インド、日本、ペルシア帝国、さらに西洋に伝わったとされている。

一般的にシルクロードといえば、砂漠を越える陸路のイメージが強いが、実は海のシルクロードも世界の交易にとっては重要だった。海路の貿易で重要だったのは香料で、シナモン、胡椒、ショウガ、チョウジ、ナツメグなどの香料がモルッカ諸島からインドネシアまで広く交易され、さらに織物、木工品、宝石、木材、乳香、サフランなどが一万五〇〇〇キロにわたる地域で取引されていた。こうした海上交易路は、アラビア半島、メソポタミア、インダス文明の発祥地など古代から発展していた。八世紀にはアラビア半島と中国を結ぶ海路が開かれた。

シルクロードを通じて宗教の知識も広まっていった。仏典を求めて旅をした唐代の僧侶、玄奘の『大唐西域記《だいとうさいいき》』はその代表的な事例であろう。仏閣など仏教文化もシルクロードを通じて日本にもたらされた。

シルクロードは、アレクサンダー大王の支配も受けた。彼は紀元前三三〇年頃、アケメネス朝を滅ぼし、紀元前三二五年まで支配したが、シルクロード地域ではギリシアの影響力が浸透し、そこではギリシア語も話され、ギリシアの神話も紹介された。ギリシアの影響はインド文化とも交わり、仏教彫刻にも独自の特徴をもたらした。

三世紀にイランでサーサーン朝が興ると、その高度な工芸品はシルクロードを経由して唐に入り、先にも述べたように、その美しいガラス器は日本の正倉院に届いた。このことは、私たち日本人にオリエントの広がりとともに、オリエント＝東洋としての一体を感じさせてくれる。

第二章　イスラム帝国の誕生

ムハンマドが生まれた光景

メソポタミアとエジプト、その両文明に育まれた「オリエント」の民族、文化、宗教、そして国家の興亡——最後はサーサーン朝ペルシアが興り、ビザンツ帝国と干戈《かんか》を交えるところまでを見てきた。この間に、オリエントにはさまざまな宗教が生まれた。ユダヤ教、キリスト教の誕生は言うに及ばず、シュメール人の多神教、アッシリアにもアッシュールという国家神がいた。さらにパルティアにはやがてローマに伝わるミトラ教があり、サーサーン朝では、ゾロアスター教とキリスト教、仏教など様々な宗教を混淆したマニ教も生まれた。

だが、この様々な宗教が存在した古代オリエントにおいて、最大の勢力を持っていたのは、やはりゾロアスター教であった。アケメネス、サーサーンという巨大帝国の事実上「国教」であり、その政治方針にも大きな影響を与えてきた。したがって、その存在は絶対的なものであるはずだった——が、それが七世紀に誕生したイスラムに、地位を奪われてゆくのである。ここではその過程を見ながら、いかにしてイスラムが誕生したのか、その誕生の背景から見えてくるイスラムの根源、そもそもイスラムとは何なのか、その精神を探ってみたい。

サウジアラビアのメッカは、今でこそイスラム発祥の巡礼地で、世界に冠たる宗教都市として栄えているが、地理的に見ればアラビア半島の西側を南北に走るヒジャーズ山脈の山懐、紅海から七〇キロほど内陸部にあって、年間を通して雨はほとんど降らない砂漠の一隅にすぎない。そのために、かつては湧水を求めて集まった遊牧民が小さな社会を形成する程度の集落だった。

だが、まさにイスラムの預言者ムハンマドが生まれるころ、六世紀後半――オリエントを巡る諸勢力の争いにより、町は姿を変え始めた。

六世紀から七世紀にかけて、サーサーン朝ペルシアとビザンツ帝国は、まさに覇権争いの真っただ中にあった。サーサーン朝には二十二代目ホスローI世、また一方のビザンツ帝国にもユスチニアヌス帝という、いずれにおいても中興の祖というべき王が力を揮《ふる》っていた。ビザンツ帝国は別名東ローマ帝国といい、かつてのローマ帝国が分裂してできた国家である。都をコンスタンチノープル（トルコ・イスタンブール）においたが、西にゲルマン民族、北にスラブ人の侵入の問題を抱え、国家の体制は決して盤石な状況ではなかった。だが、それでも、地中海沿岸を支配する帝国を築き上げていた。またサーサーン朝も遊牧民国家エフタルの進出に悩まされていたものの、確実に勢力を広げていた。そのような両国家が小アジア周辺を巡る領土、東西交易の権益を巡って衝突したのである。

時に和平を挟み、また争いの過程で王も数代替わったが、両者は一進一退、主に戦場となった現在のアルメニア、トルコ東部、シリア周辺は荒廃していった。そのために、従来のペルシア湾岸を伝って行われてきた東西の交易路は危険になり、交易の場はあらたにアラビア半島にシフトされるようになった。そこでメッカの町が注目されるようになるのである。メッカはアラビア半島の交易の拠点として、内陸を避けて沿岸部を渡り歩いてきた商人たちを引き寄せるようになり、次第に遊牧社会から商業社会へと変貌するようになったのである。

当時、メッカは、サーサーン朝とビザンツ帝国の抗争には中立の立場をとっていた。したがって宗教においても、主流はゾロアスター教であったが、ユダヤ教の信者もいれば、さらにはローマから異端として放逐され、サーサーン朝下で活動していたネストリウス派のキリスト教徒もいた。両大国のいずれにも与《くみ》せず、両者を取り込むことでメッカはいよいよ栄えていったが、経済の発展は社会のあり方を変容させた。

すなわち富による支配である。かつての遊牧社会では、厳しい自然環境に対峙するために、同じコミュニティーに属す人々の中での共存共栄の意識が強かった。だが、交易で富を獲得するようになると、人びとは、富を中心に社会を構築するようになり、自らが属すコミュニティーや、同じ氏族の貧しい人々、また生活に恵まれない者たちの福利を考慮しなくなってしまった。商業社会への変貌はそのような遊牧社会に自然発生的に生まれた伝統的「徳」を失わせることになり、自らが蓄積した富を貧者に与えるという考えは次第に希薄になっていった。

このような社会状況の中、西暦五七〇年にムハンマド・イブン＝アブドゥッラーフは生まれた。父の名はアブドゥッラー、母の名はアーミナ、両親ともにメッカの部族であったクライシュ族のハーシム家の出身であった。クライシュ族はメッカの「カアバ神殿」の守護者でもあった。「カアバ神殿」とは今でこそ、イスラム教の神体として、世界中のイスラム巡礼者の到達地となっているが、このころはアラブ人が信仰する多神教の象徴であった。そして、その守護者ということは、ムハンマドがいわば名門の生まれであったということを意味する。

だが、ムハンマドが生まれる前に父のアブドゥッラーは病に斃《たお》れ、母もまた幼い頃に亡くなった。つまり彼は孤児となり、多くの経済的困難の中で暮らさなければならなくなったのである。

孤児など弱者の救済を説くイスラムの教義は、こうしたムハンマドの個人的な背景からくるものといっていいだろう。

両親を失ったムハンマドは祖父、伯父を頼り、一二歳のころには、ラクダに乗って隊商の仕事に就いていたといわれる。そこで彼が見たものは何だったのか――。

東西の帝国の間で展開する激しい争いもあれば、盗賊による略奪にも遭遇したであろう。また一方で、何もない砂漠の中で、メッカの町を支配する不正や腐敗とは無縁の、清廉な生活も経験した。ムハンマドは肉体的にも美しい青年だったという。

商売でそれなりの成功を得たムハンマドは二五歳の時、仕事で知り合った一五歳年上の未亡人ハディージャ・ビント・フワイリドと結婚した。イスラムでは四人までの妻帯を認めているが、ハディージャはムハンマドにとって唯一婚姻関係があった女性である。

ムハンマドは隊商でしばしばシリアをおとずれた。そこはまさにサーサーン朝とビザンチン帝国の交わるところであり、ユダヤ教、キリスト教があれば、もちろんゾロアスター教やその他、土地の部族の宗教もあった。人びとはそれぞれの神を崇《あが》め、祈りをささげていたが、果たしてその種々の祈りは、人々に何をもたらしていたのであろうか。争いは決して止むことなく、また貧富の差は広がる一方であった。おそらくはこのような光景がムハンマドを刺激したのであろう。

六一〇年、四〇歳になったムハンマドは、メッカの近く、ヒーラー山の洞窟に籠り瞑想に耽っていた時、突然、神（アッラー）から伝えられた天使ガブリエルの「誦《よ》め」という言葉を聞いた。そして彼は神の言葉（啓示）を知るのである。これが幾度となく続き、イスラムは生まれた。ちなみにこのガブリエルとはユダヤ教、キリスト教にも登場する天使である。宗教上の解釈となるが、ユダヤ教、キリスト教で伝えた神の教えが十分に行き届かなかったゆえに、最後の望みとしてムハンマドの前に現れ、改めて教えを説いたのだといわれている。

ムハンマドは、その神の言葉を家族、友人に教示していった。ムハンマドの最初の信徒は、妻のハディージャであった。その後、身近にいたアリー・ザイド・イブン・アル・ハーリス（ムハンマドが自らの子供のように扱った人物）、またムハンマドの親友で、後に初代カリフ（イスラム最高指導者）になるアブー・バクルなどが次々にムハンマドが伝えるアッラーに帰依していった。そして信者の数が次第に増えていった。

しかし、ムハンマドの伯父で、クライシュ族の指導者であったアブー・ラハブのように、イスラムやムハンマドに反感を抱く者たちも多くいた。特にイスラムが説く偶像崇拝の禁止が、メッカのカアバ神殿への信仰や敬意を弱めることとなり、巡礼者の減少は商業的にも大きな打撃となった。

イスラムが広まるにつれて、迫害による暴力で死亡する者まで現れた。ムハンマドや、彼に従う信徒（ムスリム）たちは、さまざまな暴力に遭遇するとメッカでの信仰をあきらめ、六二二年九月、メッカの北約五〇〇キロにあるヤスリブ、後に「マディーナト・アン・ナビー（預言者の町）」、あるいは「メディナ（マディーナ）」として知られる町に移住した。

メディナではイスラムの信仰と、その社会的秩序が確立され、またイスラム暦が使用されるようになった。イスラム暦とは後にカリフとなるウマルI世によって六三六年に定められたもので、ムハンマドのメディナへの移住（ヒジュラ）が行われた年の六二二年七月一六日（太陰暦のムハッラム月）がイスラム暦の紀元に定められている。

こうしてムハンマドらがメディナに定着すると、これに応じてメッカでの迫害を逃れてメディナに移住する人々が相次ぎ、元々メディナに住んでいた人々もイスラムの信仰をもつようになった。こうして最初のイスラム共同体はメッカから移住してきた人々、またメディナの住民たちによって構成された。

ムハンマドはヒジュラの二年目に「メディナ憲章」をつくり、イスラム共同体の秩序を確立しようと目指した。メディナでは部族など様々な社会集団、また経済的な階層が「社会正義」の考えに基づいて、一つの共同体に統合されていった。また、同じ年、ムスリムが礼拝する方角（キブラ）もエルサレムからメッカに変えられ、イスラムはアブラハムの純粋な一神教に回帰することが明確に定められた。

ムハンマドは預言者であるだけでなく、ムスリム共同体の指導者となった。彼は神聖な法の執行官であり、メディナ社会の法の最高の解釈者でもあった。

イスラムが急速に拡大し、地域の住民たちの支持を得ていったのは、とりもなおさず信徒たちの平等社会を築いていったからである。イスラム共同体はビザンツ帝国やサーサーン朝のような「階級社会」ではなかった。「アブラハムの宗教」においては、同じ一神教のユダヤ教徒やキリスト教徒たちは「啓典の民（アフル・アル・キターブ）」として、人頭税（ジズヤ）と地租（ハラージュ）を納める限りは保護することになっていた。同じ地位は、ゾロアスター教徒、またヒンディー教徒にも与えられる場合もあった。

この異教徒に対する態度を見ても分かるように、イスラムでは本来、その徳として「寛容」の心を説く。寛容はアラビア語では「カラム」といい、またその派生語の「カリーム（寛容者）」は神（アッラー）の美称でもある。イスラム諸国の人々が異邦人や旅人たちにもてなしの心を示すのも、イスラムの宗教信条の一つで、「客の権利」として三日間にわたる宿泊と食事の権利が与えられているからである。また、イスラムの聖典コーラン（クルアーン）では宗教に強制があってはならないと説き（第二章二五六節）、その宗教的な寛容性は「タサームフ（相互寛容）」という言葉で、異教徒にも求めた。

イスラムでは貧者、孤児、女性、奴隷など、弱者に対する保護も重視されていた。奴隷制度は廃止されなかったものの、奴隷を解放することは徳のある行為と見なされた。そして奴隷には法的保護が与えられ、租税の支払いなどをおこなえば、自由が与えられるとされた。奴隷の女性が主人の子供を宿した場合、その主人が他界すれば、自由となった。

もちろん、イスラムの教えに従えば、これらは、みなムハンマドがアッラーに託された言葉から導き出したものとされるが、当時のメッカ、メディナが置かれていた状況、さらにはムハンマドが青年期に経験したこととは無縁とは言えないだろう。帝国間の争いによって不遇な環境に置かれていた人びとが、まさに望んでいた社会の体現である。したがってイスラムの誕生はいわば一つの民衆運動であり、あらたな政治の動きであった。それゆえにイスラムは急速に拡大し、一大勢力を築くようになった。

メディナに移ってからも、しばしばメッカから軍隊が送り込まれたが、これに対抗するためにイスラムは軍を整え、力を蓄えるようになり、その勢力はわずか二〇年ほどでアラビア半島をまとめ上げるまでに成長した。

ペルシア帝国を呑みこんだイスラム

六三二年、ムハンマドは病で亡くなった。後継者は選挙によって決められ、この後継者のことをカリフという。ムハンマドの死後、アブー・バクル、ウマル（Ⅰ世）、ウスマーン、アリーと四人のカリフが選ばれ、この間も積極的に勢力の拡大が図られた。特に二代目カリフとなったウマルⅠ世はイスラム共同体（ウンマ）を率いてサーサーン朝と戦うようになった。

ちなみにこの四代のカリフが続いた時代を一般的に「正統派カリフ」の時代という。ただ、三代目のウスマーンは組織の中で身びいきをしたとして内紛の末に殺され、アリーもまたウスマーン殺害に関与したとして、暗殺された。このあとイスラムは初の王朝としてウマイヤ朝（六六一－七五〇）を築くことになるが、ウマイヤ朝は反アリーによって固められ、これが現在のスンニ派の源流となっている。また一方で暗殺されたアリーの血筋を支持するのがシーア派である。

さて、イスラムとサーサーン朝の対峙に話を戻そう。サーサーン朝とイスラム軍は、六三七年に「カーディスィーヤ（イラク・ナジャフの近く）の戦い」でウマルⅠ世が送ったイスラム軍がサ

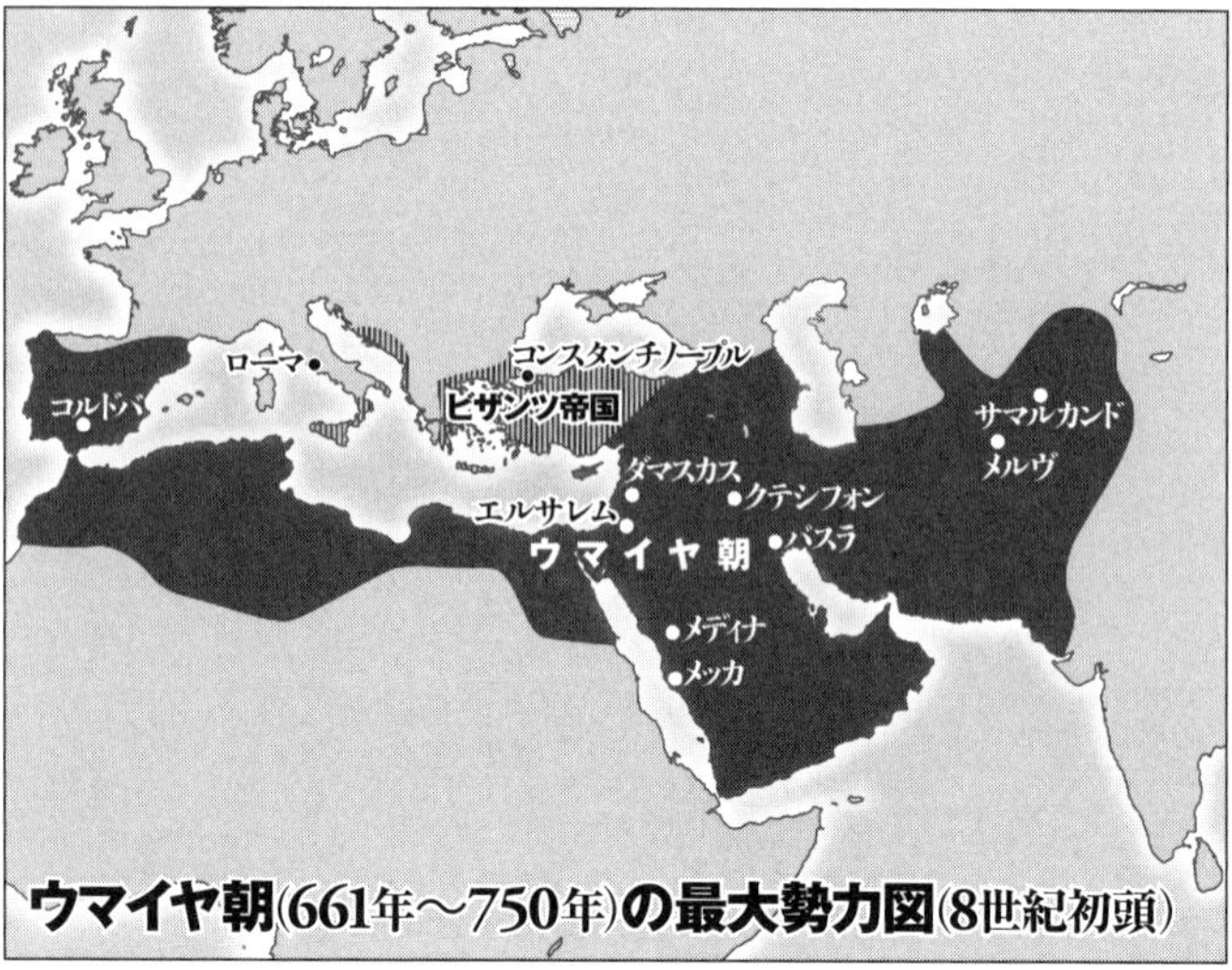

ウマイヤ朝(661年〜750年)の最大勢力図(8世紀初頭)

ーサーン朝の軍隊を破り、カーディスィーヤ支配を確実にした。この勝利は、サーサーン朝の首都であったクテシフォン制圧への道を開くものだった。

サーサーン朝軍はカーディスィーヤの敗北後、ザグロス山系（イランの北西から南西部にかけての山岳地帯）にまで撤退し、反撃の機会をうかがった。しかし、ムスリムたちはジャズィーラ（イラク北部）を攻略すると、さらに現在のイラン西部のフゼスタン州の主要都市であるアフワーズに入り、ゆっくりと東進していった。一挙に行けなかったのは、サーサーン朝の領土が広大であったため、また、ペルシアの住民たちもアラブ民族にあまり共感を示さなかったことがある。

サーサーン朝のヤズデギルドⅢ世はイスファハーン（イラン中部）からイスタファル（ペルセポリス）に逃れた。当時、イスタファルは、サーサーン朝の夏の拠点だったが、それでも守りきることはできず、さらにホラーサーン地方のメルヴ（トルクメニスタンのマリ周辺）に身を潜めた。すでにこの時点でヤズデギルドⅢ世の周辺には彼に忠実な部下しか残っていなかったが、結局、ホラーサーン地方のサトラップに暗殺されてしまい、ここにサーサーン朝ペルシアは滅亡した。

ヤズデギルドⅢ世は、結局は暗殺されてしまったが、最後まで降伏という選択肢を選ばなかった。それはとりもなおさず、自らの宗教「ゾロアスター教」を愛し、ペルシアの伝統に愛着を持ち、何よりもペルシアに誇りをいだいていたからにほかならない。それはペルシアを逃れた一部のペルシア人がインドに逃れ、やがてパルスィー教を築いたことにも見てとれる。今でもムンバイを中心に、インドにはいくつかの拝火教の寺院があり、さらには「沈黙の塔」という、ゾロアスター教の儀式に則った鳥葬を営むための施設が使われている。パルスィーとは、ヒンディー語で、「ペルシアの、ペルシアから来た人」という意味を持つ。

こうして見ると、アラブ・イスラムに侵攻されたペルシアが、そのまま消滅しなかったことは容易に想像がつくだろう。ペルシアはイスラム化されたものの、決してアラブ化されたわけではなかった。ペルシア人はペルシア民族としてのアイデンティティをもち続け、その文化も捨て去ることはしなかった。それはウマイヤ朝の後をうけて成立した、第二のアラブ・イスラム帝国、アッバース朝（七五〇－一二五八）のあるカリフが言った「数千年間、イラン人はアラブ人を必要とすることなく、統治を行ってきた。我々は彼らを一〇〇年間、あるいは二〇〇年間支配しているにすぎない。彼らなしには王朝の支配はできない」という言葉にも見て取ることが出来る。ペルシアは、イスラムにアラブとは異なる輝きを放つ文化を遺しつつ、政治的にも、あるいは宗教的にもイスラムに対して多大な影響を与えていった。

アッバース朝のカリフたちはサーサーン朝の貨幣鋳造技術を学び、行政制度も採り入れた。それは宰相を示す「ワジール」、閣僚、租税を徴収する「ディーワーン（大臣）」を設け、国庫に金を入れて、官僚や兵士たちに俸給を支払うシステムである。またアッバース朝のカリフたちはサーサーン朝の皇帝を真似たドレスを身にまとい、その宮廷やモスクの建築もペルシア様式を受け継いだ。

また文化、学芸の分野においてもアラブはペルシア文化を大いに取り入れた。現在のイラン西部、フゼスタン州アフワーズあたりに、「ジュンディーシャープール」と呼ばれる都市があった。「ジュンディーシャープール」とは「シャープールによってつくられた」という意味が示す通り、サーサーン朝のシャープールⅠ世（在位二四〇－二七二）によってつくられた町である。そこにはサトウキビ畑があり、小川が流れ、花の咲きほころぶ庭園があり、それはまるでコーラン（クルアーン）の中に説かれるイスラムの楽園を体現するかのようなところだった。サーサーン朝時代にはネストリウス派のキリスト教徒たちが中心となって、ここでギリシア学芸の研究を行っており、特にホスローⅠ世（在位五三一－五七九）の時代には、病院が建設され、ギリシアやインドから医学者や研究者たちを招いて、医療技術が当時の世界最高水準にまで高められた。イスラムのアラブ人たちは、このジュンディーシャープールから病院づくりを学び、イスラム世界各地に同様な病院を建てた。預言者ムハンマドの医師の一人もジュンディーシャープールで学んだといわれている。

一方、ペルシア人たちも、アラビア語を異民族の言葉としてではなく、イスラムの言語として受容していった。そしてサーサーン朝が培った洗練された文化をもとに、哲学、神秘主義、歴史、医学、数学、法学などの学芸、科学の分野において、アラビア語で業績を残すようになった。それは、アラブの歴史学者のイブン・ハルドゥーン（一三三二－一四〇六）がその著作『歴史序説』の中で、「たいていのアラブの科学者たちが非アラブ人であった」と書いていることからも明らかなように、アラビア語の文法を体系的にまとめた文法学者のスィーバワイヒ（?－七九六）などは、ペルシア人でありながらもアラビア語に通暁していた。スィーバワイヒはアッバース朝下のバスラで伝承学や法学を修めた人物で、シーラーズ（イラン中西部）出身のペルシア人であった。

こうしてアラブに征服されたペルシア人は、おおやけにペルシア語を用いることはせず、ペルシア文化をもとにアラビア語で実績を重ね、さらにイスラムにも帰依するようになった。だが、それでも自らの言語や文化・伝統を忘れることはなかった。そして征服されてから、およそ三〇〇年、次第にペルシア語は息を吹き返し始めた。

ペルシア語の復興は一〇世紀になって、まずは詩の分野で見られるようになった。特にフィルドウスィー（九三四‐一〇二五？／一〇二〇？）の『王書（シャーナーメ）』はペルシア人にイスラム以前の自らの歴史を自覚させ、新たなペルシア文学の基礎を作り上げた。この作品によってペルシア語は方言による差異が少なくなり、統一ペルシア語が現れ、中東イスラム世界ではアラビア語と競合する言語となっていった。

『王書』の物語は、現在でもイラン人がその一節を口にするほど、その民族的感情を代表する物語であり、モチーフはゾロアスター教の善と悪の戦いである。その内容を少し紹介しよう。

世界の中心はペルシアである。ペルシアの王権は、アラブの簒奪者であり龍の化身のザッハーク王、さらにはトゥーラーン人（ゾロアスター教を認めない異教徒）によって脅かされていた。これら敵と戦うのが英雄ロスタムだが、一番の敵はトゥーラーンの戦士となったロスタムの息子ソフラーブである。ロスタムはトゥーラーンの戦士が自分の子供とは知らず瀕死の傷を負わせてしまう。そして死にゆくソフラーブから自分の息子であることを知らされ、ロスタムは悲嘆にくれる。

一〇世紀に現在のアフガニスタンで興ったイスラムのガズナ朝は、ペルシア文学の中心となった。それは、ガズナ朝の最盛期をつくった君主、スルタン・マフムード（在位九九八‐一〇三〇）の文化政策によるもので、彼は学者、哲学者、詩人たちを宮廷に集めた。次にペルシア文化の擁護者となったのは、この後で紹介するトルコ系のイスラム王朝のセルジューク朝（一〇三八‐一一九四）であった。当初は現在のイランのイスファハーンに首都があり、その後ホラーサーン地方のメルヴに首都が移ったように、地理的にもペルシア文化の影響を受けやすかった。

一二五八年にモンゴルがアッバース朝の首都バグダードを陥落させた頃、イランの詩人のサーディー（一二一〇?－一二九二?）は、長い旅の末、その出身地のシーラーズに戻った。彼の作品の『ブースターン（果樹園）』は、シーラーズに捧げられたものである。サーディーは慈悲や寛容の心をその詩作で表現している。彼の詩の一節を挙げてみよう。

> 人間は人類を構成するメンバーであり、一つの本質、魂から創造された。一人の人間が苦痛にさいなまれていたならば、他のメンバーたちも心配だろう。他の人の苦痛に同情しないのならば、人としての資格をもちえない。

これは現在、ニューヨークの国連本部入口にも記され、人間社会の共存を強く訴えている。また、サーディーの詩作には、こんなものもある。

> この世にあるものは洪水の激しい流れに建つ家のようなもの
> 命の灯火は家屋の空気の取り入れ口に置かれている
> 多くのものがこの世に生まれ、我々がいなくとも太陽は沈もう
> 春も秋もやって来ようし、デイとモルダードもあろう

デイ（ペルシア暦一〇月：冬のこと）、モルダード（ペルシア暦五月：夏のこと）

この作品は『平家物語』の冒頭「祇園精舎の鐘の声、諸行無常の響あり……」や鴨長明の『方丈記』の「ゆく河の流れは絶えずして、しかも、もとの水にあらず」を想起させるように、日本人にも馴染み深い無常観を伝えてくれる。イラン詩の情感の一つの中心的なテーマに「無常観」がある。

ペルシアの人たちは、ペルシアの伝統色に彩られたイスラムを、遅れてイスラム世界に参入したトルコ人たちにも伝えた。ペルシア人が影響を与えたイスラムは「アジャム（非アラブのペルシア人）のイスラム」とも形容される。後にトルコのオスマン帝国はイランの影響を受けたイスラムをウィーンの近くにまで紹介していった。

こうしてアラブ・ムスリムは、ペルシアの文化的、社会的影響を強く受けていった。八世紀にアッバース朝の首都バグダードが造営されると、サーサーン朝の首都クテシフォンにも地理的に近かったこともあり、ペルシア人の政治、行政上の影響力は、さらに増していった。

ペルシア語の復権は、イスラム世界ではアラビア語の独占をつき崩すものだったが、一方で九世紀に出現したペルシア語の語彙の中には、アラビア語の単語が多く含まれていた。ペルシア語のおよそ半分がアラビア語起源の単語となり、ペルシア語のアルファベットもまた、アラビア語を母体にしてつくられていった。

イスラムの科学技術

イスラム文明は中世ヨーロッパ文明の発展に多大な貢献をした。特に五世紀以降、ゲルマンの進出による西ローマ帝国の衰退により、ラテン語圏ではギリシア文化との関係が希薄となり、アラブ・ムスリムたちが、ギリシア人の哲学や医学の後継者となっていった。ギリシア、ローマの古典はアラビア語に盛んに翻訳され、そこからヨーロッパの諸言語に翻訳された。ウマイヤ朝のハーリド・イブン・ヤズィード王子は錬金術に関心をもち、ギリシア人の学者たちを多く採用し、科学、医学、天文学に関するギリシアやエジプトの文献を翻訳させた。ウマイヤ朝の後を継いだアッバース朝の下でも科学の研究はさらに進んでいった。

少なくとも九世紀半ばまでは、ギリシア語はイスラム世界で用いられ続け、医学者、翻訳者のフナイン・イブン・イスハーク・アル・イバディ（八〇八？-八七三？）らがエジプトや、パレスチナ、シリア、メソポタミアからギリシア語資料をとり寄せては翻訳作業にとりかかっていた。ギリシア哲学の中に展開される問題についても、イスラムの学者たちは盛んな議論を行った。プラトンやアリストテレスの作品もまた、アラブ・ムスリムたちによって継承され、ヨーロッパ世界に伝えられていった。

哲学だけではない。九世紀のアラブの天文学者たちは、ギリシアの天文学がペルシアやインドのものより、より包括的で幾何学的で、はるかに優れていることに気づくようになり、特にプトレマイオスの天文学に強い関心を持った。プトレマイオスの著書『アルマゲスト』は、中世アラブ世界に最も影響を与えた最高傑作の一つだった。

イスラムはギリシアの文化を翻訳してヨーロッパに伝えるばかりではなく、イスラム独自の文化も伝えた。例えば数字の「0（ゼロ）」と小数の概念は、イスラムからヨーロッパにもたらされたものである。また、アラビア数字がヨーロッパで用いられるようになった結果、ヨーロッパ人にとって数学の解法が容易になった。九世紀前半にバグダードで活躍したイスラムの科学者、フワーリズミーは代数学の礎を築き、平方根や繁分数を生み出した。彼は地球の空気圏の高さを調べようとしたり、拡大レンズ開発の基礎を作り上げた人物でもあった。

ムスリムの科学への貢献は、振り子の法則の発見や、錬金術の発達にも見られる。アルコール、アルカリなどアラビア語の定冠詞「アル（al）」がつく言葉は、いずれもイスラム世界で生まれたものである。

イスラムの二都物語

ギリシアとペルシア、そしてアラブ、それぞれの文明を吸収して、昇華、発展させていったイスラムは先進的な都市文明も築き、発達させていった。ここでは初期イスラム帝国を代表するダマスカスとバグダードという二つの都市の繁栄を紹介しながら、イスラム文明が高度に発展していった経過を俯瞰してみたい。この二都市はイスラム文明の中心となり、宗教に支えられた文化を極め、またイスラムの理念によって裏づけられた政治、経済を担っていった。栄華を極めた二都市が現在では紛争による混迷、混乱の中にあることは甚だ残念なことである。

商業と宗教の涵養——シリア・ダマスカス

ダマスカスは、預言者ムハンマドの後継者、カリフが国王となったウマイヤ朝の首都であり、バグダード以前のイスラム世界の中心であった。ウマイヤ朝の支配は、預言者ムハンマドが六三二年に他界してから間もない時期に開始されたものであり、イスラム初期の宗教的気概がまだ強く残っている時代だった。そうしたウマイヤ朝の宗教への関心は、ダマスカスにある、壮大なウマイヤ・モスクなどから見てとれる。

ダマスカスは六三五年に、ビザンツ帝国からイスラム支配の下に置かれ、人々はアラビア語を話すようになった。ここはウマイヤ・モスクやシーア派の重要な聖廟もあり、イスラムにとって聖なる都市となり、巡礼者たちも増えていった。その後、さまざまなイスラム王朝の支配下に置かれ、多少の受難の時期もあったが、決して衰えることはなかった。

十字軍を撃退したクルド人のムスリム、サラーフッディーン（サラディン）が築いたアイユーブ朝時代（一一六九－一二五〇）、市の城壁は新しく改造された。経済的にも余裕のあったアイユーブ朝は、ここで文人や学者を手厚く保護した。一三世紀にはダマスカスは、政治、商業、産業、宗教活動の一大センターとして機能するようになった。マムルーク朝時代（一二五〇－一五一七）には、その王の一人、スルタン・アル・マリク・アル・ナースィルが、学芸を保護して、急進的なイスラム法学者で知られるイブン・タイミーヤなどの宗教学者が輩出した。

ただ、このマムルーク朝時代はダマスカスの停滞の時期でもあった。そもそもダマスカスは東西貿易で潤った都市でもあり、ヨーロッパ商人たちは、フランダース産の布、銅製品、またガラス製品などをダマスカスにもち寄ったが、マムルーク朝はその末期に商業活動に過重な税を課してしまったのである。そのためにダマスカスでの商業活動は停滞してしまった。

また同時期、モンゴル帝国の流れを汲むティムール朝が、一五世紀初頭にダマスカスに侵攻したが、その際に優れた建築・工芸職人たちをダマスカスから連れ去っていった。これによりダマスカスの文化活動は大打撃をうけたが、言い換えれば、根こそぎ連れて行くほどに、優れた文化を持っていたと言えよう。

一五一六年、オスマン帝国の支配の下に置かれたダマスカスは、メッカ巡礼のキャラバンの拠点となり、街の商業活動は一層活発になり、さらなる繁栄を見せた。ダマスカスは、砂漠を越えてメッカに行く際の準備地となり、ダマスカスの総督は巡礼を指導した。

平安の都——イラク・バグダード

バグダードは、アッバース朝の二代目カリフ、マンスール（在位七五四－七七五）が建設した都市である。建設された当初のバグダードはチグリス川西岸の小さな村だったが、マンスールは、ここに三重の城壁を施し、円形をしたマディーナ・アッサラーム（平安の都）を造成した。その直径は、およそ二・三五キロメートルで、円の中心には宮殿である黄金門宮があり、それに隣接してモスクも建設された。黄金門宮には緑色のドームがあり、その美しさはアッバース朝の政治的権威を誇示したと言われる。この新首都の造営には、四年の歳月がかかり、また一〇万人の職人、労働者を要したという。

バグダードは、東西交通の要衝にあったため、多くのキャラバンがここを通過した。また、チグリス川の河川輸送の中継地としても栄え、多くの職人や商人たちがバグダードの街に住み着き、最盛期の九世紀から一〇世紀にかけては、およそ一五〇万人の人口を抱えた。バグダードでは、スーク（市場）が経済活動の中心を担っていた。こうしたスークには、イラン東部のホラーサーン、トランスオキシアナ（アムダリア川流域北部地方）、メルヴ、バルフ、ブハラ、フワーリズムなどから商人たちがやって来た。ただ、様々な階層の人々が集まるためにマンスールは、スークを治安維持のために城壁の外に出したといわれている。

円形都市のマディーナ・アッサラームは、緻密な都市計画の下につくられていた。宮殿が円の中心にあったために、都市のいかなる部分も容易にコントロールできたのである。マンスール時代以降もバグダードはさらに発展、住宅や人口も増加し、また商業活動が活発になり、都市の富は増えていった。そして第一八代カリフ、アル・ムクタディル（在位九〇八－九三二）の時代にひとつの絶頂期を迎えた。東部の市域は、この時代にさらに八キロほど延びたといわれている。歴代のカリフたちは、キャラバンによる交易を奨励し、バグダードは政治的首都であると同時に、イスラム世界の商業の中心にもなっていった。

バグダードのスークは、扱う商品によって区画分けされていた。そこには果物、衣類、綿、書籍、両替商、花屋、食料品、鍛冶屋、羊、さらに中国製品の市場などがあった。書籍については一〇〇以上あったといわれている。マンスールの治世以来、ムフタスィブという治安維持の官吏が商取引において不正がないかを調査し、また商品の重量や長さの計測も行うようになっていた。ムフタスィブは、公衆浴場やモスクの管理を行ったり、暴力的活動を未然に防ぐことも行ったりした。バグダードでは様々な工芸活動も活発になり、市場やギルドの長は政府によって任命された。綿・絹織物、スカーフ、ターバン、ガラス細工、油などが輸出され、様々な色彩のシャツ、ターバン、タオルなども生産された。

バグダードは、国際的都市の様相も呈するようになり、世界の様々な地域の出身者たちが集まるようになった。モスクや公衆浴場が数多く建てられ、最盛期の九～一〇世紀には、一五〇万人余りの人口と、五〇〇〇の公衆浴場があったという。一つの公衆浴場は、二〇〇世帯の人々によって利用されていた。

もちろん、バグダードは学芸の都でもあった。バグダードは、イスラムの法学派の研究の中心で、図書館や天文台を備えた施設「バイトル・ヒクマ（知恵の館）」では、先に紹介したフナイン・イブン・イシャーク・アル・イバディらによって、ギリシアの古典などの翻訳が盛んに行われた。さらにモスクの「ジャーミ・アル・マンスール」では、イスラムの学問が発達し、歴史学の研究、詩など文学作品の創作も活発に行われた。チグリス・ユーフラテス川流域のメソポタミアが世界の文明の発祥地の一つであったように、イラクは文明の先駆的存在であり続け、ヨーロッパが世界の辺境ともいってよい頃、バグダードは、世界で最も洗練された国際的都市として輝いていた。

しかし、一〇世紀以後になると、軍閥が台頭して、その相互の戦闘などによって、バグダードは荒廃を余儀なくされ、シリアやエジプトにアラブ・イスラム世界の中心が移ってしまった。さらに、バグダード衰退の理由には、洪水や火災なども挙げられる。たとえば、八八三年に発生した大洪水では七〇〇〇の家屋が水没したといわれている。こうした洪水は、一〇世紀以降のアミール・アル・ウマラー（カリフから軍事・行政権を付託された事実上の支配者）たちが、運河の建設を怠ったことが原因とされている。一二五八年になると、モンゴルの侵入を受けて、アッバース朝は崩壊し、イル・ハーン国の一地方都市となっていった。モンゴル時代に、バグダードはペルシア人総督の下でモスクやスークの再建が行われるなどして、若干の復興を見せた。

一四世紀から一五世紀にかけて、バグダードは二度にわたるティムールの侵攻を受け、一層荒廃した。ティムールの侵入は、多くの殺戮と、城壁の破壊をもたらした。このようなティムールの行為は、モンゴルの遊牧的伝統によるもので、彼らにはイスラムの宗教理念に欠ける一面があった。また一六世紀になると、オスマン帝国とサファヴィー朝の競合の地となり、スンニ派を信仰するオスマン帝国が、シーア派を国教とするサファヴィー朝と戦った結果、それぞれの宗派に属するモスクが破壊の対象となったり、また両者によって再建されたりした。一六世紀にバグダードにやって来たヨーロッパ人たちは、多くの品々が取引されたり、また家屋が破壊されたままになったりしていることを目撃している。この時期、バグダードは、イスラム世界のコスモポリタン的な性格をもち、アラビア語、ペルシア語、またトルコ語が話されていた。

アンダルスの懸け橋

ダマスカス、バグダードと、イスラムの巨大都市を見てきたが、イスラムの都市は実はアラブ地域だけではない。イスラムがその勢力をヨーロッパにのばした時、今でもその形を留める壮麗な都市を築いた。そこは、西洋とオリエントを結びつけた、まさに懸け橋として栄えた街であった。スペインの「アンダルス」——現在のスペイン・アンダルシア地方である。

「アンダルス」とはムスリム支配下のイベリア半島の呼び名で、七一一年にムスリムが進出すると、その地域は拡大し、イベリア半島征服初期にはフランス南部までもが「アンダルス」に含まれていた。当初はウマイヤ朝の一つの属州であったが、ウマイヤ朝の崩壊によって国を逐《お》われたアブドゥル・ラフマーンI世が遠路アンダルスにやってきたことにより、ここで後ウマイヤ朝（七五六–一〇三一）が開かれた。

スペインのイスラム文明は、キリスト教徒の中に起こった「国土回復（レコンキスタ）」運動で、ムスリムがユダヤ人とともにイベリア半島から追放される一四九二年までの、およそ八〇〇年間続いた。そこではムスリム、キリスト教徒、ユダヤ人が共存して暮らし、イスラム文化はヨーロッパ文明にさまざまな足跡を残した。

イスラム・スペインもまた、古代ギリシアの科学文明をヨーロッパに伝え、ルネッサンス文化として開花させた。グラナダにあるアルハンブラ宮殿のイスラム文化には目を見張る美しさがある。アルハンブラとはアラビア語の「赤い城塞」を意味する言葉がスペイン語に転訛《てんか》したものであるが、その名が示すように、宮殿というよりも、ひとつの城塞都市の佇まいである。縦横七四〇メートル×二〇五メートルの広大な敷地には、王の居宅はもちろん、兵舎から役所、市民の住まいや公共浴場もあった。またアラブでしばしば見られる、中庭の様式も見ることが出来る。

一四九二年の「国土回復」でスペインを逐われたムハンマドⅫ世は、壮麗なアルハンブラ宮殿を守ることができなかったことに大きな悔恨を感じたに違いない。「ムーア人（ムスリム）の最後のため息」をもらしたと語りつがれ、彼は宮殿のカギを渡した後で、宮殿をふり返ってみながら、大粒の涙をこぼしたという。

アンダルスの草創期、ウマイヤ朝を追放されたアブドゥル・ラフマーンⅠ世は、彼の権力基盤を彼と同様にオリエントからやってきた貴族層に求め、強大な帝国「後ウマイヤ朝」を築き上げた。彼の権威に抵抗する者たちに対しては制圧を行い、またスペイン北部、アストゥリアス地方からのキリスト教徒たちの侵攻も阻んだ。東方ではアッバース朝と対峙し、またフランク王国のカール大帝（在位七六八－八一四）のエブロ峡谷（イベリア半島北東部を流れる河川）進出の野心も打ち砕いた。

カール大帝のスペイン遠征については壮大な叙事詩『ローランの歌』によっても知られる。カールの甥であるローランは、撤退する部隊の最後尾を務めていたが、後ウマイヤ朝軍によって包囲され、カールから賜った剣で最期まで勇猛に戦ったという。フランク王国の進軍は七八五年のジローナ、また八〇一年のバルセロナで停止した。

アブドゥル・ラフマーンⅡ世の時代には、スペインの「オリエント化」が進められた。後ウマイヤ朝にはイスラムを受け入れた在来の住民（ムワッラド）の他、ズィンミー（イスラム政権下における庇護民）であるキリスト教徒（モサラベ）やユダヤ人がいた。

モサラベとは原意が「アラブ化した人々」ということからも分かるように、イスラムに改宗しなかったものの、アラビア語やイスラム文化、ムスリムの生活習慣を受け入れていった人々のことを指す。彼らは税金の支払いやイスラムの支配者に対する忠誠を条件に、教会組織を維持し、西ゴート王国以来の在地領主による支配も継続していた。彼らの中からイスラムに改宗したり、またイスラム王朝の徴税管理者になる者たちも現れた。

アラビア語を習得したモサラベたちは、アラブ人とキリスト教徒間の通訳を行ったり、またイスラム文化や学問をヨーロッパの人々に伝える媒体となった。他方で、北方のキリスト教世界に移住する者たちもいたが、改宗や移住を経て、次第にその存在は消失していった。

外交の場面ではアブドゥル・ラフマーンⅡ世は、ビザンツ帝国やフランク王国のシャルルⅡ世と頻繁に交流し、イスラム・スペインに対する支持を取り付けた。

その後、後ウマイヤ朝では一時期、不安定な状態に陥ったが、九一二年に国王となったアブドゥル・ラフマーンⅢ世から次第に平静を取り戻すようになった。彼は、アンダルスからレヴァントの一部までをも支配し、バグダードのアッバース朝の権威とも競合した。後ウマイヤ朝はバグダードの宗教権威を認めず、バグダードの宗教権威に対抗して、自らもカリフと称するようになった。こうしてコルドバのカリフ国家はアンダルスを一世紀以上にわたって支配するようになった。

ところでスペインといえば、舞踏のフラメンコを想起するが、起源は定かではないものの、元々はイスラム教徒がもたらし、ユダヤ人やムーア人（北西アフリカおよびイスラム・スペインのムスリムを指す語）との接触によって育まれたとされている。確かに中東発祥のベリーダンス同様、フラメンコのダンサーたちも扇子を用いる。英語版『ブリタニカ百科事典』によれば、フラメンコの黄金時代は一七八〇年から一八四五年の間とされるが、当時は歌謡が主で、ダンスや音楽は付随的なものであった。フラメンコはグラナダ、コルドバ、セビリアで流行していた。

音楽はイスラム・スペインでも盛んになり、後ウマイヤ朝、さらにムラービト朝（一〇五六－一一四七）がイスラム音楽の発展に貢献した。またイスラム・スペインにおいてはセビリアが楽器製造の中心であった。ペルシアが起源とされる弦楽器「リュート」は、アラビア語では「ウード」で、その意味は「木」である。現在のイランでは「バルバト」とも呼ばれているが、バルバトやウードは世界最古の弦楽器といえよう。

一般的にイスラムでは音曲が禁じられ、預言者ムハンマドも音楽を好まなかったとされるが、戦闘を鼓舞する歌、巡礼の時の唱和、また祝祭の際の歌曲は認められていた。ムハンマドは、六二二年から六二三年にかけて礼拝の時の呼びかけであるアザーンの習慣をつくった。ムハンマドの死後一二年の間にアラブ・イスラム軍はシリア、イラク、ペルシア、アルメニア、エジプト、キレナイカといった地域を占領して、音楽を含めてこれら地域の先住する者たちの洗練された文化を採り入れていった。

イスラムの聖地であるメッカやメディナでは富裕な人々が音楽を奏でる奴隷を獲得するようになったが、これらの奴隷の中には地域社会でも音楽家として頭角を現す者たちもいた。また富裕層は主催する音楽の催しものの質や会場の豪華さを競ったりもした。こうしてイスラムにおける音楽の伝統が築きあげられていった。ちなみに、西洋音楽の場合、一オクターブに一二音が普通だが、アラブ音楽は「微分音楽」といって、二四音もある。イスラム圏の音楽は、一瞬、物哀しく聞こえることもあるが、しばし耳を傾けると、独自の美しさを感じることが出来る。

さて、こうして、スペインのイスラムについて見てきたが、かつて作家の堀田善衛は、このイスラム・スペインについて、その著書『ゴヤ』の中で次のように書いている。


ところで、このアラブ・イスラム時代のスペインについて、であるが、イスラム教というものについても、われわれには一つの先入観がこびりついているように思われる。

それは、いわゆる片手にコーラン、片手に剣という言い方に象徴される不寛容さについてである。

しかし、この不寛容さ、あるいは好戦性は、少なくともスペインに入ったイスラムに関する限り、ある時期を限って言えば、これは誤りである。モサラベと称される、イスラム王朝下にあったキリスト教徒が迫害をうけたことはあったにはあったが。

スペインのイスラム王朝には武断専制の風はなかった、彼らはローマの遺産を破壊しなかったように、教会を攻撃することもなく、西ゴート族のように掠奪や放火、破壊を事とすることもなかった。

それればかりではなく、たとえばコルドバのウマイア・カリフ王国（宮田注・後ウマイヤ朝）は、はじめは聖ビセンテ教会と平和裡に交渉をして、この教会の建物の半分ほどを買いとって、そこで彼らの礼拝を行なったというのが歴史の伝える事実なのであった。この教会は、コルドバに現存していて、それはスペインの歴史を象徴するかのように、まず第一にローマ人によってヤーヌスの神殿として建てられ、その遺跡に、後期ローマとビザンチン様式の混淆様式で建てられたものであった。ここで四〇年間ものあいだ、常識的には二つの相容れぬ宗教とされていたものが、平和裡に共存していた。すなわち、聖書とコーランは、同じ建物を共用していたのである。

その後の歴史が示すように、このような共存共用は人類の歴史でもまことに稀な例と言うべきものであろう。そうして現在ある、しかも現在も、メスキータ（回教寺院）と呼ばれているカトリックの大聖堂は、モーロ人（ムスリム）支配者層が追い払われての後に、もう一度念の入ったことに、新たに真中をくりぬいてカトリック教会を作り込んだものである。

まさにイスラムの寛容性を、日本人の先入観による誤解を解くように記しているが、文中に出てくる「コーランと剣」というのは、特にヨーロッパ・キリスト教世界の側から強調された表現である。イスラムが拡大していく過程でアラブ・イスラム軍が求めたのはイスラムに改宗するか、改宗せずにイスラム共同体に税を払うか、あるいはイスラムと戦うかという選択であった。しかし、イスラムがその信仰地域を拡大したのは、キリスト教世界にあった階級的な価値観を否定し、神の前の平等を唱えたことが大きい。

寛容の象徴としてのキャラバンサライ

ダマスカス、バグダード、そしてアンダルスとイスラム文明発展や爛熟の足跡をたどってきたが、さらにイスラムには「交易」という共存のシステムが成長していった。その重要な背景となったのがキャラバンサライ（隊商宿）という貿易ルートに置かれた拠点の整備である。

イスラムの預言者ムハンマドの青年時代の仕事が隊商であったことは先にも述べたとおりである。ムハンマドが隊商を通じて各地の様子を知り、やがてイスラムの教えを感得したように、隊商は商品を東西に流通させるだけでなく、土地の文化をまた別の土地に伝え、新たなかたちで開花させるものであった。そして、その隊商を拠点となって支えたのがキャラバンサライであった。トルコでは「ハーン」、またアラブ世界では「フンドゥク」と呼ばれた。現在でもアラブ諸国を訪問すると、宿泊料金の安いホテルは「フンドゥク」として経営している。

キャラバンサライは、一見すると砂漠に立つ要塞のようにも見える。四方を頑丈な石の塀で囲われ、中には井戸や貯水池、浴場、倉庫に加え、ちいさなモスクも設けられていた。商品の取引もここで行われた。宿と言うには大きい、いわば砂漠の中の町である。もちろん、これらの機能は、砂漠の中の町ゆえに求められるものである。井戸や貯水池は言うに及ばず、頑丈な壁は、砂漠に頻繁に現れる盗賊から人や商品を守った。それほどに、砂漠の往来は常に危険を伴うものであった。

夏の砂漠の横断がまさに死を意味することは十分に想像できるであろう。そのために夏の間は、アナトリア、バルカン、アゼルバイジャンなど、別のルートを利用することもあったが、砂漠の危険は暑さだけではない。ひとたび強い風が吹くと、キャラバン・ルートは瞬く間に砂で隠れてしまう。そのようなときにはタクシーフと呼ばれる案内人がキャラバン・ルート発見の役割を担った。中には嗅覚でキャラバンの行く先を探し出す盲目のタクシーフもいたというが、いずれにせよ、キャラバンの中で最も多く死亡したのはこのタクシーフであり、それほどに砂漠の旅は、まさに命がけであった。ゆえに、キャラバン・ルート上のキャラバンサライは、隊商たちにはなくてはならない存在であった。

キャラバン・ルートには私的な宿も多くあったが、キャラバンサライのような大きなものになると、その建設はやはり為政者に頼らざるをえない。イスラムの為政者たちは挙ってキャラバンサライの建設を進めたが、もちろんその背景には隊商のもたらす様々な経済的利点があった。特に各地の産品を売りさばくことは、隊商にしかできないことであった。例えばバスラやシリアにおいてはガラス、またバグダードやサーマッラーの紙はヨーロッパで人気を博した。現在のイラン西部のフゼスタン地方のあたりは織物工業で知られるが、そこにあった街、トゥスタルから美

イラン・ヤズド郊外にあるキャラバンサライ　著者撮影

しい綿が、またスースからはビロードが、地中海地方にまで輸出された。絨毯はイスラム世界の人々の生活必需品で、欠くことができないものだが、その絨毯も遊牧民が家内工業で生産したものなどが、イスラム世界の主要都市に運ばれた。絨毯商人たちは、バザールやキャラバンサライで絨毯の品定めをしたことだろう。絨毯がイランやトルコだけでなく、イスラム世界の周縁部分ともいえるモロッコやチュニジアでもつくられるのは、その技術がキャラバン・ルートやキャラバンサライなどを通じて「輸出」されていったからである。他にもイスラム世界に共通する文化としては、お茶（チャーイ）やコーヒーを飲む習慣があるが、コーヒーもイスラム世界を越えてヨーロッパ諸国などに輸出されていった。また、チャーイを飲み、世間話をする習慣はイスラム世界各地で広がった。

このように、都市や農村で生産される商品が、地域を越えて活発に取引されるようになっていき、陸路や海路の貿易ルートが、ダマスカスやバグダードなど大都市を中心に広範囲に確立され、イスラムの経済は栄えた。

キャラバンサライを利用したのは商人だけではなかった。メッカへの巡礼、学問を求める旅人、またイスラム神秘主義教団のメンバーたちのように、苦行を行う者たちもまた、キャラバンサライを大いに利用した。

イスラム神秘主義者たちは、神秘主義の聖人たちの廟などに巡礼を行っていた。イスラム神秘主義に関係のある宗教施設への巡礼は、メッカ巡礼に代わるものとされている。遠くメッカを目指すためには、それなりの財力が必要だが、神秘主義の巡礼は「貧乏人の巡礼」とも呼ばれていたぐらいで、日本のお遍路のように、旅から得る苦難によって一層の信仰心を高めていた。こうした宗教活動を目的とする旅の一団を保護することは、イスラムの為政者たちにとっては、重要な宗教的義務であった。

隊商およびそれを支えるキャラバンサライもまた、イスラムの布教活動にも精力的に関わっていた。ムスリム商人と遊牧部族の経済的交流ができて、部族長たちがイスラムに帰依すると、一般の住民たちの間にもイスラムが広まるという仕組みで、トルコ人やアフリカのスワヒリ部族のイスラム化に大きな役割を果たしたし、今や世界最大のムスリム人口を抱えるインドネシアのイスラム化もまたムスリム商人に始まっている。インドの西北海岸のカンバヤ、東部インドのベンガル、北東海岸のカリンガから海路でやって来たムスリム商人たちは、綿布をインドネシアの香料と交換する貿易を行っていたが、彼らは居留地をインドネシアに築くと、そこにモスクを建設したり、イスラムの聖職者を連れてくるようになり、インドネシアのイスラム化は進行していった。

このような経済と宗教、さらには国家、社会の統合を図る上でも重要な役割を担った隊商を支えるためにも為政者たちは、積極的にキャラバンサライの建設に力を入れたのである。なお、キャラバンという行為は、アラブの間ではイスラム誕生以前にも存在していて、アラビア語では「イール（ʿīr）」と呼ばれていた。イスラム誕生後はさらにイスラム帝国の拡大に伴って隊商の活動は活発になっていった。

イスラム世界の経済は、ウマイヤ朝時代に急速に発展し、次いでおこるアッバース朝でひとつのピークを迎えた。このアッバース朝時代、帝国東部のホラーサーンやマー・ワラー・アンナフル（アムダリア川からシルダリア川流域にかけての地域）で銀が発見された。これによって経済はさらに潤い、各都市の間で商業生産に分業体制ができ上がり、商業都市が発展するとともに、通商路が一層発達した。九世紀から一〇世紀にかけてアッバース朝領内の都市はいよいよ巨大になり、首都バグダードは一五〇万人都市になった。西方イスラム世界のアンダルスのコルドバは三〇万人から四〇万人、カイロも五〇万人都市となった。当時のヨーロッパは、北イタリア・フランドルの最も人口の多かった都市でも三～四万人であったことから、いかにイスラム世界が経済的繁栄を享受していたかが分かるだろう。

イスラム世界に見られる相互扶助の精神は、絶え間ないキャラバンによる貿易活動と、キャラバンサライの機能によっても、強められたといっていいだろう。もちろんイスラムには、ムスリムが守るべき五つの行いのうちの一つに「喜捨《ザカート》」という救貧税があり、弱者のことを考慮して、助けなければならないという宗教上の指令がある。しかし、異邦人を親切に、温かく迎え入れるムスリムの心情は、おそらくは砂漠や移動の文化から培われたものではないかと考える。

イスラム世界をとりまく砂漠気候の暑さは尋常ではなく、ペルシア湾などは真夏に訪れると、猛暑のために五分と立っていられないほどである。そうした気候の中で暮らすがゆえに、遊牧の民には、おのずと人を助ける精神が身についていった。かつて会ったエジプトのイスラム主義組織「ムスリム同胞団」のメンバーは、「人を助ければ助けるほど、自分も助けられるものだ」と語っていたが、そうした考えもまた、気象条件の厳しいイスラム世界ならではの思いであろう。

改めて当時のことを考えてみる。おそらくキャラバンサライに集った人々は、互いの民族や地域などの出所を意識することもなかったに違いない。メッカ巡礼に向かうイスラム教徒たちは、人種や民族、経済的背景を超えたイスラム共同体の成員としての自覚を持っているが、砂漠の中を旅し、キャラバンサライで出会う人々もまた、そのようなメンタリティをもち合わせていたはずである。

砂嵐の砂漠では水も口にすることができないほどで、イスラム世界の商人たちは想像を絶するほど苛酷な旅を行っていた。こうした苦しい体験を経て、キャラバンサライで休息をとる。そこで、商人たちに連帯意識が生まれたとしても不思議ではないだろう。キャラバンサライの浴場で埃や汚れを落とし、人々は休息の喜びを分かち合った。そして同じ苦労を共有しているという連帯感から、不和や対立などをほとんど感ずることもなく、人々の語らいは、自らの故地のこと、また商品のことなど、尽きることなく膨らんでいったのではないだろうか。

したがって現代、しばしばイスラム世界には「民主主義がない」と、欧米の政治指導者、また一部の宗教指導者たちはいうが、果たしてそうであろうか、と思う。ヨーロッパのような成文化された民主主義ではないが、隊商の構成、商人たちの関わり方、「キャラバンサライ」という建造物やその果たした機能を見ても、イスラム世界にはそれなりの民主主義が存在していた。

また、それはキャラバンサライを作る為政者の姿勢にも見ることが出来る。イスラムの為政者たちは、経済発展による恩恵を個々の国民に与えなければ、「正義」から逸脱したものと見なされた。イスラムでは、「神の前の平等」と「正義」を特に重視する。キャラバンサライとは近代以前のイスラム世界において、経済成長には欠くことができない手段であり、為政者にとっては国民に対する「正義」を達成せよという神の意志に応えるものであった。それゆえに、キャラバンサライはイスラムの最後の帝国、オスマン・トルコの時代まで建設され続けた。

キャラバン・ルートやキャラバンサライの文化が廃れるのは一九世紀に入ってからのことだった。一九世紀になると、輸送の手段が急速に変化し、陸路よりも蒸気船による海上輸送の方が盛んになった。特に一八六九年のスエズ運河の開通は、隊商に大きな衝撃を与えた。また自動車による移動はラクダでの輸送の意義を低下させていった。そして一八五九年以降、鉄道の建設が盛んになると、その存在意義は殆ど失われてしまった。

ただ、キャラバンサライの文化を衰退させたのは、交通の近代化だけではなかった。一九世紀以降、西欧がもたらした国家システムにより、中東イスラム世界に国境という人為的な垣根がつくられ、人びとの往来が不自由になってしまったことが大きい。この西欧の進出については次章で詳しく触れるが、今でもイスラム世界をおとずれると、まだ伝統的なバザールでの商売が、あちこちで残っていることを伝えておこう。

セルジューク朝と十字軍

ウマイヤ朝、アッバース朝を経て広範な勢力を獲得したイスラムは、いよいよヨーロッパへと広がってゆくが、その足掛かりとなったのが小アジア、すなわちトルコであった。

トルコ語を話す人々が最初に確認されたのは六世紀のことだが、トルコ人がイスラム世界で最初に頭角を現すようになるのは、一一世紀、セルジューク朝時代（一〇三八－一一九四）のことである。かつて、アラル海北方のトルコ系の遊牧部族、特にシルダリア川とオクサス川（アラル海に注ぐ中央アジア最大の川、アムダリヤ川）の流域に住んでいたトルコ系部族のことを「オグズ」と呼んでいたが、このオグズからわかれた一分派が、オクサス川の南側に移ってきて、生まれたのが「セルジューク」である。

当初、セルジューク族は、現在のアフガニスタン周辺に拠点を持つガズナ朝（九六二－一一八六）の支配下にあったが、セルジュークの指導者で後にセルジューク朝を開く、トゥグリル・ベク（在位一〇三八－一〇六三）とその弟のチャグリル・ベクの台頭により、その勢力を拡大させていった。彼らは強力な遊牧部族であった。遊牧民の男子たちを正規軍に組み入れると、ホラーサーンの主要な都市を占領し、この地域の支配者を自任するようになった。そしてペルシアのほとんどの地域をその支配下に置き、アッバース朝のカリフ、アル・カーイム（在位一〇三一－一〇七五）と協定を結んで、一〇五五年にバグダードを陥落させる。アッバース朝の実権を握っていたブワイフ朝の支配にとって代わり、ブワイフ朝の領地を手にすることになった。

セルジューク朝は、エルサレムを一〇七一年に、またダマスカスを一〇七六年に占領。さらに一〇七一年にはアナトリアのヴァン湖の北西にあるマラーズギルドでビザンツ帝国の軍隊を打ち破り、アナトリアの中心部に進み、アナトリアのトルコ化を進めた。

この一連の侵攻は、後に聖地エルサレムの奪回を図る「十字軍遠征」を招くこととなる。

改めて言うまでもなく、エルサレムはユダヤ教、キリスト教、イスラム、それぞれの聖地である。ユダヤ教にとっては、かつてのユダ王国の首都。またキリスト教では、キリストが処刑され、かつ復活した場所である。そしてイスラムについて言えば、預言者ムハンマドが昇天する旅を体験した場所とされる、「岩のドーム」や「アル・アクサー・モスク」が建てられ、メッカ、メディナに次ぐ、イスラム第三の聖地となっていた。

ゆえに、いずれの一神教の信者にとっても、エルサレムは譲りがたい聖地である。だが、最初からこの地の支配を巡って争っていたかというと、そうではない。

四世紀に、ローマ帝国がキリスト教を採用すると、キリスト教徒による東方への巡礼が盛んになった。シャルルⅡ世やアッバース朝のカリフのハルーン・アル・ラシードは、エルサレムに宿泊施設を建設したが、それもまたエルサレムに巡礼する者たちの増加を考慮してのものだった。その後も巡礼者の数は増加していった。一一世紀に入ると、ハンガリーでキリスト教への改宗が顕著に見られるようになり、陸路で巡礼に来る者の数が増えた。

そもそも、エルサレムにおけるキリスト教会やキリスト教徒たちの活動は、六三八年から始まったイスラム支配の下でも絶えず継続していた。また、ユダヤ人たちも、キリスト教支配の下ではエルサレムに居住することを禁じられていたが、ムスリム支配になると帰還し、ソロモンやダビデの地での宗教活動が許された。

しかし、この三宗教の平和な共存は、ヨーロッパの「十字軍」によって破られることになる。

ローマ教皇のウルバンⅡ世は一〇九五年、セルジューク朝の進出を受けて、エルサレムを「占領」していたムスリムに対する「聖戦」を宣言した。四世紀以上にわたってエルサレムへの巡礼は妨害もなく行われていたが、セルジューク朝がキリスト教の神聖な場所を汚し、キリスト教徒を残忍な方法で扱っているとして、攻撃を始めたのである。

ヨーロッパではエルサレムの奪回を訴える僧侶が現れたこともあって、セルジューク朝に対する攻撃を唱える声が高まっていた。イスラム世界について無知だったヨーロッパは不寛容で、異文明嫌いの風潮が強かった。ヨーロッパ世界の狭量な感情が、聖地解放のための宗教的情熱と結びつき、十字軍を生み出したのである。

教皇のアピールは、ヨーロッパの支配者、騎士、商人たちを結束させることになった。その結束の背景には、エルサレムに「ラテン王国」を築くことによって得られる政治的・軍事的野心とともに経済的動機があったことはいうまでもない。また、騎士たちにとっては異教徒からのエルサレム解放という大義や戦に勝利したいという名誉欲に加えて、略奪から得られる富も魅力となった。

フランスやイタリアの騎士たちから成る十字軍の遠征は一〇九六年に始まり、ビザンツ帝国の領土を通って、一〇九八年にはトルコのアンティオキアに到達した。一〇九九年にエルサレムを占領し、エルサレムのムスリムやユダヤ人を大量に殺害した。当時のムスリムの史家たちは、「十字軍の来襲」とは表現しないで、「フランク族の侵略」として受け止め、西洋の野蛮性として理解した。したがって、十字軍のエルサレムに対する侵攻は、イスラム世界と西洋の最初の対立と考えられているが、実はイスラム世界では、単なる侵略であり、広く知れ渡ることはなかった。

一〇世紀の間にビザンツ帝国はイスラム世界の政治的混迷に乗じて、シリアの北部の大部分を奪い返した。ところが、九〇九年に北アフリカでイスラムのファーティマ朝（－一一七一）が成立すると、風向きが変わり、ビザンツ帝国からシリアを奪還した。しかし、イスラム世界は、セルジューク朝、ファーティマ朝、また弱体化するアッバース朝に分裂していて一致して十字軍に対抗する態勢にはなかった。また一致して当たるほど、十字軍と戦うことがイスラム世界全体の大義とは見なされていなかった。

一〇九九年一月から七月にかけての戦いの末、十字軍はエルサレム王国を建設した。十字軍のエルサレム王国は、エデッサ（ユーフラテス川上流のメソポタミア地方の北辺）、アンティオキア（トルコ・ハタイ県を中心とする地方）、またトリポリ（レバノン北部）に、十字軍に従う伯国や侯国を作った。そして一一四四年にセルジューク朝がエデッサに進出すると、第二次の十字軍が宣告された。この第二次十字軍はドイツとフランスの支配者によって組織されたが、ダマスカスの奪回に失敗すると、本国に帰還していった。

こうした動きの中で、ムスリムのトルコ人は少しずつ力を蓄えてゆき、一方で十字軍の情熱は、その贅沢や浪費もあって、領土的野心とともに、次第に失せていった。また、アイユーブ朝の将軍サラーフッディーン（サラディン）が一一八七年にハッティーンの戦いで十字軍を破ると、ここでエルサレムの支配を取り戻した。当時の記録では、サラディンのキリスト教徒に対する扱いは、寛容で、理性的であったとされている。ただ、サラディンは、エルサレムの聖墳墓教会をギリシア正教会の管理に委ねたものの、多くのキリスト教会がイスラムのモスクに変えられ、エルサレムはムスリムの都市となった。

十字軍の論理は、東方キリスト教世界をイスラムのくびきから解放するというものだった。しかし、シリアやパレスチナに到達したフランク人たちは、略奪や窃盗に躊躇がなかった。したがって、ビザンツ帝国には忠誠心を持っていたキリスト教徒のアラブ人たちも、十字軍に対しては決して同情を抱くことはなかった。十字軍は末期になると、フランス王ルイⅨ世によって提唱された第八回（一二七〇）でエルサレムとは関係のないチュニスを攻めたように、当初の「大義」

を忘れ、十字軍同士が戦闘を行うなど、次第にキリスト教という宗教とは無関係なものになっていき、一二九一年、エルサレム王国の首都アッコンが陥落、ここに十字軍国家は壊滅した。

オスマン帝国の共存システム

十字軍により、オリエントの地は混乱に陥ったが、まさに十字軍の遠征が終結するころ、一二九九年、アナトリアでひとつの国が生まれた。オスマン帝国である。セルジューク朝と同じトルコ系の遊牧部族から生まれたこの国は、その戦闘能力の高さから、次第に勢力を拡大させ、一四五三年にコンスタンチノープルを陥落させる。これによりビザンツ帝国を滅ぼすと、コンスタンチノープルの名をイスタンブールに変えて、そこを拠点にヨーロッパ制覇に乗り出していった。

オスマン帝国はドナウ川を越え、一五〇四年にルーマニアを吸収。一五二一年にはベオグラード、さらにはハンガリーも一五二九年に支配下においた。オスマン帝国とヨーロッパで最大の勢力を誇ったハプスブルク家との戦争は、一六八三年にオスマン帝国が第二次ウィーン包囲を行うまで一世紀半継続した。

西欧のキリスト教世界にとって、オスマン帝国はイベリア半島のムスリムよりも脅威であると受け取られた。オスマン帝国の艦船は、地中海を席巻して、ヨーロッパ諸国の船舶を襲撃し、またオスマン帝国の支配下にあるアルジェリアやモロッコの船はイングランドやアイルランドの南岸にまで進出した。ただ、オスマン帝国に滅ぼされたビザンツ帝国の住民たちは、ビザンツ時代の失政に辟易としていたし、オスマン帝国の下では、従来のギリシア正教の信仰を維持できたために、異教徒の支配は比較的抵抗なく受け入れられた。

オスマン帝国内では「ミッレト制」という自治制度の下で、キリスト教徒やユダヤ教徒たちは大幅な自治を享受することができた。キリスト教徒やユダヤ教徒は経典を共にする「啓典の民」として寛容に扱われた。オスマン帝国が異教徒をいかに寛容に扱ったかは、一四九二年にスペインからユダヤ人が追放されると、それを受け入れたのが、オスマン帝国であったことからもうかがえるだろう。

オスマン帝国下で実施されていた「ミッレト制」は、ユダヤ教徒やキリスト教徒を、啓典の民とする「ズィンミー」というイスラムの基本的な概念に基づいている。ムスリム国家には非ムスリムとムスリム社会との関係を、政府の管理に委ねるという強い宗教上の「指令」がある。この意味でオスマン帝国は非ムスリムの擁護者としての資格を十分そなえた国家であった。

オスマン帝国では、各民族が相互の存在を認め、その存在を受容することによって各宗派や各民族の平和な共存が可能であった。それぞれのミッレトは従来の宗教法、伝統、言語がスルタンの保護の下に維持された。ミッレトは多くの場合、宗教指導者によって管理されたが、宗教的事象だけでなく、世俗的な事柄も扱っていた。この制度は帝国が占領し、支配するようになった広大な領土の統治に有効だった。

ビザンツ帝国を破ったオスマン帝国のメフメトⅡ世（在位一四四四－一四四六、一四五一－一四八一）は、十字軍による略奪によって荒廃したイスタンブールの再建に乗り出していった。帝国の各地から人々を呼び寄せてイスタンブールを活気づけ、またギリシア人、イタリア人、ユダヤ人なども、そこに定住させた。特にユダヤ人の中にはドイツやイタリアから呼び寄せられた者たちもいた。

メフメトⅡ世はイスタンブールに人々を定着させるために、キャラバンサライ、公衆浴場（ハンマーム）を建設し、パン屋や肉屋など、およそ二〇〇〇の店舗をつくった。イスタンブールは、ムスリムの都市として発展していき、宗教的・文化的伝統の下に街づくりが行われた。また、イスタンブールに至る道路や橋の修繕も行った。メフメトⅡ世は、一四五五年に「大バザール（ビュユック・ベデステン）」の建築と、首都への水の供給を確実にするために水道の修復をも命じた。首都再建の財源となったのはイスラムの宗教的寄進（＝ワクフ）で、公共の建物、モスク、キャラバンサライ、噴水、ハンマーム、橋、学校、病院の建設や維持がこの宗教的寄進財によってまかなわれた。

ビザンツ帝国の大聖堂をモスクに改築した「アヤ・ソフィヤ」では、オスマン帝国の支配者とムスリム市民が、金曜日の礼拝で会するようになり、支配者たちは市民の嘆願に耳を傾けるようにもなった。また、オスマン帝国の支配者たちが、イスラム神秘主義に傾倒していたこともあって、マハッラ地区には、神秘主義の聖者たちの名前が付けられることもあった。また、メフメトⅡ世は、「ハーン」と呼ばれるキャラバンサライを四つ建築した。イスタンブールで一番古いハーンは、「ボドルム・ケルバンサラーイ」と呼ばれるもので、三一の部屋と一五の店舗があり、ここでは綿とリネンの取引が行われていた。

メフメトⅡ世は、イスタンブールにおけるキリスト教徒の影響力を弱めるために、スペインや、中西部のヨーロッパからユダヤ人を移住させる政策をとった。たとえば、ドイツから移住したユダヤ教のラビ（宗教指導者）は、ヨーロッパからオスマン帝国にユダヤ人たちが移住することを呼びかけた。そのために、レコンキスタで一四九二年にスペインから大量にユダヤ人たちが追放されるよりも前に、オスマン帝国内には数千人のユダヤ人たちが移住していたと見積もられている。このようにオスマン帝国に移住したユダヤ人たちは寛容に扱われ、ムスリムとの共存システムを作り上げていった。

メフメトⅡ世の支配の下で、イスタンブールは大いに発展を遂げ、またイスタンブールやブルサの絹産業は、ヨーロッパに輸出する商品を生産していった。メフメトⅡ世の没後もイスタンブールは平和を享受する中で発展していった。スルタンやその臣下たちは噴水やモスク、宮殿、慈善施設などを造営していった。特に第一〇代スルタン・スレイマンⅠ世（在位一五二〇－一五六六）の下では、「スレイマニイェ・モスク」をはじめとする大規模な建造物が造られた。

オスマン商業の発展

オスマン帝国の拠点であるアナトリアは東アジア、インド中東、中欧、東欧を結ぶところに位置し、陸路、あるいは海路による中継貿易の拠点であった。そのためにイスタンブールが復興する前からブルサ、エディルネ、ガリポリなどの諸都市は、金属、小麦、絹、綿などの国際交易のセンターであった。したがってビザンツ帝国を倒して以降、ヨーロッパからレヴァントにかけての広い版図を獲得したオスマン帝国は、黒海、エーゲ海、東地中海を支配し、経済的には一層発展していった。そして、このオスマン帝国の下で発達した商業ネットワークもまた帝国の共存システムを支える重要なファクターとなった。

従来、この地域の国際交易は主にイタリア人が担っていたが、オスマン帝国の台頭により、その仕事の担い手は、帝国の「臣民」であるギリシア人、アルメニア人、ユダヤ人たちに変わっていった。もちろん、彼らは非ムスリムであるが、その活動が促進された理由は、ミッレト制によって彼らの自治や自由が認められていたことにある。アナトリアの綿織物、アンカラやトスヤのモヘア織、イスタンブールやブルサの絹が、彼らの手によってヨーロッパ市場に輸出されていった。

特にブルサはペルシアのアスタラーバーディー絹のヨーロッパ市場への集散地となっていた。ブルサはヨーロッパ向けの商品を運搬するムスリムのキャラバンが到達する地として、インドやアラビア半島の物資もまたダマスカス経由で入ってきた。香料はすでに高価なものとなっていたが、これもまたブルサを介して東欧のワラキア、モルダヴィア、レムブルグなどに送られた。この他、エディルネ、サラエボ、ドゥブロヴニクは、バルカン、アドリア海、地中海、ヨーロッパ交易の重要なセンターとなった。

こうした通商ルートを通じて、オスマン帝国は絹、ルバーブ（大黄）、蠟、香料、薬品、綿織物、獣皮、毛皮を輸出し、毛織物、金属、金を輸入した。この他、ブルサからイスタンブール、アッカーマン（ウクライナのビルホロド・ドニストロフシキー）を結ぶ通商ルートはオスマン帝国や東方の物資をポーランドや中欧にもたらした。

フィレンツェ商人たちは、エジプトやシリアで金で香料を買うよりもブルサで布地と香料を交換したほうが、利益が大きいと考えていた。メフメトⅡ世の時代、インド中西部にあったバフマン朝（一三四七－一五二七）のペルシア人宰相マフムード＝ガーワーンの使節は王朝で生産された品々を、ブルサを経由してバルカン半島に向かい、帝国の地方幹部への貢ぎ物とした。ブルサはまたヨーロッパの毛織物の東方への経由地で、絹の商人たちはそれをペルシアにもち帰って売りさばいた。

香料や染料、インドの布地などはアナトリアの通商ルートを通りダマスカスからアダナ、コンヤを経由した。また、海路ではエジプトやシリアの港湾からアンタルヤを経由して物資が流入してきた。海路では主に重たい物資が運搬され、木材、厚板、鉄鉱石などはアナトリアのアンタルヤ、アラーイーヤの港からエジプトに輸出された。

こうして交易国家として、繁栄を極めたオスマン帝国だが、もちろんそれを支えたのは、キャラバンだった。そのためにオスマン帝国は、キャラバン・ルートの安全の確保に力を注いだ。例えば、そのルートを守る人々に対しては、税の免除を行うこともあった。

このほか、メッカ巡礼のキャラバンについては、アミール・アル・ハッジという巡礼のキャラバンを管理する役職もあった。アミール・アル・ハッジは、巡礼のキャラバンが通過する遊牧部族の首長に一定の金額を払ってキャラバンの安全な旅を保障するように依頼した。部族長の許可を得ない旅行者には、部族の領分を侵すものとして厳しい措置がとられたからである。

しかし、一六世紀になると、世界の貿易構造に変化が起こった。ポルトガルが新しく開拓した航路により、インド洋を往来するようになり、東洋の産物がアフリカ南端をめぐってポルトガルのリスボンに運搬されるようになったのである。ただ、それでもオスマン帝国はイエメンとバスラに軍隊を置き、ポルトガルの海路交易を牽制し、またインドのグジャラートやスマトラ島のアチェとの通商関係も維持して、ポルトガルの独占を阻止した。

その内にヴェネツィア商人たちとの交易も再び盛んになり、イエメン産のコーヒーがヨーロッパで人気が高まると、それに応じてオスマン帝国の交易も再び盛り返していった。

ところが、次いで起こった貿易構造の変化には対応しきれなかった。イギリスとオランダがインドと東インドにそれぞれの植民地をつくり、東方の香料貿易に直接参入するようになると、オスマン帝国の交易はたちまち停滞するようになった。

それでもオスマン帝国は絹、コーヒー、インドの綿製品や染料などの貿易を継続したが、国際貿易の魅力ある物資は次第に、西ヨーロッパ諸国のアフリカ・ケープタウンを経由するルートに移されていった。一五八〇年にオスマン帝国はイギリスと通商条約を結び、イギリスに絹を輸出し、綿製品や金属を輸入するようにしたが、一六世紀末になると、ブルサやアレッポに代わってイズミールがオスマン帝国の主要な港湾都市となり、ここにフランスやオランダ、イギリス、ヴェネツィアの商人たちが群がるようになった。イズミールは、ヨーロッパ経済に組み込まれるようになり、オスマン帝国は地中海交易における主導権を失い、次第に輸入のほとんどが国内消費のみを対象とするようになっていった。そして一六二五年、ヨーロッパの国々は地中海地域に陸路で輸送する香料貿易を断った。

こうして国際的な貿易力を失うことによって、大帝国を築いたオスマン・トルコの力は急速に衰えていったのだが、衰亡の決定打となったのは、これまでオリエントに対して劣勢であり続けたヨーロッパに起こった、あの「革命」であった。

第三章　侵食されるオリエント

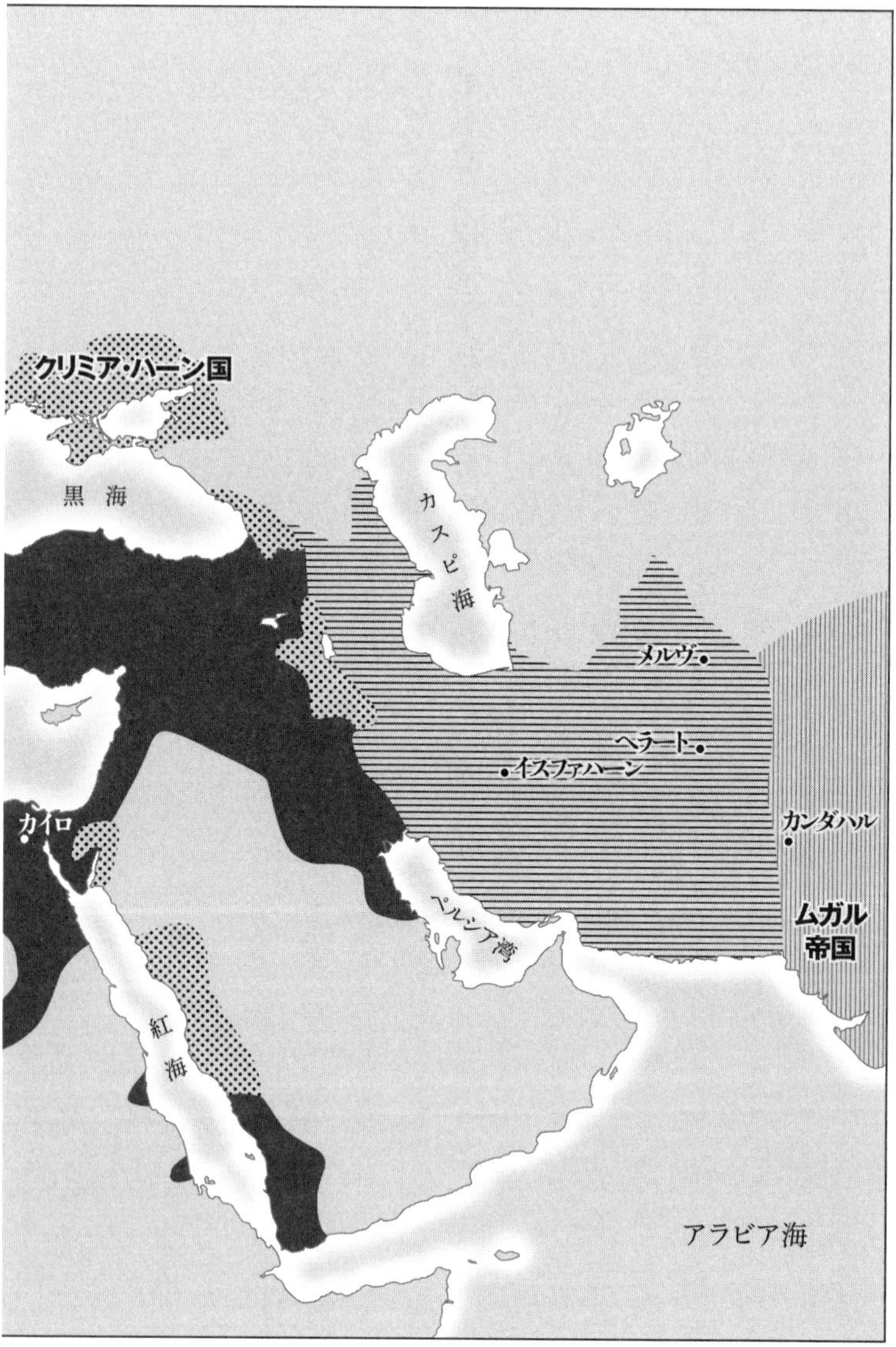
クリミア・ハーン国
黒海
カスピ海
メルヴ
ヘラート
イスファハーン
カンダハル
カイロ
ムガル
帝国
ペルシア湾
紅海
アラビア海

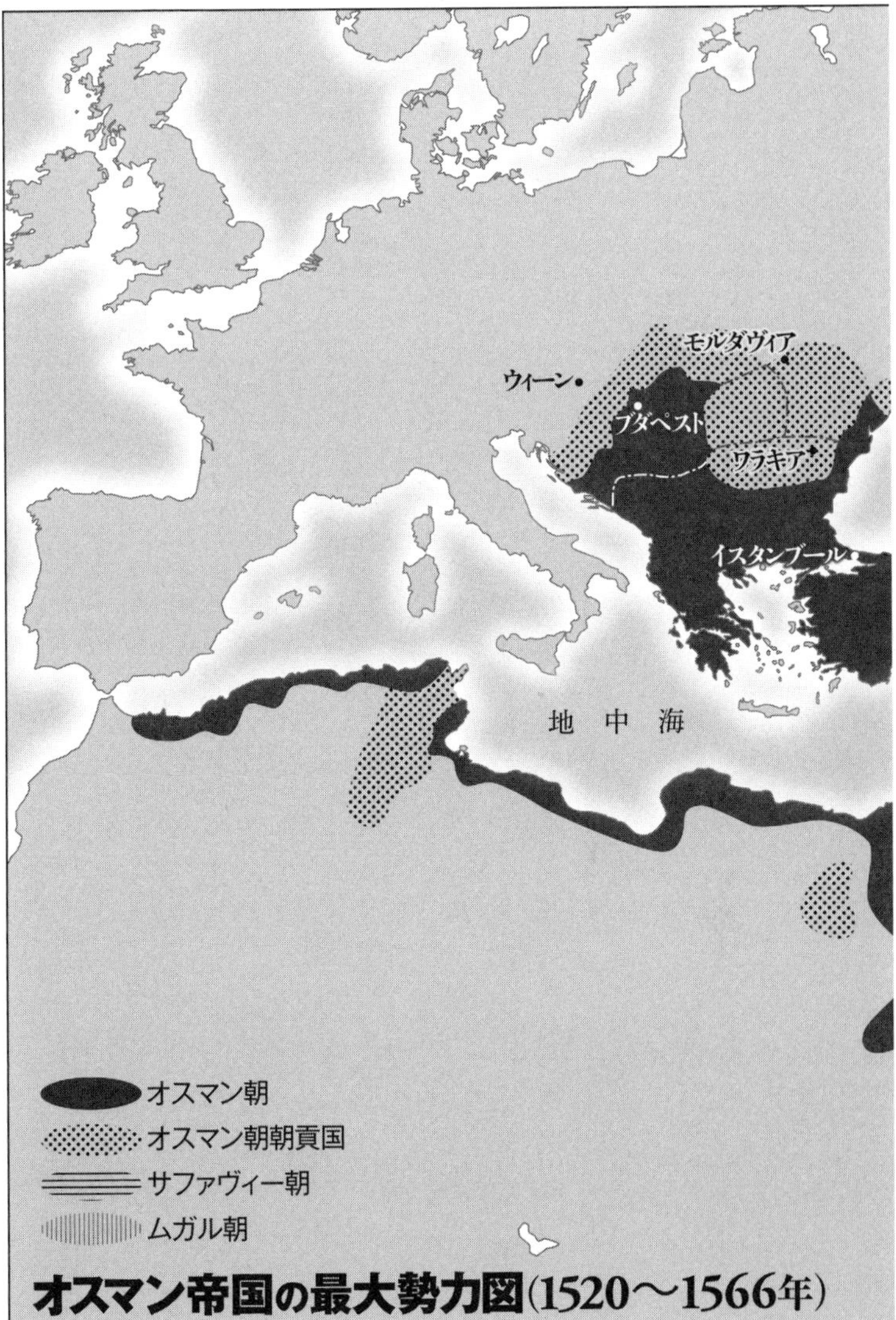

オスマン帝国の最大勢力図(1520〜1566年)

産業革命の激流

一八世紀後半にイギリスで始まった産業革命は、産業、社会、経済の大変革をもたらす技術革新であった。「道具」に代わって「機械」が用いられるようになると、消費財の大量生産が始まるようになり、これによってオリエント地域はヨーロッパ諸国の製品の市場であるとともに原料の供給地となることを余儀なくされた。そして経済的膨張にともなって露わになったヨーロッパ植民地主義は、やがてオスマン帝国を手玉にとるようになり、弄び、解体していった。

ここでは、ヨーロッパ諸国がいかにオスマン帝国に介入し、「瀕死の病人」と形容されるまでに弱体化させたのか、その歴史的経緯を探ってみたい。

産業革命によってヨーロッパ経済は飛躍的に拡大した。蒸気機関に代表されるイノベーションの詳細はともかくも、人類に大量生産、大量消費の時代が到来したのである。生産能力の向上は、ヨーロッパの国々にさらなる原料とともに、新たな市場を求めさせた。いの一番に白羽の矢が立ったのは、言うまでもなくオリエントであった。それは地理的にヨーロッパに近接する所以である。

中東や北アフリカは原料の供給、さらには商品の消費、そのいずれをも満たす地域である。エジプトとシリアからは綿が、アナトリアとイランからはタバコ、さらにレバノンからは絹がヨーロッパに送り込まれ、ヨーロッパの国々はそれを加工して、今度はオリエントに輸出した。しかも、よりよい条件で輸出するためにこれら地域の輸入関税を安く設定するよう圧力をかけた。

降って湧いたように起こった原料輸出の特需は、一時の潤いをオリエントの地域にもたらしたかもしれない。しかし、その後に続く大量かつ安い商品の流入は、オリエントの経済を急速に疲弊させていった。まず、当然の帰結として起こったのが貿易収支の悪化であった。

一八二五年から一八五二年までの間、イギリスのオスマン帝国への輸出額は八倍に増加し、それはオスマン帝国からの輸入額の四倍にもなった。フランスもまた一八世紀のレヴァント（東地中海）貿易によって、オスマン帝国から多くの利益を上げるようになっていた。また、これによってオリエントの伝統的産業も壊滅していった。

こうした事態の解消のためにオスマン帝国はさまざまな手を尽くした。だが、例えば通貨発行量を増やして対応しても、それは重大なインフレーションを招くだけであり、状況は深刻化する一途であった。モロッコでは一八四四年から一八七三年までの間に貨幣価値が九〇％も下落した。

オスマン帝国のスルタン（君主）など為政者たちは、軍隊や官僚機構の近代化を図った上、鉄道、港湾、道路などを建設し、灌漑施設も整備しようとした。整備さえすればヨーロッパの国々と肩を並べることもでき、経済状態も回復すると考えた。だが四〇〇年にわたって続いたオスマン帝国の統治機構は、すでに疲弊し、腐敗していた。税制もまた老朽化していた。然るべき資本もないまま、巨大な官僚機構、陸海軍の維持、さらには宮廷の奢侈《しゃし》も支えた上で、ヨーロッパの近代化に挑むことなど、到底無理なことであった。

結局、試みた投資はそのまま負債となり、いきおい外国からの借金は雪だるま式に増えていった。オスマン帝国は一八五四年からは主にフランス、イギリスから借款をうけるようになったが、そこで発生する巨額の利子により、一八七五年、ついに元利償還不能に陥り、財政は事実上、破綻した。オスマン帝国だけではない。その支配下にあるチュニジア、エジプトといった国々、さらにはガージャール朝ペルシア（イラン）もまたヨーロッパの金融市場から資金を借りるようになり、これらのすべての国や地域は財政危機に陥った。

オスマン帝国は財政破綻を宣言した一八七五年から一八七九年の四年間で二億五六〇〇万ポンド、エジプトは一八六二年から一八七三年の間で六八四〇万ポンドを借り入れている。同様にチュニジアは一八六九年に一億三七〇〇万フランをフランスから援助されたが、結局は破綻に陥った。もはや、オリエントの国々の経済は負のスパイラルに陥り、逃れられない状況になっていた。そして、この状況がヨーロッパに向けられた大きな扉となり、この後、間断なく続くヨーロッパ諸国のさまざまな介入を許していった。

破綻したオスマン帝国に対し、イギリス、フランス、オランダ、ドイツ、オーストリアなど債権国が行ったのは帝国の債務管理局をつくることであった。一八八一年、債務管理局が作られると、塩・タバコの専売税、印紙税、酒税、生糸税、漁業税を、帝国を介さず直接徴収するようになった。いわば帝国からの徴税権の剝奪である。もはやこの時点でオスマン帝国の主権国家としての地位は奪われていたといっていいかもしれないが、ヨーロッパ諸国が目指したのは、オスマン帝国の征服ではない。支配するのはあくまでも経済であって、生産地、そして消費地として、いかにこの国を存続させるかがカギだった。そのためにこの後も、オスマン帝国の経済は拡大の一途をたどっている。ただ輸出入の市場はすでに非ムスリムやヨーロッパ諸国の商人たちに席巻され、国内流通もまもなく彼ら外国人の手に落ち、さまざまな利権も奪われていった。

後門の狼、ロシア

イギリス、フランスなど西欧の圧倒的な経済力に呑みこまれてしまったオスマン帝国にはもうひとつ、ロシアという懸念すべき国があった。イギリス、フランスを前門の虎とするならば、いわば後門の狼である。両者いずれもがオスマン帝国の持つ広大な領土に食い込み、その支配を図っていたが、どちらか甲乙を付けるのであれば、一九世紀のオスマン帝国にとって、致命的な脅威は帝政ロシアだったといってもいいかもしれない。

ロシア帝国には、かつてオスマン帝国に奪われたビザンツ帝国の首都コンスタンチノープル(イスタンブール)を奪還したいという野望があったが、一九世紀のロシアが抱いていたのは、ヨーロッパ諸国同様、多分に経済的なものであった。ただ英仏とは違うのは、産業革命を経験していないゆえに、主な目的は流通経路、さらには軍事上の海路の確保であった。特に厳冬期にその多くの港が凍ってしまうロシアにとって、黒海から地中海に抜けるボスフォラス海峡の支配は、通商面、軍事面、いずれにおいても悲願であり、たとえばロシアで作られた穀物をヨーロッパ諸国に輸出するためには、オスマン帝国が管理する黒海は、是が非でも自らのものとしたい経路であった。したがってオスマン帝国の協力を得る、場合によっては帝国を支配することも必要で、さまざまな手をつかってオスマン帝国の弱体化を図った。時にバルカン半島のキリスト教徒たちのナショナリズムを扇動し、キリスト教の国を創設することもあれば、直接オスマン帝国に攻撃を仕掛けることもあった。

ロシアとオスマン帝国の争いは一六世紀、ロシア帝国の前身であるロシア・ツァーリ国の時代に遡る。一五六八年の緒戦から数えて第一次世界大戦に至るまでの間の実に十数回、主にクリミア半島の支配を巡って干戈を交えている。この地には「クリミア・ハーン国」というオスマン帝国配下の国があった。クリミア・ハーン国とは、モンゴル帝国の末裔が築いた国家で、一四〇〇年代半ばに独立をしたものの、まもなくオスマン帝国の介入を受け、以降、帝国の諸侯とし、従属下にあった国である。ちなみに当時、この地域に多く住んでいたのはタタール人であり、彼らはイスラムを信仰していた。

ロシアとオスマン帝国の一連の戦いを露土戦争というが、一般的に近代以降、一七六八年の戦争を第一次露土戦争とする。この争いはロシア優位に推移し、一七七四年にキュチュク・カイナルジャ条約の締結で終わった。この条約でクリミア・ハーン国の自立と、ロシア艦船の黒海自由航行権に加え、オスマン帝国内のバルカン半島でもロシアの望むところに領事館を設立することが認められた。また、ロシアは黒海北岸地域の一部を獲得することになった。バルカン半島では、ロシアによるギリシア系住民たちの保護権も認められた。この条約は、ヨーロッパ諸国とオスマン帝国のその後の歴史を形づくることとなったが、オスマン帝国とロシアの争いは、クリミアだけには止まらなかった。

一九世紀に入るとロシアはオスマン帝国内のキリスト教徒たちの「保護」という大義を訴えて、

オスマン帝国のバルカン地域に進出するようになった。ロシアはバルカンに親ロシアのキリスト教徒の国をつくっては、黒海やボスフォラス海峡への進出の足掛かりとしようとした。ただ前章で述べたように、オスマン帝国はミッレト制を設け、各地の宗教はそれぞれの住民に任されていた。したがってバルカン半島のキリスト教徒もまた、彼らの信仰を保持していただけでなく、独自の体系の中で自治を保障されていたために、決してイスラムから宗教弾圧を受けていたわけではない。だが一七八九年に起こったフランス革命で「国民国家」が誕生すると、これに刺激され、次第にオスマン帝国のキリスト教徒たちもナショナリズムに目覚めるようになった。これを利用することでロシアは、彼らの独立を促したのである。

ロシアは、一八一二年にバッサラビア（モルドバ共和国周辺）を併合し、モルダヴィア（同上）やワラキア（ルーマニア周辺）に介入し、一八二九年のアドリアノープル条約でこれら侯国を保護下に置いて自立させた。同じ権利は一八三〇年にセルビア人に対しても付与された。セルビア人たちは一八〇四年に反政府暴動を起こしたが、これもロシアの支援を受けたものだった。一八二九年にロシアは黒海に面したドナウ川地域や、黒海東岸、またジョージアを保護下に置くなどその進出の勢いを緩めず、一八三二年、ついにはギリシアも独立した。

こうして、経済と軍事、さらには帝国内部の民族、宗教に介入され、もはやオスマン帝国は英仏とロシアに従わざるを得ない状況に陥った。しかもギリシアの独立に際しては、キリスト教国ということで、英仏露という対立関係にあった国々が連合を組み、オスマン帝国にギリシアの独立を迫ったように、これらの国々は常に同じ位置からアプローチしてくるわけでもなかった。帝国は複雑に変化する国際情勢に身を任せながら、いよいよ落日を迎えることとなる。

クリミア戦争

オスマン帝国が消滅するのは第一次世界大戦後のことだが、その衰退の過程が顕著に見られたのは一八五三年に始まったクリミア戦争であった。前開きにしてボタンで留められるカーディガンは、クリミア戦争で、負傷兵が着やすいようにと、イギリスのカーディガン伯爵によって考案された。同じくクリミア戦争で、負傷兵が着やすいようにと、イギリスのラグラン男爵が仕立ての簡素化や負傷兵でも楽に着られるようにと袖の生地を首にまで伸ばしたのが由来とされる。また、クリミア戦争で看護師として従軍したナイチンゲール（一八二〇―一九一〇）は、野戦病院の劣悪な衛生環境を改善し、自然治癒を促すことで、傷病兵の死亡率を激減させることに貢献し、戦後の一八六〇年に世界初の看護学校（ナイチンゲール看護婦養成所学校）を創設している。また、フランスの軍艦が暴風雨で沈没したところから気象予報もこの戦争で始まった。様々な面で世界史的な意味をもったクリミア戦争であったが、戦いの軸にはロシアのボスフォラス海峡進出の野心があった。

パレスチナのエルサレムは、言うまでもなくユダヤ教、キリスト教、イスラムそれぞれの聖地である。オスマン帝国時代においては一六世紀以降、そこにあるキリスト教の聖地については、ローマ教会のものとして、フランスにその管理がゆだねられていた。ただ、一八世紀後半に起こったフランス革命の混乱は一九世紀に入っても依然続いており、フランス政府にはエルサレムに注意を払う余裕はなかった。またそれを抱えるオスマン帝国も弱体化していたのは、これまで述べてきたとおりであるが、その隙を衝いてロシアが動いたのである。一八五一年、ローマ教会と対立するギリシア正教会が、ロシアを後ろ盾にオスマン帝国に詰め寄り、その管理権を認めさせてしまったのである。だが、これに対し、フランスはすぐに行動に出た。一八五二年、おりしもナポレオンⅢ世が即位したばかりのことで、ようやく国が落ち着き始めた頃である。フランスは、オスマン帝国に圧力をかけ、あっさりエルサレムを奪還した。

ロシア対フランス、ギリシア正教会対ローマ教会――本来なら、イスラムのオスマン帝国がそこに関わる道理はないはずであり、さらにいえば「寛容」にもとづくミッレト制に従えば、どの宗教であろうと、それは信者に委ねられるべきものである。だが、国際情勢はそれを許さなかった。強国の対立に呑みこまれるように、オスマン帝国は、聖地再奪還を求めるロシアから宣戦布告を受けることとなってしまった。これがクリミア戦争の発端である。

クリミア戦争はその名が示すように、その最大の激戦地はクリミア半島であった。その南端にあるセヴァストーポリにはロシアの要塞があり、一年にもわたって続いた攻防で二〇万人の戦死者が出たという。もちろんオスマン帝国が前面に立ってロシアと戦い続けたことはなく、主力はあくまでもイギリスとフランスであった。そのためにロシアを破り戦勝国となったものの、オスマン帝国は、その国土が保全されたぐらいで、新たに得るものはなく、嵩んだ戦費によって国はいよいよ疲弊していった。

バルカンの蜂起

クリミア戦争で一躍名を挙げたのは、フランス、ナポレオンⅢ世であった。革命を経て再び帝政となったフランスは、ヨーロッパの強国としての地位を確立した。だが、クリミア戦争終結から一四年経った一八七〇年、プロイセン（後のドイツ）がフランスに戦争を挑み、下馬評を覆してフランスに勝利してしまったのである（普仏戦争）。これにより、ロシアの後退で一時の平穏を取り戻していたオスマン帝国は、ふたたび漂流を始めた。

普仏戦争でフランスが敗れた後も、親フランスの立場をとり続けたオスマン帝国だったが、その推進役であった宰相のアリー・パシャが普仏戦争直前の一八六八年に亡くなったこともあって、オスマン帝国政府は在イスタンブール・ロシア大使であるイグナティエフ伯爵に籠絡されるかたちで、親ロシアに舵を切るようになった。ただイグナティエフは、オスマン帝国をめぐってパン・スラブ主義（スラブ民族のロシア帝国主導の下、オスマン帝国下のスラブ民族の吸収・合併を目指す考え）をひたすら追求しようとしていた人物であり、その真意は当然のことながらオスマン帝国の支配と、その先の壊滅であった。その動きはすぐに始まった。

イグナティエフの工作に応じて、一八七五年にヘルツェゴビナでキリスト教徒による反オスマン帝国の暴動が勃発すると、一八七六年にはブルガリアでも暴動が発生。セルビアとモンテネグロもまたオスマン帝国に対する戦争を宣言した。ブルガリアでキリスト教徒の暴動を武力で制圧しようとするオスマン帝国に対しては、イギリス国内でも米国人ジャーナリストによる虐殺の報道もあって強い反発が起こったが、ここで直接介入してきたのがロシアである。ブルガリアの北部プレヴェンにおいては帝国の司令官ガージー・オスマーン・パシャが勇猛に防衛したが、ロシア軍はソフィア、アドリアノープルを占領、イスタンブール近郊まで迫った。この結果、一八七八年三月にサン・ステファノ条約が締結され、オスマン帝国は、そのヨーロッパにおける領土のほとんどを失った。

（ちなみにこのガージー・オスマーン・パシャの息子は後にオスマン帝国の特使として日本を訪れたオスマーン・パシャである。彼の乗った船は帰路、和歌山沖で遭難し、パシャもまた亡くなったが、この船こそが「エルトゥールル号」であり、その事件の顚末は後の日本とトルコの友好関係に大きな影響を残した。ただ、当時の親日感情の一部にはこの後に起こった日露戦争で、日本が対立するロシアを破ったことに対する評価も含まれている。）

さて、このサン・ステファノ条約によってセルビア、モンテネグロ、ルーマニアはオスマン帝国から独立し、ブルガリア公国もオスマン帝国に宗主権を認めつつも、事実上ロシアの支配下となった。そしてロシア自体も黒海沿岸に大きく領土を拡大し、待望のバルカンと地中海進出を果たしたかのように思われた。が、こうしたロシアの進出に、危機感を抱いたのは他ならぬイギリスであった。イギリスのディズレーリ首相は、バルカン、またボスフォラス、ダーダネルス海峡、さらに東部アナトリアやメソポタミアへのロシアの進出を阻むために、ドイツの宰相ビスマルクを仲介役に、ベルリン会議（一八七八年六月）を招集。ロシアの勝利の成果を奪うことに努めると同時に、オスマン帝国の解体にも動き始めた。

ベルリン会議では、バトゥーミ（ジョージア共和国、アジャール自治共和国の首都）、アルダハン（トルコ北東部、ジョージアとの国境部）、カルス（トルコ北東部、アルメニアとの国境部）はロシアに割譲され、セルビア、モンテネグロ、ルーマニアは完全な独立が認められた。またギリシアは一八八一年にテッサリア（ギリシア東部）、イピロス（ギリシア北西部）の一部を併合した。ブルガリアは自治国となり、引き続きオスマン帝国の支配下に置かれたが、一八七〇年にその教会はイスタンブールの司教管区から切り離されていた。

このベルリン会議で、ロシアはわずかにベッサラビアと小アジアの一部を得ただけであったのに対して、イギリスはキプロス島、オーストリア＝ハンガリーはボスニア・ヘルツェゴビナを獲得した。ドイツとオーストリア＝ハンガリーは、ロシアの要求を全面的に受け入れれば、バルカン半島におけるパン・スラブ主義が台頭し、それによって国内のスラブ系民族が勢いづくことを恐れ、ロシアの領土的主張を極力斥けようとした。このロシアの戦果を奪ったベルリン会議をめぐって、ロシアのオーストリア＝ハンガリーとドイツに対する感情は悪化し、第一次世界大戦の遠因となっていった。

イギリスなどヨーロッパ勢力は、もはやオスマン帝国に改革や軍隊を強化する姿勢がないことを見て取っていた。と同時に、オスマン帝国も対欧負債返済の繰り延べをヨーロッパ諸国に通告するようになり、帝国の領土保全を断念。ヨーロッパ諸国の圧力に屈し、領土を手放さざるをえない状況になっていた。キプロス島を占領したイギリスは、ロシアのさらなる侵入に対し、協力してこれに対処することを約束した。

ヨーロッパの野心

もはや自らの足では立ち上がれないくらい弱体化したオスマン帝国は、帝国およびその支配下の国の財政のみならず、その政治機構もまたイギリスやフランスなどヨーロッパの国々のコントロール下に置かれるようになった。しかし、これに対してオスマン帝国の市民は素直には応じなかった。外国の財務官たちが増税などの措置に訴えると、現地ではそれに反発して暴動も起こった。だが、この反発はヨーロッパ諸国のさらなる支配に口実を与えることにしかならなかった。

最初の大きな動きはエジプトだった。エジプトでは、アフマド・アラービー大佐に率いられた民族運動（アラービー運動）が一八八一年から八二年にかけて起こった。当時、エジプトはオスマン帝国によって任命された太守ムハンマド・アリーの治世下にあったが、対外債務によって財政が破綻し、一八七六年以降は「ヨーロッパ人内閣」がエジプト財政を管理していた。これに反発したアラービー率いる軍部が蜂起、民族主義的内閣と憲法を副王（ヘディーヴ、一八六七年にオスマン帝国がエジプトの支配者に与えた称号）に認めさせた上、一八八二年にはアレクサンドリアで暴動を起こした。これに対し、イギリスは虐殺事件と見なし、軍艦から砲撃を行うなど軍事介入を深めた。アラービーの運動は「エジプト人のためのエジプト」を主張し、軍人、商人、都市民衆や農民も巻き込み広範に展開された。しかし、結局はイギリスの武力によって鎮圧され、結果的にイギリスによるエジプト支配を確立させてしまった。

このエジプトでの動きを受けてスーダンでも運動が起き、一八八五年に首都ハルツームを陥落させ、一八九八年にはエジプトをイギリスの支配から解放しようとした。だが、それもイギリス軍の攻撃で壊滅した。

イギリスのエジプト支配の目的は何を措いてもスエズ運河の管理であった。対インド貿易も半分はスエズ運河を通じて行われており、スエズ運河以東からイギリスに輸送される物資も三分の二がここを通過していた。一八八一年までにイギリスは運河から上がる収益の八〇%を獲得していたが、完全に支配下に置くことによってさらなる利益を得ることを図っていたのである。

他方、フランスもアルジェリアで莫大な利益を獲得していた。フランスは一八三〇年までにアルジェリア全土を事実上の直轄領にして地方の指導者であるアブドゥ・アル・ハドルを介して支配。一八四八年にはフランスの領土にすることを宣言した。直轄領土とは植民地ではなく、フランスの領土の一部になったことを意味する。一八七一年には行政府の配置換えが行われ、植民地省から内務省の管轄に置かれた。アルジェリアの行政官はアルジェリア人ではなく、フランス人から選ばれた。まさにフランス国内としての対応である。こうしてフランスの統治者や官僚がアルジェリアに駐在するようになり、一八七〇年から八〇年代にかけて五七万八〇〇〇人のフランス人がアルジェリアに移住した。彼らはフランス型の都市計画を行い、また地方に進出して広大な土地を所有した。フランスは、モロッコでもスペインと競合しながらその影響力を拡大し、一八八一年にはチュニジアも保護領とした。

一九世紀末までに中東イスラム地域は、次々にヨーロッパの強国の支配下に置かれることになった。すでにオスマン帝国の為政者たちはこうした動きに抗するすべはなく、ヨーロッパ諸国が中東の秩序を形成するようになると、彼らはキリスト教の布教活動も進めていった。

プロテスタント、カトリック、クウェーカー、長老派の宣教師、伝道師は一九世紀の初めからムスリムやユダヤ人の改宗のためにやって来るようになった。聖職者たちは、それなりの善意と情熱をもってやってきたのだろうが、そこにイスラムの信仰に対して十分な敬意や配慮が払われていたとはいえない。なぜなら東方の「野蛮人」たちを改宗によって救い出すことこそが、彼らにとっての善であり、キリスト教を布教することで、植民地活動をまっとうできると考えていたからである。キリスト教の学校、図書館、教会などが次々に作られていった。

ベイルートやダマスカスを含むオスマン帝国のシリア州ではフランスのキリスト教団が数百の学校を建設して、その運営を行った。ダマスカスにはアイルランドの長老派の学校が一八六〇年初頭に建設された。またヨーロッパの作家、芸術家、旅行家、考古学者などが中東地域に大挙して訪問するようになり、彼らが伝える文学、絵画、旅行記が中東イスラム地域のイメージとしてヨーロッパでは固定化されていった。一九世紀末になると、中東イスラム地域におけるイギリスやフランス支配は確固たるものになり、この地域に世俗化がもたらされた。ヨーロッパ諸国の支配を受けたアルジェ、チュニス、ベイルート、カイロ、ダマスカスなどの都市では、教育のある階層の中にヨーロッパ文化を愛好する者たちも現れるようになった。

溶解する帝国

オスマン帝国は財政から、政治機構、領土、ついには宗教までヨーロッパ強国に侵食されるようになった。「寛容」の名のもとに、種々の民族、宗教が入り混じり、緩やかに存立していた国ゆえに、その版図は溶けるようにして小さくなり、ついにはアナトリア半島とその周辺のみに押しやられ、首都もまた、ロシアの手に落ちかけることとなる。国の盛衰とはこのようなものと言ってしまえばそれまでだが、帝国が溶け落ちる過程で、後の災厄となるものが、さまざま生まれている。それは言い換えればオスマン帝国の支配下では絶対に生まれなかったものでもある。後の災厄については、最終章で詳しく述べるが、それは今の世界を席巻する不安である。

広大な版図を誇ったオスマン帝国をヨーロッパ各国が蚕食した結果、何が起こったのか。これまでのことに補足を加えながら振り返り、その後の動きを追ってみよう。

四〇〇年以上興隆をきわめたオスマン帝国は、産業革命以降のテクノロジーと啓蒙思想で体制強化されたヨーロッパ諸国に侵食されていった。オスマン帝国が一六八三年に第二次ウィーン包囲に失敗すると、ローマ教皇インノケンティウスⅪ世はヨーロッパからイスラム勢力の排除を訴え、教皇領、オーストリア、ポーランド、ヴェネツィアからなる神聖同盟が結成され、オスマン帝国と戦うようになった（大トルコ戦争）が、この同盟に非カトリックのロシアも加わった。一六九九年のカルロビッツ条約は、オスマン帝国がヨーロッパ勢力に戦争で敗れた結果、締結されたものであり、オスマン帝国はオーストリア、ポーランド、ヴェネツィアに対して多くの領土を割譲した。さらに一九世紀になると、帝国の弱体化はいっそう明らかになり、一八三二年にギリシアは独立、また一八三〇年にはアルジェリアがフランスに占領された。もはやヨーロッパ諸国にとってオスマン帝国は「瀕死の病人」でしかなく、事実上、帝国は崩壊していた。ただ、それでも本当の崩壊まで時間を要したのはヨーロッパ諸国の利益配分の調整が円滑にできなかっただけであり、それは帝国の意図するところではなかった。

オスマン帝国に対するヨーロッパ諸国の脅威が増大する一方、帝国内部でもヨーロッパ諸国に影響され、その支援を受けるキリスト教徒のナショナリズムが高揚していった。このナショナリズムは、時にユダヤ教徒やムスリムに対する虐殺など激しい暴力を伴った。キリスト教徒たちはロシアやオーストリアなどの教唆によって、帝国からの分離独立を目指した。ロシアはセルビア人を、またオーストリアはクロアチア人を支援し、武器や資金を供与した。キリスト教徒のナショナリズムは、二〇世紀に入っても継続し、マケドニアでは数千人におよぶムスリムやユダヤ人がキリスト教徒による単一民族国家形成という「民族浄化」のために虐殺された。

キリスト教徒のナショナリズムの高揚に対してはオスマン帝国も暴力によって応酬したが、オスマン帝国内にいたユダヤ人たちもオスマン帝国の維持を考え、キリスト教徒やシオニスト（エルサレムにユダヤ人の故国を建設することを考える人たち）とは異なる立場をとった。この時期、数千人に及ぶユダヤ人たちが、ロシアや中欧での迫害を逃れてオスマン帝国に移住、彼らはオスマン帝国の農業、産業、通商の近代化に貢献した。

だが、そのような動きがあっても、オスマン帝国の崩壊は止まらず、ついには一九〇八年、帝国の中央で革命がおこった。「青年トルコ革命」と呼ばれるものである。青年将校エンヴェル・パシャ率いる青年トルコ党がスルタン（国王）政治の打破を掲げて挙兵した。青年トルコ党は当時のスルタンを退位させた後、立憲君主制の軍事政権を立ち上げ、世俗的なトルコ・ナショナリズムに訴えていくようになった。だがスルタンは権力から引きずりおろされたものの、依然として国王の統治が存続する不安定な状況にあった。

この混乱の隙を衝いて攻め込んで来たのがイタリアだった。一九一一年にトリポリやキレナイカ（いずれもリビア）を占領。また呼応してセルビア、モンテネグロ、ブルガリア、ギリシアのバルカン同盟諸国がオスマン帝国に宣戦布告した。これによってオスマン帝国はそのヨーロッパ領のほとんどを喪失し、ついには帝国の首都イスタンブールの支配も失いかけた。戦争の難を逃れたムスリムやユダヤ人たちはイスタンブールになだれ込み、帝国全土が混沌とした状態に陥った。

エンヴェル・パシャの青年トルコ党は一九一三年にオスマン帝国の民主政治を一時的に停止して独裁的な政治を行うようになった。再起をかけて選んだ最後の判断である。この判断の是非をつけることは難しいが、青年トルコ党は従来のしがらみ、慣習を断ち切り、国家の近代化を求めてヨーロッパに接近した。そこで軍事面で頼ったのがドイツであり、ここで築かれた関係が直後に起る第一次世界大戦へと繋がっていった。

オスマン帝国の権威、文化、宗教的統治は次第に消え失せ、トルコ・ナショナリズムの青年トルコ党が中央の支配を固める中、周辺ではアラブ民族主義、パン・イスラム主義、ワッハーブ主義などが成長していった。だが、いずれも核となり得るものはなく、ヨーロッパ植民地主義に対抗できるイデオロギーや運動はついに現れなかった。それは「寛容」のもと、多くの価値観を受け入れてきた国の宿命だったのかもしれない。

第一次世界大戦において、オスマン帝国はドイツと同盟してイギリスやフランスなど連合国と戦い敗れたが、最後まで連合国に食い下がって苦しめたことで、ヨーロッパ世界に「イスラムの脅威」を改めて認識させた。他方、オスマン帝国末期にヨーロッパ諸国がキリスト教徒のナショナリズムを煽ったことは、払拭しえないほどの敵対感情をムスリムとキリスト教徒の間にもたらすことになった。

ロレンスの呵責

こうして第一次世界大戦までの動きを観察すると、欧米やロシアが軍事介入する現在の事象と錯覚してしまうかのようだ。この時代には古代や中世とは異なって、いまある国家がすでに存在していたということもその理由としてあるだろう。だがそれだけではない。おそらくはこの時代にヨーロッパ諸国によってつくられ、固定化された概念、価値観が今もなおオリエントを支配し、世界の人々に定着しているからではないだろうか。ここからはその概念を生みだした第一次世界大戦、そしてその敗戦を経て迎えるオスマン帝国の末期を見ていく。

勝敗の趨勢の分からない、膠着したヨーロッパの戦線はともかくも、開戦時から国力が衰えていたオスマン帝国の敗退は予見できた。そのために戦時中から、連合国はいくつかのことを密かに話し合っていた。一つはイスラム世界におけるスルタンの権威を失墜させることであり、もう一つはオスマン帝国敗北後のその領土の分割であった。

すでに青年トルコ党によって政権の座から引きずりおろされていたとはいえ、イスラムにおけるスルタンの権威を失墜させるという考えは、イギリスにとっては当然の帰結だった。それはオスマン帝国が一大帝国を築いた国家であるということと同時に、その背後にあるイスラムに対し、ただならぬ警戒感を抱いていたからである。先に述べたようにイギリスは保護領としたエジプトで激しい抵抗（アラービー運動）を経験している。いわゆるジハード（聖戦）の訴えである。そのためにイギリスは、オスマン帝国のスルタンが持つイスラムの指導者「カリフ」の称号、その権威に代わる人物を探し出そうとした。その結果、行きついたのが聖地メッカのアミール（総督）であったフサイン・イブン・アリー（シャリーフ・フサイン）であった。

フサインは、預言者ムハンマドの家系、ハーシム家に生まれた宗教的権威であると同時に、トルコ民族主義を苦々しく思う人物であった。

エジプト・カイロにいたイギリスの高等弁務官ヘンリー・マクマホンはフサインと連絡をとり、一九一五年、そこである密約を交わした。それはオスマン帝国に対し反乱を起こせば、帝国敗戦後のアラブ国家の独立、さらにはアラブ人のパレスチナ居住を認めるというものだった（フサイン＝マクマホン協定）。フサインはこの密約のもと一九一六年、四人の息子を立てて帝国に対する反乱を起こした。いわゆる「アラブの反乱」である。「反乱」の中心人物となったのはフサインの息子の一人で、後に紆余曲折を経て、シリアとイラク、それぞれの国王となるファイサル（I世）であり、この際にイギリスとファイサルの間で連絡役を務めたのが、情報将校のT・E・ロレンスだった。

ロレンスという名で、もはや多くの説明は必要ないかもしれない。デヴィッド・リーン監督、ピーター・オトゥール主演で一九六二年に公開された『アラビアのロレンス』、その主人公である。三時間を超える大作で、その映像美、音楽から今も「名画」として名を留める。原作はロレンスの自伝『知恵の七柱』であり、フサインからファイサルを紹介され、「アラブの反乱」が起きるまでを描いている。

ロレンスはもともと考古学者だった。イギリス、オックスフォードにある名門ジーザス・カレッジで歴史を学び、第一次世界大戦が始まるまで、トルコからシリアにかけて、またシナイ半島北部で遺跡の発掘調査を行っていた。それゆえにアラブの人びとの言語と事情に通暁し、従軍後に情報将校としてファイサルと接触してからも、その信用を得た。そして「アラブの反乱」を成功させると、ロレンスの名はメディアを通じて一躍、世界中に知れ渡り、イギリスのスターとなった。だが、彼はそれをよしとしなかった。それゆえに自伝を書いたのだと言われている。

「アラブの反乱」のあとも、ファイサル率いるアラブ軍は進撃を続け、一九一八年一〇月にはダマスカスにも攻め入っているが、この時すでにロレンスは「ある協定」の存在を知っていた。それを知りながらも、アラブ独立国家を夢想するアラブ人たちをイギリスの戦いに駆り立てていたことにロレンス本人は良心の呵責を感じていたかどうか——映画は、その呵責を描きだし、いまに残っている。

「サイクス＝ピコ協定」と人工国家

ロレンスが知りつつも、決してファイサルには言えなかった「ある協定」——それは今でも「イスラム国」の台頭や、果てしなきパレスチナ問題の重要な歴史的背景として語られているものである。

第一次世界大戦が勃発して二年が過ぎた一九一六年五月一六日、まさにロレンスとファイサルによる「アラブの反乱」が起こる直前のことである。イギリスの外交顧問マーク・サイクス卿とフランスの外交官フランソワ・ジョルジュ・ピコ、そしてこれにロシアも加わってオスマン帝国を分割する秘密条約が調印された。「サイクス＝ピコ協定」という。

今、イラク、ヨルダン、シリアの周辺の地図を見ると、これら国家の国境線が、不自然なまでに直線であることに気付くはずである。これまで本書で述べてきたとおり、オリエントはさまざまな民族や宗教が入り混じりながら長い歴史を築いてきた。また折に触れて流路を変える河川、人を拒む砂漠もオリエントの変遷を担ってきた。するとそこに生まれる国のかたちは当然、複雑になってくるし、複雑になるのが当然である。しかし、これら直線的な国境線が何を物語るのか、それこそがサイクス＝ピコ協定の問題点なのである。

結論から言えば、サイクス＝ピコ協定はオスマン帝国の領土から「人工国家」を造り出すものであった。イギリスは地中海からヨルダン川に至る部分（現在のパレスチナ）とヨルダン、イラク南部、あるいは地中海の海運の要衝であるハイファとアッコーを獲得し、またフランスは、トルコ東南部、イラク北部、シリア、レバノンを手にした。さらにロシアは、翌年の革命で実現することがなかったものの、トルコ東部、またイスタンブールとボスフォラス、ダーダネルス海峡を支配することとなっていた。これら割譲のプランを土地にすむ民族や宗教、自然環境のことはほぼ考慮に入れず、密室において、ただ自分たちのみの定規をあてて策定してしまったのである。

インドに植民地を持つイギリスは東のイラクを、レヴァントに拠点があるフランスは西のシリア、レバノンを、さらに黒海を確保したいロシアはボスフォラス、ダーダネルスを求めた。いうなればそれは〝作業〟である。英仏は自己の利益に都合がよい国王やシャイフ（首長）を担ぎ出していたため、民意が反映されるシステムは当初からなく、必然的にこのようになってしまったのであるが、それは彼らの「オリエント」に対する姿勢の表れであったといってもいいだろう。彼らにとって、そこにある民族や宗教は否定しても構わない存在であったのである。

結局、ヨーロッパが中東アラブ地域につくったのは「ステート（state）」であって、「ネーション（nation）」ではなかった。ネーションとは共通の民族的起源、言語、信条、伝統、生活様式をもつ人々の集合体だが、ステートは地理的な人工的境界の中につくられた実体にすぎない。

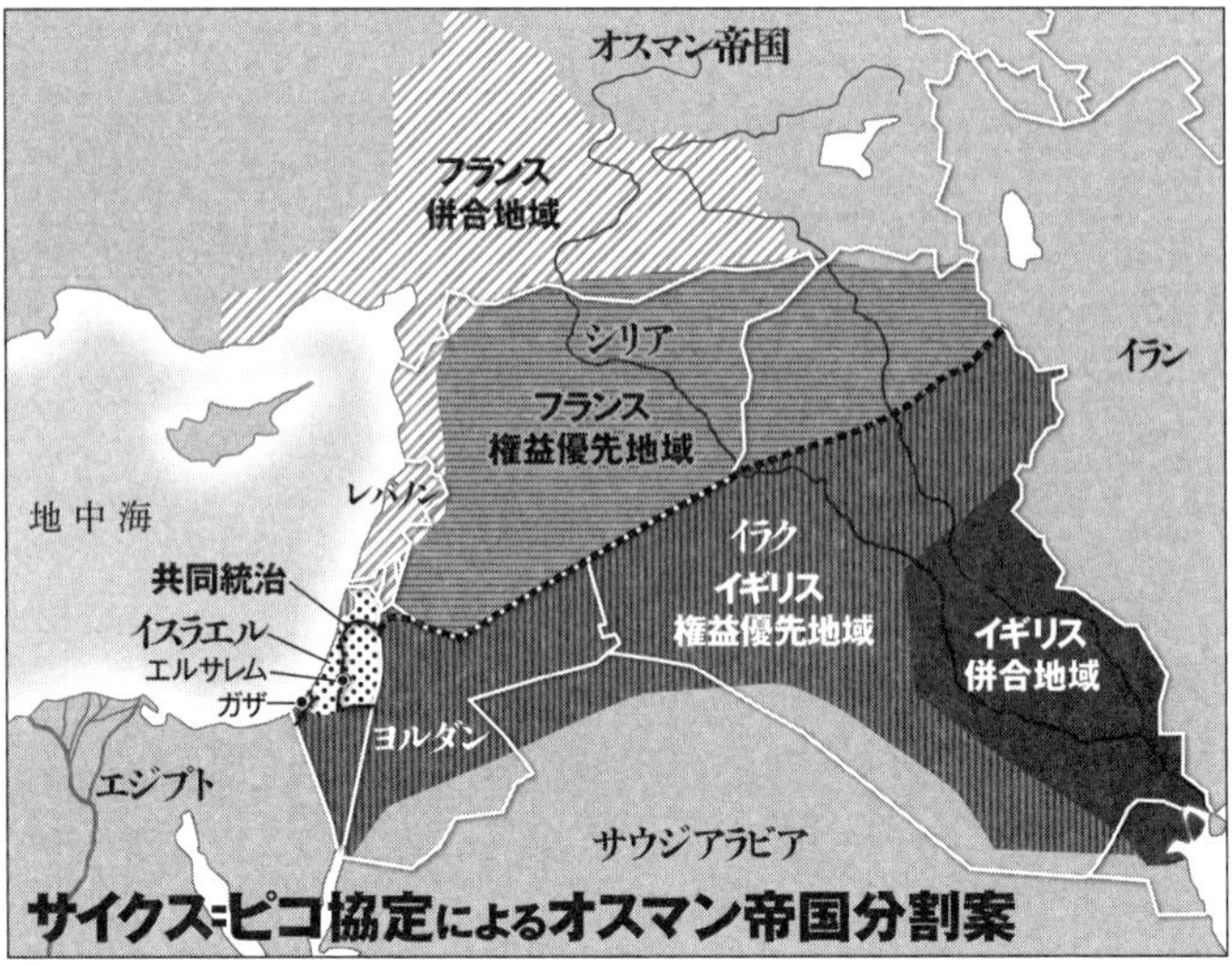

サイクス=ピコ協定によるオスマン帝国分割案

そしてこの民族の上に引かれた直線は、後の一〇〇年の世界情勢を変えることとなる。もちろんそのようなことをサイクスもピコも想像できるはずもなかった。

本来なら一九二三年に成立したトルコ共和国がオスマン帝国の領土を受け継ぐはずであり、さらにはアラブ、パレスチナ地域も、フサイン=マクマホン協定に従って「アラブの反乱」を起こしたアラブ人のものとなるはずであった。それどころか一九一七年一一月二日、イギリスは「バルフォア宣言」を出し、パレスチナにおけるユダヤ人の民族郷土を建設する約束までしてしまった。一連のイギリスの外交は三枚舌外交とも呼ばれるが、「バルフォア宣言」の目的はシオニストたちを通じてパレスチナ支配を確実にすることと同時に、米国とロシアで確固たる地位を築くユダヤ人世論を連合国支持に向けさせ、両国を連合国支援に向かわせることにあった。

ロレンスは「サイクス＝ピコ協定」に対する悔悟の情もあってか、第一次世界大戦終結後の世界を定めた一九一九年のベルサイユ講和会議では、アラブ国家独立のためのロビー活動も行い、フランスがシリアからレバノンを切り離すことにも異を唱えた。一九二一年にはイギリス植民地省のアラブ問題顧問などに就任した。

イギリスの対イラク戦略

一九一四年末、イギリス軍はバスラからイラクに上陸した。イギリスの戦略的目標はイランにおけるイギリス所有の油田を保護し、自らの植民地であるインドへのルートや、湾岸地域のアラビア半島における利権を確保することにあった。イギリスは、一九一六年にイラク東部のクートでオスマン帝国軍に敗北を喫したものの、一九一七年にはバグダードを、また一九一八年にキルクークとモースルをそれぞれ占領下に置いた。そしてサイクス＝ピコ協定によってこの地域の支配を確実にした。

現代のイラクを構成するのは、旧オスマン帝国のモースル州、バグダード州、またバスラ州である。第一次世界大戦当時のこの地域の人口は約三〇〇万人。そのうちの五〇％がシーア派アラブ人、二〇％がスンニ派アラブ人、また二〇％がクルド人で、残りの一〇％をユダヤ人、キリスト教徒、アッシリア人、カルディア・カトリック、トルクメン人などで分け合っていた。

イギリスは占領下のイラクの統治を行うに際してある宣言を行っている。一九一七年三月一九日、イラク・イギリス軍最高司令官のモード将軍によって発せられたその宣言は、「イギリス軍は〝征服者〟〝敵〟としてではなく〝解放者〟としてイラクにやってきた」というものであった。いうなれば、イギリスはイラクを支配するものの、決して自国の制度を市民に押し付けるのではなく、イスラムの神聖な法に基づき、また民族的な理想を考慮しながら、イラクを統治するという意図を明らかにし、イラク社会の伝統を重んずることにしたのである。

だが、支配されるイラク人はイギリスを「解放者」とするよりも「占領者」と見なす傾向のほうが強く、イギリス支配下でアラブのイラク人やクルド人たちは、一層の不満を次第に募らせていった。それは「アラブの大義」を裏切ったことによる必然の結果と言ってもいいだろう。さらにはオスマン帝国の軍事学校や法科学校で教育を受け、オスマン帝国によって雇用されていたスンニ派アラブ人の一部の者たちもイギリス統治によって失業を余儀なくされた。そのためにスンニ派アラブの将校たち、また聖職者、貴族、遊牧部族の首長たち指導者層は挙ってイギリスに対して「イスラム」を防衛することを唱え、また著名なシーア派の聖職者たちや文民たちもイギリスの占領に抵抗し、独立を求めていった。

ここで特筆すべきことはスンニ派とシーア派のコミュニティーが連携をとって活動していたことである。現在の状況から考えれば、いささか戸惑うことではあるが、オスマン帝国時代のミッレト制の下、彼らがひとつの国のもと共存していたことを考えれば、決して不思議なことではない。

ともかくも、彼らは宗派の垣根を越えて「イスラム国家」、あるいは「アラブの独立」を唱え、フサイン・イブン・アリーの下での君主制を求めるようになった。一九一九年初めにはシーア派の聖職者や、中部ユーフラテス地域の部族の指導者、また失業した官吏、さらにフサイン・イブン・アリーの下で戦った元兵士、教師、法律家たちが、ナジャフやバグダードのモスクに集まり、イギリスの占領に反対するとともに、イラクの独立を求める声明を出した。彼らは、メッカのフサイン・イブン・アリーに代表を送り、その息子の一人がイラク国王になることを要求した。そしてこれを受け、一九二〇年初めにはフサイン・イブン・アリーの次男のアブドゥッラーがイラク国王を名乗り、その弟で、ロレンスとともに「アラブの反乱」を指揮したファイサル（I世）もシリア・アラブ王国（現在のレバノンも含める）の国王となった。だが、イギリスは国際連盟から委任統治の権限を与えられているとして、決してイラクの独立をゆるさず、反英運動はいよいよ広がり、モースル、バグダード、バスラを除くイラクの多くの地域に波及していった。

統治の限界

イギリスの統治のもとイラクという〝人工国家〟は造成されてゆき、イラクが一つの国家として成立したのは一九三二年のことだった。ただ、当時イラク統治を巡ってはイギリス内部にも見解の相違があった。一つはイギリスの植民地省を中心にイギリスが植民地インドを介して直接支配するというもの、もう一つはアラブ民族主義の感情に配慮しつつ、イギリスが監視するアラブ人による政府を認めるというものだった。こういった相違を生み出したのは、もちろん、ここに至るまでの反英運動に対する警戒感があったことは言うまでもない。と同時に、さらに激しい「戦争」がシリアで起こっていた。

イギリスと同様、フランスが統治するシリアでもシリア王ファイサルに対し圧力がかけられていた。一九二〇年四月、フランスは国際連盟から委任されていることを理由に、シリアの独立を認めず、ファイサルに対して委任統治を認めるよう迫った。いうなればファイサルにフランスの支配下に入れという命令を下したのである。

もちろんこれに対してアラブの民族主義者たちは、フランスの委任統治を拒絶するようファイサルに求めたが、フランスの実力を知るファイサルはすぐには反応は出来なかった。すると反仏勢力の暴動がまたたく間に広がり、フランス‐シリア戦争と呼ばれるほどの争いが起こった。結局、フランスの圧倒的火力のもと、一九二〇年七月二五日、フランス軍はダマスカスを占領。ファイサルもダマスカスを追われ、イギリスに逃れたが、これらフランス‐シリア戦争、イラクでの反英暴動は、英仏にアラブ支配の難しさを一層知らしめることとなり、イギリスのイラク統治にも大きな影響を及ぼした。すなわち、イギリスが選んだ選択肢はただ一つ――イギリスが監視するアラブ人による政府――であった。これにより一九二一年、イラク国王の即位が認められたが、この時、国王に据えられていたのはほかならぬ、シリアを逃れ、イギリスに匿われていたファイサルⅠ世であった。

管理国家の現実

イラクでは民族主義者たちが「独立」を要求し、イギリスも妥協してファイサルを国王に据えたが、この即位に際してはいくつかの条件が付けられた。それは一九二一年三月、チャーチル植民地相主催の下、カイロで開かれた会議で決められた。まず求められたのはファイサルが国王になるための国民投票の実施であった。国民投票の責任者はイラク高等弁務官となったパースィー・コックスである。また、国王がいてもあくまでもその政府は立憲主義で、代表制に基づき、民主国家でなければならないとされた。いわば立憲君主を生み出したイギリスの価値観が無条件に押し付けられたのである。さらには宗教や宣教の自由、外国人の権利の尊重、また国際連盟との協力が求められた。そして国際連盟の委任統治規約に基づき、イラクの外交、内政、軍事、司法、財政に対してイギリスがアドバイスを与えることも〝義務〟づけられた。

イラクの最初の議会は一九二五年に召集された。だが、一九五八年に王政がクーデターで打倒されるまで五〇もの内閣が交替している。それはイギリスがつくったイラクの「立憲君主制」がイラクの地でいかに不安定だったかを物語ると同時に、イラクという国の〝作られ方〟の問題を浮き彫りにする。その問題を知るために一連の流れをもう少し細部にわたって見ていこう。

第一次世界大戦後、イギリスの支配が始まると、すぐに暴動や反乱が始まった。バグダードの街やモスクに始まり中部ユーフラテス地域にまで広がっていった。イギリスは不穏な動きの疑いだけで部族の首長たちを片っ端から逮捕した。

こんなイギリスの動きを受けて、ナジャフのシーア派の最高指導者だったアーヤットラー・シーラズィーは、イギリス支配に対する抵抗運動に指示を与え、バグダード、カーズィミーヤ、ナジャフ、カルバラー、そして中部ユーフラテス地域の指導者たちに、「イスラム国家」の樹立を促した。とはいえ、ここで行われたのは暴動の指示ではなかった。ナジャフ、カルバラー地方の代表は、イギリスの政務官のところに赴き、国民立法議会によって権力の制限を受けるアラブ人の王の下、すべての外国支配から解放されるイラク独立国家が樹立されるよう要求した。

これに対しイギリスは、各地の反英暴動、さらには同時期にフランス－シリア戦争が起こっていたことも勘案し、一九二〇年一〇月、占領統治の終結を宣言。イギリスのイラク高等弁務官のパースィー・コックスは地方の有力者たちとともに、憲法制定のための協議に入った。コックスは暫定政府を樹立し、その指導者としてバグダードのスンニ派コミュニティーの有力者であるアブドゥル・ラフマーン・アル・ゲイラニーを選んだ。彼の政治的手腕は未知数だったが、宗教的名家の出身ということが、イギリスにとってその影響力を維持するために有利であった。コックスには大きな政治的権力が与えられ、暫定議会のメンバーは、イギリス支配に比較的協力的と思われる宗教指導者、大土地所有者、また遊牧部族の首長たちなどによって構成された。そして国王としてはファイサルI世が挙げられた。ファイサルI世についてはイギリスが匿ったという経緯もあって、御し易いという見込みとともに、預言者ムハンマドの子孫であるハーシム家の出身であったことに、イギリスは大きな期待を寄せていた。

だが、それは見込み違いであった。多くのイラク人たちがファイサルを「よそ者」と見なしたのである。なぜならアラブ人であることで、ファイサルI世にはクルド人からの支持は得られず、またスンニ派イスラム教徒であることで、シーア派からも不人気であった。とはいえ、その声は政府に直接反映されることはなく、ファイサルⅠ世は、一九二一年七月一一日、イギリスの影響力の強い「国家評議会」で、満場一致で国家元首である国王に選出された。またイギリス主導の国民投票でもファイサルは九六％の票を得て、即位は承認された。ただ、この国民投票にはクルド人や親トルコ勢力、イスラム国家の樹立を考えていたシーア派は参加していなかった。

またイギリスの創設したイラク軍は、部族社会から徴集した主にシーア派アラブ人たちの兵士からなっていたが、将校たちのほとんどはスンニ派アラブ人で、一部はクルド人だった。こうした軍内部のアンバランスな宗派、民族構成も、イラク軍内部の対立や反目を生み出すものだった。

このように、イラクにおけるイギリスの支配は宗派や民族に対する配慮を欠き、またそれが現地の人間の自発的意思に基づくものでなかったために容易に受け入れられず、災厄の種は、方々に蒔かれていった。

「博愛主義」フランスの「冷酷」

フランスは一八世紀ごろからエジプトに関心を抱いていた。それはナポレオンⅠ世が、かつて存在したといわれるナイル川と紅海を結ぶ運河の遺構の記録を知ったことに端を発している。一八六九年、ついにフランスは、オスマン帝国時代のエジプトと組んでスエズ運河を開通させるまでに至ったが、一八七五年、財政難に陥ったエジプトが運河の権利をイギリスに売却、さらには軍事侵攻によってエジプトは事実上イギリスの支配下となってしまった。これはフランスにとって苦い経験であり、何度か攻略も試みたが、ことごとくイギリス軍、エジプト軍にやぶれ、イギリスとの和議も受け入れていた。そのために、第一次世界大戦に際してフランスは、エジプトに隣接するレヴァント地域の支配を考えるようになった。この結実が一九一六年五月のサイクス＝ピコ協定である。これによりフランスは、ダマスカス、ヒムス、ハマー、アレッポを結ぶシリア西部の重要地域を手にすることになった。そしてここにもまたイラク同様、人工国家が築かれたのである。それが「シリア」であり「レバノン」である。したがってシリア、レバノンという国家が存在するようになったのは歴史的に見ればごく最近のことである。ダマスカスとアレッポには歴史的伝統があるが、二〇世紀に至るまで「国家」としてのシリアもレバノンも成立していなかった。

イギリスのイラク統治については、かなり粗雑な手法であったものの、宗教と民族のことを多少は勘案した。だが、フランスの手法はその正反対、各宗派や民族の対立や競合を意図的に煽ることで「分割して統治」することを目指した。

第一次世界大戦後、レヴァント地方の統治に入ったフランスは、まずはこの地域のキリスト教徒、特にレバノン山あたりに住むマロン派カトリックを擁護し、キリスト教徒の国を作ることを考えた。これが「レバノン」である。一九二〇年八月に「大レバノン」を構築し、「ベカー高原」をシリアから切り離してベイルート、トリポリなど地中海沿岸の主要都市をレバノンに組み込んだ。レバノンの拡大は「マロン派のキリスト教徒」の利益を守るためのものだった。レバノンを拡大させた結果、シリアは縮小することになり、「歴史的（大）シリア」と表現されていた地域からトランスヨルダン、レバノン、パレスチナが切り離された。

　ちなみにマロン派とは、キリストに神と人の二つの性質と一つの意志を認める「モノテリート（Monothelite）」の宗派である。マロン派は独自の儀式や規律をもち、礼拝にはアラビア語とアラム語を用い、その創始者は、七世紀のアンティオキアのジョン・マロン、あるいは四世紀末期と五世紀初頭にホムスに存在した僧侶、ジョン・マロンともいわれている。七世紀後半に、イスラムはもちろん、他のキリスト教徒からも異端視された彼らは、迫害を受けた後に、地中海沿岸地方からレバノンやシリアの山岳地帯に後退していた。そんな背景から、マロン派をイスラム地域から切り離すことは容易で、フランスにとっては御しやすい存在であった。


　こうしてレバノンを切り取られたシリアにおいては、反フランスの機運が急速に高まっていった。ただこれに対しフランスの管理体制は徹底的なものであった。シリアの反委任統治政府の動きを封じ、新聞や出版の活動を制限し、反植民地主義を唱える政治勢力を徹底的に制限した。またオスマン帝国のミッレト制のもと、それぞれの宗派コミュニティーの自治を担っていた貴族層からも職務を奪った。彼らには行政ができないというフランスの一方的な価値観でもって、地方行政もフランス人が行うようになった。また遊牧部族に対してもシリア北部に定住することを強いたが、そこにはクルド人やアルメニア人たちも送り込まれた。

　オリエントが長きにわたって築き上げてきた文明、文化はもちろんのこと、民族、宗教、時には地形をも無視した、フランスの都合で行われた統治である。このような統治が何を引き起こすのか――もはや自明の理として、先に触れたフランス－シリア戦争が勃発した。

フランス－シリア戦争の発端は一九二三年、イスラムの宗派のひとつドルーズ派の住民が多いエッドゥルーズ山地で、ドルーズ派の指導者に代えて、フランスの軍人を行政官に任命したことにあった。フランスの行政官はドルーズ派の住民たちから徴税を行い、武器の所持を禁止し、また強制労働に従事させた。委任統治というよりも植民地化、さらにいえば奴隷化である。

これに対し、ドルーズ派の指導者スルタン・パシャ・アトラシュが一九二五年七月にフランスに対する「革命」を宣言し、ダマスカスのシリア人民党と同盟を結び、反乱を起こしたのである。反乱軍は緒戦では勝利したものの、フランスはすぐにモロッコやセネガルから兵士を集め、近代的な武装で戦わせた。フランスの兵力は一万五〇〇〇人から五万人に膨れ上がり、あっという間にダマスカスを占拠し、反乱を鎮圧した。スルタン・パシャ・アトラシュらには死刑判決が下されたが、アトラシュらはトランスヨルダンに逃亡した。

この「革命」（＝フランス－シリア戦争）では六〇〇〇人の反乱軍が死亡し、一〇万人の住民たちが家を失い、ダマスカスには国内避難民があふれた。シリアは統治にはほど遠い、混乱の事態に陥ってしまったのである。

結局、これによってフランスは力による統治を諦め、シリア住民との融和を探っていくようになった。一九二八年には総選挙が行われ、民族主義者たちが勝利を収めた。だが、それでも事態は変わらなかった。フランスは、圧倒的多数を占めるスンニ派ムスリムよりもアラウィー派など少数派を優遇したのである。

アラウィー派は、スンニ派からは「異端」とされる宗派で、宗教儀式においては断食や巡礼を行わないなど、むしろその考えには仏教やキリスト教にもつながる要素もあり、限りなくイスラムとは違う宗教である。それゆえにスンニ派によって迫害された宗派で、民族の中では最も貧しいコミュニティーに置かれてきたが、彼らがスンニ派が多数を占める社会において重用されれば何をもたらすかは、明らかであった。

たしかにフランスの委任統治は、シリア社会に「近代化」をもたらし、道路をつくったり、限定的ながらも農地改革を行って農業も奨励された。また主にアラビア語で授業が行われるダマスカス大学も創設された。そして一九三六年九月の条約でドルーズ派とアラウィー派の居住地区がシリアに編入され、シリアの独立も認められた。

だが、もとよりこの地域の安定は、それぞれの宗教や民族に従って形成されてきたところである。それを否定して作られた国家には本来あるべき国家としてのアイデンティティ、求心力はない。それゆえの「人工国家」なのである。

現在のアサド大統領もまたアラウィー派だが、二一世紀に入ってもなお、この地域の紛争が止まないことは、歴史を通じて認識しなければならない事実である。

＊　＊　＊

こうしてオスマン帝国の衰亡から、第一次世界大戦後のオリエント地域の変遷を俯瞰してきたが、そのさまは、この後、世界中で展開される列強の植民地政策の「前哨戦」とも言えるだろう。もちろんそこにはオスマン帝国が巨大帝国を築きながらも、そこに安住してしまい、気が付けば経済、軍事いずれにおいてもヨーロッパ、ロシアに追い抜かれ、国家として国民を守りきれなかったという側面もある。だが、こと「オリエント」の統治という面から捉えたら、これほど安定を誇った国家はなかったのではないかと考えられる。それはイギリス、フランスを筆頭にヨーロッパ諸国の統治が始まったことで明らかになった。確かにミッレト制は、国家の統治としては、これほど緩いものはないかもしれないが、国家の安定を優先するならば、種々の民族、宗教、それぞれの価値観を認め合うこのシステムは、「オリエント」が導き出したひとつの答えであり、いわば土地に住む彼らが、歴史の中で積み上げてきた知恵と経験の賜物である。そこに突然ヨーロッパ勢力が、一方的な価値観で踏み込んで来たとき、絶妙に保たれていたバランスが次々に崩れてしまうのは、ある意味当然であった。崩れたものを修復しようとすると、また次が壊れてしまう――そんな事態が起こってしまったのである。

次章ではこの後に続く第二次世界大戦下のオリエントを見てゆく。すでにオスマン帝国が崩壊し、多くの国、地域はヨーロッパのいずれかの国の支配下におかれていたが、バランスを失ったこれらの地域に何がもたらされるのか――。

第四章　崩壊する文明

第一次大戦後の欧州列強による オリエント世界の地域分割

（1925年時点）

スウェーデン
フィンランド
ノルウェー
エストニア
ラトヴィア
デンマーク
リトアニア
ドイツ
アイルランド
イギリス
オランダ
ドイツ
ポーランド
ベルギー
ルクセンブルク
チェコスロバキア
フランス
スイス
オーストリア
ハンガリー
ルーマニア
セルビア人
クロアチア人
スロベニア人王国
イタリア
ブルガリア
スペイン
ポルトガル
ギリシア
アルバニア
フランス保護領
チュニジア
イギリス領キプロス
フランス保護領
モロッコ
フランス海外県
アルジェリア
イタリア領
リビア
エジプト領
イギリスからの
名目的独立
(1922年)
フランス領
西アフリカ
スーダン
イギリス・エジプト
共同統治
フランス領
赤道アフリカ

ヒトラーの野望と「イラン」の誕生

ドイツ第三帝国を築いたアドルフ・ヒトラーは、第一次世界大戦後のドイツに急速な復興をもたらし、国民の間で熱狂的な支持を集めた。また、第二次世界大戦の緒戦で電撃的な勝利を収め、日本やイタリアとも軍事同盟を築くなど世界支配の意図を鮮明にしていった。彼はドイツ人などのアーリア人種の優越性を唱え、ユダヤ人の大量虐殺を行って人類史上、最悪の人道上の罪を犯した人物とも見られている。しかし、オリエント世界では、植民地主義に基づく進出を行ったイギリス、フランス、ロシアと戦った政治家として逸話的に支持されるムードは現在でもある。ヨーロッパの秩序はヒトラーの政策によって激動した。ヒトラーはオリエント世界にも戦略的野心をもつ人物でもあった。

ドイツとペルシアは、ドイツ帝政時代から良好な関係にあった。一九二〇年代のワイマール共和国時代にはドイツ企業が機械類をペルシアに輸出するようになり、経済関係を構築した。これはヨーロッパとの経済交流を促進して産業振興を意図していたパフラヴィー朝イラン（一九二五－一九七九）の初代国王、レザー・シャーの方針にかなうものでもあり、ドイツはすでにイギリスが食い込んでいた石油産業以外のほぼすべての産業でペルシアに技術援助をするようになった。

そしてナチスが台頭する一九三〇年代、ドイツの企業はさらにイランに積極的に進出するようになり、ペルシアの縦貫鉄道北部の建設をはじめ、建設や鉱工業などで大きな役割を果たした。

前章で述べたように、イギリス、フランス、さらにはソ連（ロシア）のオリエント地域への介入は、第一次世界大戦と前後して激しくなっていったが、ペルシアにおいても先のガージャール朝以来、ロシアとイギリスが、それぞれ北部と南部を分け合う形で、半ば植民地化する状態で支配していた。したがって、これに対抗するナチス・ドイツの登場は、ペルシアにとってまさに期待の対象であった。

やがて一九三七年には最初の国際線として〈テヘラン－バグダード－ベルリン線〉がドイツのルフトハンザ航空によって開設。ペルシアの対外貿易の半分はドイツが占めるようになり、貿易相手としては最大の国となった。そして一九三九年九月に第二次世界大戦が始まり、ドイツが緒戦を電撃的勝利で飾ると、レザー・シャーもまた日本がそうであったように、ナチス・ドイツに酔い、ペルシアにおけるドイツの影響力は最高潮に達した。一九三九年の独ソ不可侵条約の締結は、大のソ連嫌いだったレザー・シャーを不安にさせたが、それでも彼のドイツに対する信頼は揺るがなかった。

また一方で、ナチス政権もまた積極的にペルシアとの関係を強めようとしていた。もちろん一義的にはイギリス、ソ連に対抗するためではあるが、それが経済的側面だけにとどまらないところが興味深い。例えばナチス政権が成立した一九三三年からは、ドイツの大学ではオリエントに関する授業が増え始め、一九三四年には「ドイツ・オリエント協会（Deutsche Orient Verein）」が設立された。そして一九三六年にはナチスのヒャルマル・シャハト経済相がイランを訪れ、ヒトラーのメッセージとして、ペルシア人は純潔な「アーリア人種」であり、非アーリア人種の追放を目指したニュルンベルク法の規程を免れることを伝えた。

しばしばヒトラーおよびナチス・ドイツが発した、この「アーリア人」「アーリア人種」という言葉。ヒトラーの行状から一般的に白人至上主義とほぼ同義をイメージさせるが、実はアーリア人とは、ペルシア人のことを指す。アーリアとはペルシア語で「高貴な」を意味する「アリイア」を語源とし、ペルシア人たちはゾロアスターの時代から自らの地を「アルヤーナーム」と呼んでいた。

だが、この「アーリア」の言葉は、やがて二〇世紀に入り、ドイツの学者たちの解釈によって対象が広げられ、ペルシア人を含むインド・ヨーロッパ語族にまで広げられてしまった。さらにはインド・ヨーロッパ語族の共通の祖先はアーリア人にあるという「アーリアン学説」にまで発展させ、それをヒトラーが利用したのである。ヒトラーはアーリア人種が最も優れた人種であり、その中でも金髪、碧眼、長身のゲルマン人こそ最高であると、まさに曲解に曲解を重ねて、ユダヤ人虐殺の〝口実〟を作り上げたが、ナチス・ドイツの「アーリア」に対する執着は、これだけにとどまらなかった。アーリアの源流たるペルシアにも及んだのである。

ペルシアが今のイランであることは、これまでも示してきた通りだが、このペルシアがイランに変わったのは、実はドイツの示唆によるものだった。国王レザー・シャーによって、この地の正式な国名が「イラン」になったのは一九三五年のことだが、変更の進言を行ったのは、当時の駐ドイツのイラン大使であり、その〝知恵〟を授けたというのが、彼のあるドイツ人の友人だったのである。「(国名を変えることは)イギリスやロシアから受けた酷い経験を忘却することにもなる」、彼の友人はそんなアドバイスを与え、アーリアに繋がる「イラン」への変更を勧めたのだという。「イラン（イーラーン）」とはペルシア語で「アーリア（高貴な）人の土地」の意味である。

こうして、国名の変更にも関わり、ドイツとイランの関係は一層深くなっていった。ナチス政権時代、イランでは人種主義を喧伝する「イーラーネ・バースターン（古代イラン）」という雑誌が発行されていたが、これはドイツのシーメンス・シュッケン社と、親ナチのイラン人知識人による資金提供で制作されたものである。この雑誌はヒトラーを「世界で最も偉大な人物」として、アーリア人をはじめ世界のあらゆる人種に対するユダヤ人の二〇〇年にわたる陰謀を終焉させたとし、また、「鉤十字（ハーケンクロイツ）」はイエスが誕生する二〇〇〇年以上も前からイラン人のシンボルであり、ドイツ人がそれを民族の誇りに思っているとも書き、さらにイラン人とドイツ人の連帯の象徴であるとも強調した。そんな動きを受けてか、このころのレザー・シャーはこんなことを言っている。

「ドイツは古来のイランの友人であり、ドイツを愛することは祖国イランを愛することと同義なのである。ドイツの将兵たちの軍靴の音がナイル河岸に達したことが聞こえてくる。鉤十字の旗はモスクワ郊外からコーカサス山脈の頂きまでにわたってたなびき、イランの愛国者たちは、古くからの同盟する人々（ドイツ人）がこの地域に到達することを待ちわびている。親愛なる友人（ドイツ人）と朕は、自らの優越した人種に関する話に尽きることなく語り合うことだろう。ドイツはわれわれの人種（アーリア人）をヨーロッパで代表、イランはアジアの代表なのである。アーリア人種以外はすべて（アーリア人種に）服従、隷属するのだ。我々は古い地図を放棄し、イランをアケメネス朝時代以上に拡大するだろう。」

むろんこの急速なドイツとの結びつきは単なる親ドイツだけではない、イギリスやソ連に対する反発、さらにはそこから生まれるイラン民族主義があったことは言うまでもない。いわばイギリスとソ連が軍事侵攻による〝北風〟支配ならば、ドイツは徹底した〝太陽〟政策でイランを籠絡していったのである。

連合国の生命線

イランとの関係が一層緊密になる中で、ドイツは戦略上の本命である対英、対ソ作戦のひとつとして、イラン国内に諜報システムを張りめぐらせていった。一九四一年四月、最終的には失敗してイランに逃亡することになったが、イラクの政治家ラシード・アリー・アル・ガイラーニーが反英クーデターを起こしたのも、こうしたナチス・ドイツの諜報機関の活動に支えられてのことであった。また同年六月に独ソ戦が始まると、イラン国内におけるドイツの諜報機関は英ソ連合軍の直接の脅威となっていった。特にイギリスにとってイランの石油は戦略的にきわめて重要な物資で、ドイツ人工作員による石油施設の破壊活動は常に懸念の対象であった。また補給路としてのイラン縦貫鉄道も同様の破壊工作の脅威にさらされていた。

イギリスには、ソ連に武器や物資を補給するルートとしてイランを死守する必要があった。イギリスがソ連に補給を行うためには地理的にはスカンジナビア半島の北を通る北極海航路とイランを経由する二つのルートがあった。だが、北極海ルートは自然環境の厳しさのため恒常的な利用は困難であり、したがって事実上機能する補給路はイラン・ルートしかない。さらにはソ連のバクー油田がイランのすぐ北に位置することもあって、イランに展開するドイツおよびその諜報網は、連合国にとっては脅威以外の何ものでもなく、すぐにでも策を講じなければならない対象だった。

一九四一年七月一九日と八月一六日の両日、イギリスとソ連はレザー・シャーに対してドイツ政府・軍関係者の国外追放を呼びかけた。だが、ドイツに親近感を抱くようになっていたレザー・シャーはこれに応じようとはしなかった。レザー・シャーのこの不従順な姿勢を見た英ソ連合軍は、一九四一年八月二五日、両軍ほぼ同時にイランに進駐した。イラン軍が有効な抵抗を試みたのは石油が産出されるアーバーダーン地域だけだったが、それも二日間の戦闘であっけなく終わった。これを受け、レザー・シャーはイラン国内にいるドイツ人外交官、およびドイツ市民の追放を発表したが、英ソ軍がテヘランに進攻した時にはすでにドイツの主要な諜報部員たちはイラン国外に逃亡した後だった。しかし、それでもドイツのイランでの諜報ネットワークはしぶとく残り、ある諜報グループは、ファールス州で一九四四年の春まで活動していたことが確認されている。

このような親独、反英・反ソの姿勢からレザー・シャーは一九四一年九月、連合国によって退位を余儀なくされ、息子のモハンマド・レザー・パフラヴィー（パーレビ国王）がイランの新たな国王となった。そして英、ソ、イランの三カ国の協議で、英ソ連合軍は枢軸国の敵対姿勢が終焉してから半年以内に撤退することが決められた。この撤退に関する取り決めは、一九四三年一二月一日の連合国首脳による「テヘラン会談」での声明でも明らかにされた。テヘラン会談は、一九四一年一二月に第二次世界大戦に参戦した米国のルーズベルト大統領（英ソ連合軍のイラン進駐の際に米国は参戦していなかった）、イギリスのチャーチル首相、ソ連のスターリンが出席して行われたものである。会談では、撤退の確認とともに、イランが連合国に協力する見返りとして、経済援助とイラン独立の保障、領土保全、主権の尊重などが決められた。だが、結論から言えば、この約束は当然のように反古にされてしまった。

もう少し、第二次世界大戦下のイランを見てみよう。

一九四一年、英ソがイランに進駐したその年に、米国は連合国の戦いに加わった。イランは国を支配する英ソの影響力に対抗するものとして、この米国に期待をかけた。また米国も産油国のイランと関係を構築することを歓迎した。一九四二年、米国は早速、米国財務省のアドバイザーだった政治学者、アーサー・ミルズポーをイラン政府の財政顧問として派遣、所得税改革、価格調整、政府歳出の削減など財政改革に助言をあたえ、また同年、「ペルシア湾司令部（Persian Gulf Command）」が設立されると、三〇〇〇〇人の米軍兵士をイランに駐留させ、ソ連への補給活動に従事させた。米軍はさらにペルシア湾やシャットル・アラブ川に港湾や道路、空港を建設し、イラン縦貫鉄道の整備も行った。米国のイランに対する影響力は次第に高まってゆき、イギリスと並ぶか、あるいはとって代わるほどのものになった。そしてこの関係は第二次世界大戦後も続いていった。

ナチスの「ロレンス」

第二次世界大戦中、ヒトラーは共産主義を敵と見なし、一九四一年六月にソ連になだれこんだ。いわゆる「バルバロッサ作戦」の開始である。電撃的な作戦の中で、ドイツ軍は当初、ソ連邦に居住しているムスリムたちの軍事支援は不要と考えていた。それどころかヒトラーにはクリミア半島からタタール人たちを放逐、そこにドイツ人を定住させる構想をもっていたし、ユダヤ人と間違えてムスリムを虐殺したこともあった。だが、ソ連領内に進んでゆくと、ソ連邦内のムスリムたちも迫害され、スターリン政権に不満をもっていること、またドイツ軍に協力を希望するムスリムたちが少なからずいることに気づいた。彼らの多くは強制的にコルホーズで働かされることに加え、共産主義の主張のもと、無宗教を強いられることに強い反発を抱いていた。

これを受け一九四二年、ドイツ軍はソ連に居住していた数万人規模のトルコ系ムスリムたちをドイツ軍に編入することにした。ナチス・ドイツ国防軍最高司令部（OKW）は、一九四二年一二月、二つのムスリム軍団を創設した。一つはトルクメン、ウズベク、カザフ、キルギス、カラカルパク人などトルコ系民族によって構成される「トルキスタン軍団」であり、もう一つはカフカスのイスラム系民族による「カフカス軍団」である。またドイツは北カフカスのムスリム系民族にも、コルホーズの解体、モスクの再開、徴用された物資の補償を約束して協力を要請。また黒海とカスピ海に挟まれたカラチャイではドイツとの協力の下にバイラムというイスラムの祝祭の行事も催して親和を図り、カラチャイ騎兵隊が組織された。こうしてムスリムによる強力な反ソ武装組織を作り上げていった。

ヒトラーはムスリム軍団をつくることによって、第一次世界大戦の同盟国であったトルコを枢軸国側に引き入れ、アゼルバイジャンの油田地帯であるバクーに進撃することを考えていた。そして中東に進撃してイランのアルボルズ山脈にハーケンクロイツの旗を立てようともしていた。ヒトラーはイギリスによって国外退去を余儀なくされたイラク、パレスチナ、イランの政治指導者たちに亡命政権を樹立させようと考えていたのである。

また対ソ戦にてこずるようになると、さらにムスリムに対して戦力としての期待を寄せるようになり、ヒトラーは第一次世界大戦でドイツがトルコのオスマン帝国と同盟したことを強調するようになり、ドイツの四個師団に相当する五万三〇〇〇人のムスリム軍団を創設した。


こうしたソ連邦内におけるムスリムをまとめ上げることにおいて、ただムスリムのソ連に対する反抗心や、アラブに対する郷愁を煽るだけでは組織的に動く軍隊を作ることは難しかった。そのためにドイツはさまざまな方策、さらには人物の協力を求めた。

例えばドイツの駐トルコ大使だったフランツ・フォン・パーペンは、一九四一年夏、ソ連出身のトルコ系民族たちにドイツ軍と共闘してソ連と戦うことを提案。その構想はトルコ人に受け容れられ実行に移された。これを「ツェッペリン作戦」と呼び、ウズベク人、タジク人、キルギス人、タタール人、トルコ人、グルジア人、アゼルバイジャン人、チェチェン人などのムスリムによる軍が作られたが、これとは別にソ連居住のトルコ系民族をまとめ上げ、ドイツ人、トルコ人、アゼルバイジャン人からなる第一六二歩兵師団をつくった人物がいた。

ドイツの将軍、大学教授、また情報機関の職員として活動したオスカー・フォン・ニーダーマイヤー（一八八五－一九四八）である。その経歴からドイツの「アラビアのロレンス」と形容される人物である。

ニーダーマイヤーは自然科学、地質学、言語学をバイエルン州のエアランゲン大学で学んでいた。英語、ロシア語に習熟し、またアラビア語、トルコ語、ペルシア語にも通じていた。また軍からの奨学金でイランやインドでの発掘調査やイスラムの慣行の研究を行ったが、そこにドイツの軍事的目的があったことはいうまでもない。彼はテヘランからカスピ海までのレリーフ地図をつくり、イランのルート砂漠を学術研究で踏破した最初のヨーロッパ人となった。一九一三年春にアステラバードに到着し、五カ月間イランのシーア派の慣行を研究し、その成果をドイツの情報機関に提供した。

第一次世界大戦勃発直前の一九一四年五月、ニーダーマイヤーはドイツに帰国し、同年一二月、小規模な部隊を率いてアフガニスタンに向かい、インドとペルシアでイギリス軍と戦うためにアフガニスタンの部族との連携を図った。それはあたかも第一次世界大戦で「アラビアのロレンス」がオスマン帝国と戦わせるために、「アラブの反乱」を起こさせたことに似通っている。しかし、アフガニスタンの部族の協力を得られずに、結局一九一六年五月に撤退を命ぜられた。

一九二一年から三二年までモスクワのワイマール共和国軍のオフィスに勤務し、帰国すると、今度は「第二プロシア砲兵連隊」に所属した。一九三三年に軍隊を離れると、その年から三七年までベルリン大学で教鞭をとり、ロシア地理などの授業を担当した。そして一九三九年一〇月、ロシアでの功績が改めて評価され、ニーダーマイヤーは対ソ戦争を意識していたヒトラーに乞われるかたちで国防軍最高司令部付の大佐となった。

第二次世界大戦ではスラブ通として当初はナチスのポーランド占領統治に貢献し、それからウクライナ南部で、カフカスやトルコ系民族などからなる第一六二歩兵師団を率いたが、ニーダーマイヤーはこれをまとめ上げたのである。この第一六二歩兵師団は、チトーのパルチザンと戦うためにウクライナからユーゴスラビアに転戦し、さらに一九四三年にはイタリアで米軍の日系人部隊とも戦闘を行っている。

しかし、一九四四年八月、ニーダーマイヤーは「ヒトラーの東方政策に背いた」という同僚将校たちの告発によって捕えられ、戦争が終結するまで刑務所に留められてしまった。一九四五年、ドイツの敗戦で故郷のレーゲンスブルクに戻ろうとしたところをソ連軍に捕えられ、二五年間の強制労働を命じられたが、結核のために一九四八年九月にウラジミール中央刑務所の病院で亡くなった。

第二次世界大戦中に数十万人の外国人部隊がナチスの戦いに参加したが、そのうちの数万人がムスリムであった。ハーケンクロイツの旗の下でムスリムたちは故地の解放を考えたが、ナチス政権が崩壊するとナチスに協力したムスリムたちには悲劇が待っていた。

ナチス・ドイツに協力し、二万人の兵力を提供したクリミア・タタール人たちは、降伏後、ソ連に強制送還され、処刑されたり、強制収容所に「反逆者」として送られたりした。チェチェン人、バルカル人、イングーシ人、カラチャイ人は中央アジアなどに強制移住させられた。彼らはスターリンの死後に帰還を認められたが、ナチス・ドイツに最も積極的に協力したクリミア・タタール人たちの帰還が許されたのは一九九一年、ソ連邦が崩壊してからだった。

冷戦と民族主義

一九四五年八月、第二次世界大戦は終結した。だが、終結後もソ連は戦時中の取り決めを反故にして、イランに軍隊を駐留させ続けていた。ソ連にはイラン北部の石油を獲得したいという野心があったのである。

この頃、イランは社会、経済、国土、全てにおいて混乱の最中にあった。第二次世界大戦を挟んでイギリス、ソ連、ドイツ、そして米国によって国内を掻き回された上、連合軍が使った莫大な資金と投機的な商業活動もあって、国内には途方もないインフレが起こっていた。しかも国内物資が連合軍に優先的に供給されたことで、慢性的な物不足にも苛まれていた。都市の経済は衰亡し、農村の疲弊は目を覆うばかりだった。貧困は国民の広範な階層に蔓延、社会と経済の不満は、政治運動へと転化していった。

大戦中、イランの国王は独裁的なレザー・シャーから息子のモハンマドに引き継がれていたが、戦後はさらに連合軍の進駐によって西側の「デモクラシー」が持ち込まれた。そのためにイラン全土に広がる不満を吸収して、にわかに、さまざまな政党や、政治組織の活動が起こった。だが、これらの活動は、やがて冷戦の進行により、次第に「右」と「左」に分かれ、イランに政情不安を生み出していった。

イランには戦前に活動の起源をもつ共産党「トゥーデ党」があった。戦時下においては非合法組織として、取締りの対象となり党幹部も収監されていたが、連合国の進駐で特赦となり、ふたたび活発な活動をはじめていた。トゥーデ党は、かつて国王がイギリスのアングロ・イラニアン石油会社（現在のBP社）にその利権を与えたように、イラン北部に軍を駐留させるソ連に対しても油田の利権を与えることを主張していた。これに対して、有力なイランの民族主義者で後に首相となるモハンマド・モサッデグ（一八八〇－一九六七）は、石油利権はソ連に限らず、いかなる国にも与えるべきではないと反発していた。モサッデグは決して反共主義者ではなく、あくまでも民族主義者であった。

このような政治対立が国内に存在する中で、イランはソ連軍に対してその撤退を求めるための交渉を始めた。一九四六年、当時のイランの首相、ガヴァーム・アル・サルタネは直接モスクワに向かい二カ月、スターリンやモロトフ外相と協議を重ねた。その結果、石油利権との引き換えを条件に、一九四六年四月のソ連軍の撤退を取り付けた。ガヴァームはソ連の顔を立てつつ、国内の対立、さらにはそこから派生すると思われる混乱も抑えたのである。そして同年八月の組閣では三人のトゥーデ党員を閣僚に迎え、さらに国内政治の融和を図った。が、ガヴァームの真意はそうではなかった。突然態度を急変させるのである。同じ年の一一月、ガヴァームはテヘランでトゥーデ党指導者たちを大量に逮捕、またアゼルバイジャンに軍隊を派遣してソ連の傀儡《かいらい》政権を倒したのである。

おそらくはガヴァームはこの後、大きなうねりとなって現れるであろう世界の動きを読み取っていたか、さもなければアメリカから内々の示唆を受けていたのではないだろうか。

この翌年一九四七年、アメリカは「トルーマン・ドクトリン」を発表した。ソ連の影響が及ぶ国に対して経済援助を行う共産主義封じ込め政策で、対象としてはトルコとギリシアが挙げられたが、イランにも適用が考えられていた。しかし一方、イラン国内ではソ連のみならずアメリカ、イギリスも含めた外国を排斥する民族主義が広がりつつあった。

米国と民族主義政権の崩壊

ソ連軍を排除する一方で、イラン西南部のアーバーダーン油田は、軍隊ではないものの、引き続きイギリス資本の「アングロ・イラニアン石油会社」によって支配されていた。もちろん国内経済は相変わらず逼迫《ひっぱく》しており、国民は貧しいままであった。そのために石油の国有化を訴える政党が伸長するようになった。先にトゥーデ党との対立で紹介したモサッデグ率いるイラン民族主義政党「国民戦線」である。戦後、イランは立憲君主制のもと何度かの選挙を経験していたが、乱立した政党、政治勢力により政局は慢性的な混乱状態にあり、またモハンマド・レザー・パフラヴィーもその実権をほぼ失っていた。そんな中、唯一の求心力となっていたのがイランの民族主義である。一九五一年四月、モサッデグは国民の圧倒的な支持を受け首相に選ばれた。そして就任の翌月には油田の国有化政策を打ち出し、アングロ・イラニアン社をイランから追放することを決めた。

もちろんイギリスはこれに反発した。アメリカが仕切る国際石油資本（メジャー）を後ろ盾に、早速、イラン国営石油を国際市場からボイコットするとともに、石油の所有権を求めて国際司法裁判所にも提訴した。またイギリス艦隊をペルシア湾に送り込み、イラン国営石油を積み出すタンカーがあれば、これを拿捕《だほ》、撃沈するとまで言った。事実、イタリアのタンカー二隻がイギリス軍によって拿捕されている。いわゆる「アーバーダーン危機」と呼ばれるものである。

これらの動きに対し、国際司法裁判所はイランの石油国有化には介入しない姿勢を見せ、実質的にイランの姿勢を支持した。またこれを受け、日本の出光興産がイラン石油を密かに買い付けることにも成功（日章丸事件）し、モサッデグ政権はいよいよ勢いづいた――かに見えた。

しかし、これまでの「支配者」たちは、この事態を許さなかった。イギリスのチャーチル首相、イーデン外相、また一九五三年に発足した米国のアイゼンハワー政権は、ＭＩ６やＣＩＡを中心にモサッデグ政権の打倒を画策したのである。

イギリスはたぶんに報復的意図で動いていたが、アイゼンハワーはさらに冷戦を見据えて事態を俯瞰していた。モサッデグ政権が国民の支持を得る一方で、トゥーデ党も活発に活動していた。この時期のイランは、民主主義制度のもとにあり、それゆえに共産主義が入り込む余地も十分にあったのである。このような不安定な状態であれば、むしろ国王の安定した独裁政治のほうがアメリカにとっては都合がよく、また何よりもイランの石油国有化が認められると、イラン以外の中東産油国が連鎖的に同様の動きをしかねない恐れがあった。

このような背景から、モサッデグとの確執があった国王モハンマド・レザー・パフラヴィーが米国の意図を受けて策動。一九五三年八月、軍部やCIAの資金を得た暴徒たちがクーデターを起こし、モサッデグ政権はあっけなく崩壊。イランの石油国有化は失敗した。

そして一九五四年、ブリティッシュ・ペトロリアム（アングロ・イラニアン石油会社から改称）に今度は米国系メジャーも加わり、新たなコンソーシアム（共同事業体）が作られ、イラン石油の権益のほぼ半分が米国とイギリスの支配下に置かれることとなった。またこれを機に国王は急速に親米政策を推進するようになる。やがて国民の福利とは関係のない米国製の兵器を大量に買いあさるようになると、またたくまに米国流の文化がイランの富裕層を中心に浸透し、国民の反感を買うようになった。そして一九七九年、反米的性格が強い革命が起こり、イラン・イスラム共和国が成立するのだが、この詳細は次章に譲ろう。

服従と抵抗に割れる国

民族主義者たちのイギリスに対する不満はイラクでも同様であった。一九三二年にイラクが王制として独立し、国際連盟に加盟が認められても、イギリスの支配は続き、その影響が弱まることはなかった。イラク政府の各省庁にはイギリス人顧問が配置され、イラク王立空軍にも軍事顧問が派遣されていた。また、イラクの国家収入にとって重要だった「イラク石油会社（IPC）」もイラン同様に、イギリスが掌握していた。政治の実権はイギリスにあり、王族も、またそれを支える官僚たちも自らの利益しか考えていなかった。イギリスのイラク支配の理由の一つはその植民地、インドへの安定的なルートの確保であり、もう一つは当然のことながら石油であった。

一九三三年、病によってファイサルI世が五〇歳で急死すると、その後を継いだのは、長男のガーズィ国王だった。ただ、ガーズィには「アラブの反乱」を経験したファイサルのような求心力はなく、また父と違いイギリスとは距離を取る政治スタンスであった。

新たな国王の下では、権力争いが繰り広げられ、政治家たちはメディアを使って政敵を中傷したり、謀略をめぐらしたりしていた。一九三二年から三四年にかけて実に政権交代が四回も行われた。また、遊牧部族も反乱を起こし、軍事クーデターも繰り返された。

しかし一方で一九二七年にキルクークで石油が見つかったことで、イラク経済は安定していた。ガーズィ即位後の一九三四年に始まったアル・クート灌漑工事など、大規模なインフラ・プロジェクトは石油収入によって次々に達成された。また同年にはキルクークから地中海に抜けるパイプラインも完成し、さまざまな大型公共事業や学校の建設なども石油から得る利益によって進められた。シリアとの間では領土問題が決着し、シンジャール山脈がイラクの領土となった。トルコとイラン、アフガニスタンとイラクを含む四カ国の間では「サダーバード条約」（一九三七）が結ばれ、「相互不可侵」が約束された。石油の出現によってイラクは、国としてはとりあえずの安定は保たれていた。とはいえ、一九三九年、第二次世界大戦が始まる直前の四月四日、ガーズィ国王はスポーツカーを運転中、事故によって二七歳の若さで亡くなった。一説に親英派の謀殺ともいわれている。

ガーズィのあと王位を継承したのは、ガーズィ国王の息子でわずか三歳のファイサルⅡ世であった。叔父のアブドゥル・イッラーフが摂政となり、その後一四年間にわたって政治の実権を握った。

第二次世界大戦が勃発した時、ヌーリー・アル・サイード首相は、イギリスとの同盟関係こそがイラクの安全保障にかなうものと考え、ドイツへの宣戦布告も視野に入れていた。しかし緒戦におけるドイツの快進撃によってサイードは躊躇せざるをえなくなった。サイードは結局、ドイツと断交し、イラクが中立であると宣言する。しかし、一九四〇年にイタリアが参戦すると、首相のラシード・アリー・アル・ガイラーニーはイタリアとの外交関係を断つことはなく、また世論はフランスがドイツに降伏したことを見て、イギリスに対する反発を強めていった。パン・アラブ主義の人々はイラク、さらにはシリアとパレスチナを英仏支配から解放することを主張し、アラブ世界の統一を訴えた。パン・アラブ主義の急進派は、ドイツと同盟し、アラブの独立と連帯を達成すべきだと訴えた。

ラシード・アリーも当初はサイードと同様、イギリスとの同盟関係を維持しようとしたが、パン・アラブ主義の潮流に乗った軍将校たちはラシード・アリーにイギリスとの同盟関係を断つように圧力をかけた。一九四〇年から四一年にかけてイラク将校たちはイギリスへの戦争協力を拒み、イラクのパン・アラブ主義の指導者たちも枢軸国と交渉を始めた。

結局、ラシード・アリーは一九四〇年、イギリスの圧力に屈し、イギリス軍の小規模な駐留を認めてしまったため、一九四一年初めに、いったんは辞任を余儀なくされた。しかし、四月にパン・アラブ主義に固執する軍によって再び首相に据えられると、もはやイギリスの駐留部隊の増強を拒まざるをえない事態となり、ラシード・アリーはイラク国内におけるイギリス軍の移動を制限するなどの措置をとった。これに対しイギリスは、一九四一年四月から五月にかけてハッバーニーヤ空軍基地から軍隊を送り、これとイラク軍は武力衝突した。ドイツはイラクに武器や戦闘機を提供したが、当時のドイツの関心は、もっぱらクレタ島での戦い（メルクール作戦）と、対ソ連戦争の準備にあったため、イラクに直接軍事介入することはなかった。

イギリス軍がバグダードに向かって進軍すると、ラシード・アリーとその政府要人たちはエジプトに逃亡。ラシード・アリーと、彼に従う四人の将軍たちは、欠席裁判で死刑判決を受けた（一九五八年帰国）。

イギリスによるイラク鎮定後、摂政のアブドゥル・イッラーフや親英派の政治家たちはイラクに帰還し、イギリスはイラクを戦略拠点とした。

第二次世界大戦は、イラクの国内問題をいっそう悪くしていった。先に述べたイラン同様、インフレと物資不足、また大地主による農民たちの搾取が見られ、さらに貧富の差は拡大した。大地主たちは、イギリス軍に換金作物を大量に売りつけていたが、他方、土地をもたない小作農民は零落していった。イギリスが支援する王政への不満はいやがうえにも増大したが、イギリスのイラク占領は一九四七年まで続いた。

イタリアの策動

一九一一年から第二次世界大戦で降伏する一九四三年までイタリアはリビアの宗主国だった。現在ある定規で引いたような不自然なリビアの国境線は、サイクス＝ピコ協定同様、一九三四年にイタリア、イギリス、そしてイギリスの半植民地状態にあったエジプトとの間で引かれたものである。

リビアは一六世紀半ばからオスマン帝国の一部となり、オスマン帝国支配下のアルジェリアやチュニジアと同じように、一七一一年から一八三五年の間、カラマンリー朝の下で自治を享受していた。一八三五年にオスマン帝国は、カラマンリー朝の継承問題を理由に直接統治に乗り出すようになり、その後七七年にわたってリビアを直接統治した。

一八三七年にイスラム神秘主義のサヌースィー教団が設立され、人々に至純な傾向をもつイスラムを教え、また食事や生活物資を提供するようになり、次第に人々の間に連帯の意識が強まっていった。最初にリビアにつくられたサヌースィーのモスク、学校など複合的宗教施設は東部キレナイカ地方のキュレネにつくられた。教団施設は次第にキレナイカ地方全体に広まっていった。オスマン帝国はこの教団の活動の広がりが、隣国でフランスの植民地となっていたチャドからのキリスト教の宣教師、つまりはフランスの植民地主義の動きに対抗できるものになるという期待感をもちつつも、その影響力の拡大には懸念していた。

一九一一年、オスマン帝国の金融などに関心をもっていたイタリアがリビアに上陸した。オスマン帝国は和平を求めたが、リビアではイタリアに対する激しい抵抗が発生した。イタリアは第一次世界大戦を通じてリビア占領を継続した。イタリアは、大戦終結後、トリポリタニアやキレナイカの民族主義勢力と手を結ぶように思われたが、交渉は暗礁に乗り上げ、一九二一年にファシストのジュゼッペ・ヴォルピがリビア総督になると、イタリアは徹底的な植民地化政策を遂行、一九二三年に海岸地帯のトリポリタニアを「平定」した。リビアではムジャヒディン（イスラムの聖なる戦士）などの激しい抵抗があったが、これもイタリアは厳しく弾圧した。ムジャヒディンを率いていたのは「砂漠の獅子」と呼ばれたウマル・ムフタールという人物で、一九三一年にイタリアに捕えられて強制収容所内で処刑された。

一九二六年に一党独裁体制を確立したイタリアのファシスト政権は、一九三〇年から三三年の間にリビア東部の都市キレナイカの三分の二の人口、一一万人を強制収容所に移住させた。そのうちの四万人が死亡したとされる。イタリアの植民地主義の下で二二万人余りのリビア人が犠牲となった。

リビアに移住したイタリア人は一五万人ほどで、リビア人たちから最も肥沃な土地を奪い、第二次世界大戦では、イタリア・ドイツの枢軸国と連合軍との間の戦場となり、国土は荒廃していった。

イタリアのムッソリーニ政権はアフリカにおける「ローマ帝国支配の再確立」を提唱し、イタリア人植民者たちのために、都市や道路、農園などを整備していった。ムッソリーニは一九三五年に「人口的植民地主義」と称して、イタリア本国からおよそ一五万人の移住を促進した。これは当時のリビアの総人口のおよそ五分の一に相当するものだったが、その多くはイタリア南部の貧しい「メッツォジョールノ」と呼ばれる地域の出身者たちだった。つまり日本の満州進出のように、イタリアのリビア進出は国内の貧困対策の一環として行われたのである。

しかし、イタリアのこうした植民地経営は一九四一年から四三年の北アフリカ戦線の混乱によって壊滅状態になる。一九四二年末までにほぼすべてのイタリア人入植者たちは本国に帰還。キレナイカの住民たちは家畜の飼育業に復帰していったが、イタリアが築いたトリポリタニアでの行政機構は残った。第二次世界大戦が終わる一九四五年までにリビアはすっかり疲弊してしまい、人口も減少し、トリポリタニア、キレナイカ、フェッザーンという三つの地域の分裂はより顕著になった。これらの三地域は政治的、経済的、また宗教的伝統、社会的特性においても異なっていた。

イタリアが敗北した後、リビアはイギリス・フランスの行政下に置かれることになった。イギリスは、キレナイカとトリポリタニアを、またフランスはフェッザーン地方を支配した。こうして英仏がリビアを分割して統治したことで、それぞれの地域のアイデンティティは一層強まっていった。

キレナイカでは、イギリスの影響力の下、サヌースィー教団の指導者であるサイイド・イドリースが影響力を強めていった。トリポリタニアでは、サイイド・イドリースを戴くことを条件に独立を求める動きが始まり、一方、フランス支配下にあったフェッザーンでは、アルジェリアか、チュニジアと合体する動きも起こった。だが結局、国連がサイイド・イドリースの下でのリビア独立を呼びかけ、それが実現した。

一九五一年にサイイド・イドリースが国王になり、リビア連合王国が成立したが、それは多分にイギリスの意向が反映されたものだった。サイイド自身は第二次世界大戦以前、長期にわたってイギリスの影響が強いエジプトに滞在していたし、また大戦中も「キレナイカ防衛軍」を組織し、イギリス軍に軍事的にも協力していた。新たに誕生した国家は、イギリスと米国の軍隊駐留を直ちに認め、西側陣営の一翼を担うようになった。ただ、一九五二年にはエジプトでナセルなどの働きかけで「自由将校団」による王政打倒のクーデターが発生し、王政による極端な親西側政策はリビアのインテリ層などの間でたちまち不人気となっていった。

それでも王政はリビアに大きな社会的、経済的変化をもたらした。一九六一年からは石油の輸出を始め、世界最貧国であったこの国に大きな経済的恩恵をもたらすようになった。一九六四年には日産八〇万バレルにまで増加した。だが一方で、腐敗や格差という問題を生み出し、政治や社会に対する不満は、エジプトのナセル大統領が主張するアラブ・ナショナリズム（アラブ世界の統一、植民地主義からの解放、アラブの発展を唱えるイデオロギー）に吸収されていった。

すでに述べたようにナセルは、途方もない格差をもたらした上、イスラエルに対し何もできなかったムハンマド・アリー朝の王政を打倒した人物である。そのために多くのリビア人は自国の現状とエジプトのかつての王政を重ねて見たのだろう。国民の憤りは王政が一九六七年の第三次中東戦争にまったく対応しなかったことで頂点に達し、一九六九年にカダフィー大尉を中心とする青年将校たちがクーデターを起こし、国王を追放して、リビア共和国の成立を宣言した。

サウジアラビアを生み出した米国

サウジアラビアは、イスラム世界においては、その発祥の地メッカを持つものの、国土の九割が砂漠であるため、歴史上のさまざまな国家、勢力から積極的に関心を持たれることはなかった。オスマン帝国時代、一時期、フサイン・イブン・アリー（ファイサルI世の父親・ハーシム家）が支配することもあったが、一九二四年、以前よりこの地域で勢力を誇ったサウード家に追われると、以来、いまに至るまでサウード家の王国となっている。

一九三二年、サウジアラビアは国家として独立した。とはいえ、この時点でのサウジアラビアは現在とは全く異なる貧しい砂漠の国であった。独立の翌年、米国のカリフォルニア・スタンダード石油会社（現在のシェブロン）と石油利権に関する契約を結んだものの、この時点で、その後世界最大の産油国になると分かるはずもなく、期待できる石油鉱脈があるという程度のものであった。

しかし、一九三八年に東部のダンマーンで商業用の石油が採掘されると事態は一変した。また、一九四〇年代初頭には米国の掘削チームがアブカイク油田を発見、これなどは米国が持つどの油田よりも埋蔵量が多く、米国どころか世界中を驚嘆させた。

丁度この時期は、米国が産業構造の変化と軍需によって、石油輸入国に転じようとしていた頃でもあった。そのために米国のサウジアラビアへの関心は一気に高まり、石油が将来、重要な戦略物資になるとし、一九四三年、ルーズベルトは「サウジアラビアの防衛は米国の防衛にとって不可分である」と明言した。また一九四四年三月には、ルーズベルト政権のフランク・ノックス海軍長官が「米国にとって石油は極めて重要な物資である」と議会で述べ、米国外からの石油の獲得が米国の安全保障にとって死活問題であるとの考えを示したが、こうした考えに従って米国は積極的にサウジアラビアに深く関与していくようになった。

サウジアラビアにとって石油利権は、米国からの借款を得るための手段ともなった。米国資本でサウジアラビアに作られた石油会社アラムコは、サウジアラビアにおける米国の「代理人」のようにもなり、石油インフラの整備などサウジアラビアの近代化にも貢献、サウジアラビアへの武器貸与援助も始まった。また、第二次世界大戦中で米軍に大きな需要があったにもかかわらず、パイプラインや製油所の建設に必要な鉄鋼は、サウジアラビアに輸出され続けた。

そして一九四五年にサウジアラビアの石油が本格的に生産されるようになると、一九四八年にニュージャージー・スタンダード、またモービルなどが新たにアラムコに資本参加した。

サウジアラビアは、第二次世界大戦においては中立を宣言したものの、イギリスや米国がサウジアラビアに巨額の補助金を与えたことによって、終戦間近になって連合国側としてドイツに宣戦布告した。このことによってサウジアラビアは国際連合の創設加盟国になった。米国もイギリスも第二次世界大戦後に、サウジアラビアがアラブ諸国のとりまとめ役になることを期待したのである。しかし、サウジアラビアのアブドゥル・アズィーズ・イブン・サウード国王は、すぐにはその任に応ずることはなかった。サウジアラビアはアラブ連盟に加盟はしたものの、宗教的、保守的な性格から、アラブ世界の混乱に巻き込まれることを回避した。したがってイスラエル国家の創設に反対であったものの、サウジアラビア軍は一九四八年の第一次中東戦争でも、一度戦闘を行ったのみであった。

サウジアラビアが米国に近づいていくようになったのは、一九五〇年頃、サウード家の支配が、ヨルダンとイラクを統治していたハーシム家の軍隊に脅かされたことによる。ハーシム家の脅威に対抗するために国王は米国との軍事同盟を築き、米国からの武器移転を期待した。国王が石油利権をイギリスではなく、米国に与えたのは、対立するハーシム家が親英派であったためである。実際、イギリスからも軍事同盟の申し入れがあったが、国王はハーシム家の支援者であるイギリスを信用することがなかった。

＊　＊　＊

ここまで第二次世界大戦前後のイラン、イラク、シリア、レバノン、リビア、そしてサウジアラビアを見てきたが、これら支配を受けた国家が、ただ収奪されただけではないところを強調したい。すなわち国内対立の発生である。シリア、レバノンがその最たる例であろうが、支配国の介入により、本来なかった宗教間、民族間、同胞間に対立や憎しみが生み出されていった。これはオリエントの変質と捉えるべき、重要な歴史の過程である。

確かに、紀元前より民族、国家間の争いが絶えない地域ではあったが、争いの理由は、そこに生まれた各々の民族や宗教の主張であり、それゆえに〝落としどころ〟があった。ある意味、オスマン帝国のミッレト制はその結実であった。本書においてしばしば引き合いに出してきた「寛容」の思想である。

しかし、二〇世紀の二度の大戦は明らかにそれとは違った。外部からもたらされた価値観や線引きによって新たな対立軸が作り出されたために、「寛容」にもとづく〝落としどころ〟では、対応しきれず、事態は一層混迷していった。ここからは、その新たにもたらされた価値観が生み出した最大の問題を取り上げてゆく。すなわちパレスチナ問題である。

パレスチナ統治の迷走

一九二三年九月二九日、パレスチナに関する国際連盟の委任統治規約が発効した。統治規約では、委任統治国（＝イギリス）は「ユダヤ人国家創設を確実にするための政治的、行政的、経済的条件をつくり出す」とあった。また「ユダヤ人国家」創設のために、パレスチナ行政機関にアドバイスを行い、行政機関に協力するユダヤ機関が設立され、また委任統治国は条件に応じて、ユダヤ人の移民を容易にしたり、ユダヤ人の入植を止めたりすべきとも述べられている。トランスヨルダン（現在のヨルダン、ヨルダン川東岸の地域）は全パレスチナの四分の三を占めたが、シオニストたちにはそれ（トランスヨルダン）を「ユダヤ人国家」に含めたい意向があったにもかかわらず、イギリスによって委任統治領パレスチナから除外された。先に触れたフサイン、ファイサル親子の関わった「アラブの反乱」を反故にして貫いた「バルフォア宣言」（一九一七）の帰結であった。

歴史上、「パレスチナ」が政治的実体をもったのは初めてのことだった。ユダヤ人の側は彼らの移住と土地の購入を促進しようとしたが、多くのパレスチナ人たちはその移住を滞らせるか、完全に停止させることを考えていた。

オスマン帝国時代、パレスチナの行政職に代々就いてきたパレスチナの名望家フサイニー家はイギリス統治に反発した。しかし、イギリスは一九二一年にアミーン・アル・フサイニーをパレスチナの宗教的権威である「ムフティー」に任命した。「ムフティー」は、イスラムの寄進で運営される宗教裁判所、学校などの運営に責任を負うものであり、潤沢な宗教的寄進によってアミーン・フサイニーはパレスチナだけでなく、アラブ世界で強い政治的影響力をもっていった。

当初、パレスチナのユダヤ人たちはイギリスの行政府と協力することが彼らの利益にもっともかなうと考えていた。委任統治規約にある「ユダヤ機関」の事実上の最高指導者であり、後に初代イスラエル大統領となるハイム・ワイツマンはイギリスに居住していてイギリス政府への働きかけを継続していた。またパレスチナでユダヤ人を代表する人物にのし上がったのはポーランドからの移住者であり、イスラエルの初代首相となるダヴィド・ベングリオンであった。パレスチナのイギリス行政当局の官僚や軍人たちにはアラブ人に同情する傾向があったが、ロンドンのイギリス政府は、有力シオニストと親密な関係を築いていた。

パレスチナのユダヤ人たちは、彼ら自身の議会、学校、労働組合、裁判所、徴税システム、医療サービスや企業をもつようになり、「ユダヤ機関」は軍事組織「ハガーナ」を創設し、社会主義に方向づけられた「労働シオニズム」によって統制されていた。これに対して、ヨルダン川西岸だけでなく、トランスヨルダンも含めてユダヤ人国家をつくることを夢想する「修正主義」のシオニストたちはウラジミール・ジャボチンスキーによって指導されていた。彼はウクライナ生まれの作家、ジャーナリストであり、さらには第一次世界大戦時にはイギリス陸軍の軍人でもあった。この組織もまた「イルグン・ツヴァイ・レウミ」というパレスチナ人に暴力をふるうこともいとわない過激な武装集団をもっていた。

とはいえ、一九二三年から二九年にかけてのパレスチナは政治的には静穏な時期である。その背景にはユダヤ人移住者が少なかったことがあった。一九二七年はパレスチナから出てゆくユダヤ人の数が、移住して来る者の数を上回り、一九二八年に至ってはわずかに一〇人の移住者しかいなかった。しかし、一九二九年にエルサレム旧市街で、宗教的行事の仕方をめぐってアラブ人とユダヤ人が衝突、ツファトやヘブロンの町にも波及しておよそ二五〇人が犠牲となる事件が起こった。この衝突を受けてイギリスの王立調査団は、衝突はアラブ人がユダヤ人の移住を生活への脅威と感ずるだけでなく、将来パレスチナの地を支配するのではないかという不安を原因とするものであると報告している。また続いて提出された調査報告書には、パレスチナには新たにやって来るユダヤ人移民たちに提供できる農業用の土地は存在しないと述べられており、イギリスがユダヤ人国家をパレスチナにつくると約束したバルフォア宣言がいかに無責任で、いい加減なものであったかを露呈した。

もともとバルフォア宣言は、「委任統治国はその市民の福利を尊重すべき」とする国際連盟規約第二二条にも抵触するものだった。また一九三〇年一〇月のイギリスのパスフィールド植民地相によって出された「パスフィールド白書」もアラブ人に配慮したもので、そこにはユダヤ人の移住の停止、パレスチナの土地は、土地をもたないアラブ人だけに与えるということが書かれていた。

これにシオニストが反発したことはいうまでもない。パレスチナのユダヤ人とロンドンのシオニストの抗議に応じて、一九三一年二月にイギリスのマクドナルド首相は、ハイム・ワイツマンに文書を送り、「パスフィールド白書」を無効にすることを告げた。この文書がシオニストたちの圧力に屈したという印象をアラブ人たちに与え、今度はアラブ人を激怒させた。一九三一年一二月に、エルサレムで二二カ国が参加するムスリム大会が開かれ、シオニズムの危険性について強い「警鐘」が鳴らされた。

このような動きの中で一九三三年に反ユダヤ主義を掲げるナチスが政権に就くと、さらにパレスチナのアラブ人たちは圧迫されていった。ナチス・ドイツによるユダヤ人の迫害が本格化し、パレスチナへのユダヤ人の移住は、一九三三年に三万七〇〇〇人、一九三四年には四万五〇〇〇人、一九三五年には六万六〇〇〇人と、一気に増加していった。一九三六年にはパレスチナのユダヤ人人口は約四〇万人となり、総人口のおよそ三割を占めるようになった。

かつてないほどのユダヤ人がパレスチナに流入してきたことは、アラブ人たちのイギリスやユダヤ人に対する反発をいっそう募らせることになった。他方で、パレスチナのアラブ人の人口も自然増加によって、あるいは周辺地でのイギリスの公共事業や、ユダヤ人の入植活動などの建設に経済機会を求めてやってくる出稼ぎ労働者たちなどで増えていった。パレスチナでは農業に従事するアラブ人たちも多かったが、一九三〇年代半ばまでに土地を持たない建設労働者などが増加し、都市周辺の貧困層を形成するようになった。一九三五年一一月にアラブの諸政党はユダヤ人の移民を停止すること、ユダヤ人への土地の移転の禁止、民主的な政治制度の確立、シオニストとイギリス商品のボイコットなどを呼びかけた。

一九三五年一二月、イギリスは二八人から成るパレスチナ議会の創設を発表した。その多数はアラブ人が占めた。またイギリスは、選挙で選ばれない議員を任命する権利を維持しており、イギリスはアラブ人を多く選んだ。この動きをアラブ人は好意的に見たが、ユダヤ人は民族郷土建設を凍結する試みだとして、これを批判した。とはいえ、パレスチナに隣接するエジプトやシリアでのアラブ・ナショナリズムは高揚の一途をたどっており、パレスチナでの失業者の増加や柑橘類の凶作なども重なって、やがて起こる反イギリス、反シオニズムの大規模な暴動の要因となっていった。

一九三六年から三九年に起こった暴動には、アラブ人の広範な層からの参加があった。アラブの民族的感情はアラブの新聞、学校、文学サークルなどによっても表現された。イギリスは、デモの規模が膨らむに従って、二万人の兵力をパレスチナに増派。一九三九年には一万五〇〇〇人のユダヤ人たちがパレスチナで武装するようになっていた。

アラブ人の反乱は一九三五年にアラブの民族主義者のイザッディーン・アル・カーセムがイギリスによって殺害されたのも大きな要因だった。アラブの諸政党・組織は、エルサレムのムフティー（イスラムの宗教指導者）であるアミーン・アル・フサイニーを頂点とするアラブ高等委員会を設立。アラブ高等委員会はゼネスト、税金の不払い、委任統治政府機関の閉鎖、ユダヤ人の移民の完全停止、ユダヤ人に対する土地売却の禁止、アラブ国家の独立などを訴えた。パレスチナ北部に建設されたユダヤ人の入植地も襲撃を受けたが、暴動は民族的反乱という性格も呈していた。主に参加したのは、アラブの農民たちであった。イギリス軍の増派にもかかわらず、武力蜂起、放火、爆破、暗殺などが相次いだ。

パレスチナ分割

アラブ人の反乱を受け、一九三七年に出されたイギリスのピール調査団報告書には、反乱がアラブ人の独立への欲求、またユダヤ人の民族郷土創設への懸念から引き起こされたものであると記された。また同時に、イギリスがアラブ人に対して適切な措置をとることを勧告し、アラブ人とユダヤ人の和解のための調停などを行った上で、パレスチナの分割を提案した。シオニストたちは警戒しつつも、分割案を受け入れる方針であった。

この調査報告書でイギリスは委任統治開始後、初めて具体的に、「ユダヤ人国家」創設に言及した。ピール調査団の提言は、当時のユダヤ人入植地より広い国土を提案し、ユダヤ人地域からのアラブ人の強制的な移動を求めていた。当然アラブ人たちは分割案を嫌い、特にイギリスが提案するアラブ人のトランスヨルダンへの移住には強く反発した。その結果、一九三七年から三八年にかけて暴動はさらに増加した。

一九三七年九月、イギリスはパレスチナに戒厳令を発し、アラブ高等委員会を解散させた。高等委員会の多くの指導者たちや他の組織のメンバーたちが逮捕され、アミーン・アル・フサイニーはレバノン、そしてさらにイラクに逃亡した。

一九三九年までパレスチナでは暴動が継続し、五〇〇〇人のアラブ人が犠牲となり、五〇〇〇人以上のアラブ人たちがイギリス当局によって逮捕、収監された。他方で、アラブ人の暴動は、「パレスチナ人」のアイデンティティの確立や成長を一層刺激した。

一九三九年一〇月にも大規模なゼネストが発生したが、アラブ人の側では指導者たちが逮捕、収監され、あるいは国外に逃亡していたため、強力な組織化を行うことができなくなっていた。一方、ユダヤ人側はポーランド生まれで、イスラエル初代首相となるダヴィド・ベングリオンの下で結束を強め、「ハガーナ」は武器の所持を認められ、イギリスの委任統治に協力した。また過激な武装集団「イルグン・ツヴァイ・レウミ」もアラブ人たちに暴力的襲撃を行っていった。

ただ、これらユダヤとアラブの抗争がエスカレートする中で、イギリスはパレスチナの分割に対して、後ろ向きな判断を下した。ピール調査団報告書を受けて一九三八年一〇月にパレスチナに派遣されたウッドヘッド委員会は、有効な分割案を策定するのは不可能という判断を行い、ユダヤ人国家の中のアラブ人の数をユダヤ人と同等とすること、ユダヤ人国家の面積を減らし、その主権を制限することなどを提案した。このウッドヘッド報告書はユダヤ人、アラブ人双方に受け入れられるものではなかった。イギリスは分割が実行不可能なことを宣言して、ロンドンで交渉をもつことをアラブ・ユダヤ双方に呼びかけた。

イギリスの「無能」と米国介入の端緒

さらに、一九三九年五月にもイギリスは白書を出したが、その内容はアラブ側に有利なものであった。ユダヤ人の民族郷土は独立したパレスチナ国家の中に創設すべきで、この先の五年間はユダヤ人の移民は七万五〇〇〇人に制限され、さらにその後の移住もアラブ人の承認があるべきで、ユダヤ人に対する土地の売却はパレスチナの中の限られた範囲とし、パレスチナ国家の独立は一〇年以内に達成されなければならないというものだった。アラブ人たちは、白書の内容には内心満足したが、イギリスの委任統治が一〇年間伸びるということを知って、白書を拒絶した。

もちろん、シオニストたちは白書に大きな衝撃を受けて激怒した。白書はシオニズムのイデオロギーそのものや、ユダヤ人たちがヨーロッパでの迫害を逃れてパレスチナに移住しようとすることすら否定するものだった。この白書によってイギリスとシオニストの「蜜月関係」はすっかり終わりを告げた。それでも、この時期までにパレスチナに民族郷土を樹立しようとするユダヤ人の運動には成果があった。ユダヤ人が造成したテルアビブの町は一九四〇年までに人口一五万人の都市に発展した。ユダヤ人の識字率は高く、学校の数は増加していった。一九三〇年代を通じて、シオニストの制度づくりは進み、第二次世界大戦後の国家づくりの基礎となっていった。

第二次世界大戦が始まると、シオニストはよりいっそうユダヤ人のパレスチナへの移住を促進しようとしたが、イギリスはその努力を支持することなく、むしろ妨害した。ハイム・ワイツマンは一九三九年の白書さえなければ、ユダヤ人はイギリスとともに戦ったであろうと述べている。

一九四〇年一一月にナチス・ドイツの迫害を逃れたユダヤ人難民を乗せた船「パトリア号」は

パレスチナに向かった。しかし、パレスチナのハイファへの入港をイギリスの委任統治当局が認めなかったため、ユダヤ人武装組織「ハガーナ」は、パトリア号が航行不能になれば、難民たちがパレスチナに上陸できるであろうと考え、船に爆弾を仕掛けた。しかし、見込み違いで爆弾の量が多かったために、結果としてパトリア号は沈没してしまい、乗船していた一八〇〇人のうち、およそ二七〇人が亡くなるという悲劇が起こった。また一九四二年二月、ドイツが占領していたルーマニアから逃れるユダヤ人難民を乗せた「ストゥルマ号」はパレスチナに向かう途中のイスタンブール沖でソ連の潜水艦によって撃沈され、八〇〇人近くが犠牲になった。これは、イギリスとソ連がユダヤ人難民を乗せた船舶に関する情報について意思疎通を欠いていた中で起きた悲劇だった。

これらの犠牲が出る中で、パレスチナへのユダヤ人難民の移住に厳しいイギリスの姿勢に憤慨してパレスチナでは、メナヘム・ベギン（後の首相）率いるイルグン・ツヴァイ・レウミとシュテルン・ギャングなどの過激な武装集団がイギリスに対するテロ活動を行うようになった。一九四四年にはカイロでモイネ国務相がシュテルン・ギャングによって暗殺された。

第二次世界大戦中、パレスチナのユダヤ人たちはイギリスの冷淡な姿勢にもかかわらず、イギリスの戦争努力に協力した。一九四四年九月には二万七〇〇〇人のユダヤ人部隊が創設されるとパレスチナのユダヤ人による軍需産業も発達し、この時期、ユダヤ人たちはイギリス軍のために対戦車地雷も製造するようになった。第二次世界大戦中、最も重要だったのは、米国のシオニストたちの支援である。一九四二年五月にニューヨークのビルトモア・ホテルで開かれたシオニスト大会でダヴィド・ベングリオンは、ユダヤ人のパレスチナへの無制限な移住、ユダヤ人部隊の創設、ユダヤ人国家をパレスチナに創設することなどを訴えた。

他方、パレスチナ人たちの権利獲得のための活動は大戦中、停止していた。ムフティーであるアミーン・アル・フサイニーはイラク、イラン、トルコ、イタリアを経由してドイツに入り、アラブ人たちにイギリスやシオニストと戦うために、ドイツと同盟するように訴えた。しかし、このフサイニーの訴えがパレスチナのアラブ人の間に浸透したかどうかは疑わしい。アラブ人たちもおよそ二万三〇〇〇人がアラブ人部隊としてイギリス軍に登録していたのだ。第二次世界大戦になって農産物の価格が上昇したことはアラブの農民たちに経済的恩恵を与えるものだったが、戦争は、一部のアラブ社会に「特需」を与えただけで、アラブの都市労働者たちを増やすことになり、農村で生活する人々、また彼らの家族関係にも暗い影を落とした。

ナチス・ドイツの敗北でナチスの絶滅収容所が発見されると、米国では親シオニズムの政治家たちが急速に増えていった。一九四五年八月、トルーマン大統領はイギリスのアトリー首相に一〇万人のホロコースト生存者を受け入れるよう要請、また米国の上・下院ではユダヤ人たちが無制限にパレスチナに移住することを求める決議を成立させた。トルーマンのリクエストは米国がパレスチナ問題の舞台に新たに参入していくことを示したものであった。

一九四四年一〇月、アラブ諸国首脳たちはエジプトのアレクサンドリアに集まり、「アレクサンドリア議定書（プロトコル）」を発表した。その内容はヨーロッパのユダヤ人たちに降りかかったナチス・ドイツによる大災難に同情しつつも、ヨーロッパのユダヤ人の問題はパレスチナのアラブ人たちに不正義をもたらすことで達成してはならないというものだった。一九四五年三月にアラブ連盟が発足し、パレスチナ・アラブ実行委員会も設立された。アラブ連盟は一九四五年、シオニストの商品のボイコットを呼びかけた。

こうして第二次世界大戦後のアラブ・イスラエル紛争の端緒は国際問題の表舞台に立ったのである。

第五章　オリエント消滅

エドワード・サイードの苦悩

「寛容の文明」を生み、育んできたオリエントは第二次世界大戦後になると、東西両陣営が対決、競合するという冷戦の舞台となった。特に、米国を頂点とする資本主義陣営はオリエントに横たわる石油という膨大なエネルギー確保のために躍起となり、謀略をめぐらし、意のままになる体制を後押しし、その国内の人権抑圧には目をつぶっていた。その貪欲な姿はまるで『千夜一夜物語』の「アリババと四〇人の盗賊」に登場する荒くれ者の盗賊たちを彷彿とさせるかのようだ。自らの利益を守るためには大量の武器や莫大な金も与え、それがいっそうの混乱に拍車をかけ、人々を重圧の下に置き、多くの命を奪っていった。

手段を選ばず国益を追求する欧米の意図がイラクやシリアのように、「殺し合うオリエント」をもたらした。かつて共存のシステムが機能し、世界の学芸科学の中心であったオリエントの歩みは、欧米の進出によって止まってしまったのかもしれない。しかし、そこに人間が営みを続ける以上、新たな歴史がつくられていく。この新たな歴史がかつての繁栄し、まばゆいほどの光を放っていたオリエントのようなものであってほしいと願わずにいられない。

歴史というものは人間が作るものであり、作らずにおくことも、書き直すことも可能だ。

そう記したのはパレスチナ系米国人の英文学者であり批評家のエドワード・サイードである。サイードはその著書『オリエンタリズム（新版）』（二〇〇三年）の序文の中でオリエントの概念を次のように語っている。

「オリエント」という半ば神話的な概念は、一八世紀末にナポレオンがエジプトを侵略して以来、つくられてはまたつくり直されるということを無数に繰り返してきたのだ。その過程で、これがオリエントの本質であり、それゆえそれに相応しいように扱ってやらねばならないのだと便宜的な正確の知識を通じて断定しようとする権力によって、数え切れない歴史の堆積物、そこに含まれる数知れぬ歴史と目もくらむほど多種多様な民族、言葉、経験、文化などは、すべて掃き捨てられ、無視されて、バグダッドから略奪された宝物の、こなごなに粉砕され無意味になった破片と一緒くたにして砂の山に葬り去られている。（中野真紀子訳）

サイードの著作のタイトル、『オリエンタリズム』という言葉はオリエントから派生して、おもに西欧の美術や美術史の中の概念として、いわゆる「東方志向」「東方趣味」と定義づけられてきたものである。これに対してサイードは、さらにその奥に隠された欧米の心理的、政治的概念を、大きな歴史の中から、緻密な論考を重ねてえぐり出そうとしている。それがこの著作の大きな柱であるが、極めて端的に示せば、次のようなことになるであろう。

すなわち「オリエント」とは欧米の優越性を保つよう、つねに蔑みの対象となるように作りかえられてきた概念である。蔑むためには、オリエントに積み重ねられてきた人類の歴史と叡智は、厄介なものでしかなく、あらゆるものがうち捨てられてきた。欧米の学者たちのアラブ・イスラム地域に対する見方が、虚偽とステレオタイプに満ちているのは、それが何よりも、ヨーロッパ、あるいは米国が推し進める植民地政策を、より好都合に進めるための方便であったからである。

むろん、これを示すために、サイードはあらゆる歴史的事象、東西の論考を検討、援用して客観的に論を組み立てているが、読むほどに、むしろサイード自身が自らの内面を描いたのではないかと思えてくる時がある。それくらいサイードの人生であり、サイードの存在そのものが「オリエント」または、彼の示す「オリエンタリズム」の体現であった。

エドワード・ワディー・サイードは一九三五年、エルサレムで、パレスチナ人として生まれた。彼の父、ワディー（ウィリアム）・A・サイードもまたパレスチナ人であり、カイロを拠点に事務機器の販売で成功した裕福なビジネスマンだったが、実は若い頃オスマン・トルコの徴兵から逃れるため、米国に暮らした経験があった。また、そこから第一次世界大戦時には米兵として従軍し、米国の市民権を持っていた。もとはワディー・イブラーヒームといったが、いつの頃かその名を封印し、ウィリアム・サイードを名乗っていた。母ヒルダもまた、パレスチナのキリスト教徒の家系に生まれ育ち、アラビア語に加え英語も堪能だったという。そのためにサイードには英皇太子にちなんだエドワードという名が付けられた。

サイードの一家はカイロとパレスチナを行き来しながら豊かに暮らしていた。だが一九四七年一一月、国連でパレスチナ分割決議が成立すると、その翌月、サイード家はパレスチナを去り、一族もまた相次いでパレスチナの地を追われた。サイードが米国人の学者として再び生まれ故郷を訪ねるのは一九九二年のことである。その時の思いを自伝の中でこう記している。

わたしは西エルサレムにある自分の生家とナザレにある母の育った家、サファドにあるおじの所有していた家などを訪ねる機会を与えられた。これらの家にはみな新しい住人が住みついており、そのことに対するはっきりとは説明しにくい感情が強烈な抑制作用を及ぼしたため、わたしはふたたびこれらの家屋に足を踏み入れることができず、中をほんの一瞥することすらできなかった。

（『遠い場所の記憶　自伝』）

パレスチナを失ったサイードは、やがて米国に渡った。プリンストン大学、ハーバード大学で英文学を専攻し、一九七〇年にはコロンビア大学の教授となり、英文学と比較文学で教鞭をとった。この間にサイードの一家は米国、カイロ、レバノンと、その居を転々としているが、レバノンにあった家もまた内戦によって大きく破壊されている。

この経験が、サイードに何を与えたのか——故郷を失ったパレスチナ人の悲劇を背負う一方で、米国で名を成したサイードは、アラブにおいても、米国においても、いわば〝どっちつかず〟の存在であったといえるだろう。彼は、こんな感情を吐露している。

多数のアイデンティティを持つという足場の定まらない感覚を、わたしは生涯持ちつづけてきた。それに付随して鮮明に記憶されているのは、わたしたちが完全なアラブであるか、さもなくば完全な欧米人であったらよかったのに、完全な正教会派キリスト教徒か、完全なムスリムか、完全なエジプト人であったらよかったのにという絶望的な願望を抱いていたことである。
（同右）

アラビア語とともに英語を話し、キリスト教を信ずるパレスチナ人の両親を持ち、姓はアラブ系でありながら、名はイギリスに由来する。パレスチナの悲しみを感じつつも、自らは遠い米国で戦火とは無縁な暮らしを続けている。このような境遇が、自身で「絶望的」と言うように、罪悪感にも近い感情を抱かせたに違いない。と同時に、それは彼にアラブと欧米の両方の視点を与え、欧米とオリエントの間に生まれる理不尽な状況を、より鋭敏に感じ取らせた。

『オリエンタリズム』は決して容易に理解できる内容ではないが、今も世界で読み継がれる歴史的大著である。サイードに刻み込まれたアイデンティティのひとつ「アラブ」が、もうひとつのアイデンティティ「米国」「キリスト教」によって次々に書き換えられてゆくことは、いわばサイードの中に激しいジレンマを生み出したに違いない。サイードはそれを正視し、批判を加えることで、自らに〝何か〟を課し、『オリエンタリズム』を生み出したのだろう。サイードは、これを著わしたころから、アラブ、パレスチナ問題に急速に傾倒するようになっていった。

『オリエンタリズム』を上梓する前年の一九七七年、サイードはＰＬＯ（パレスチナ解放機構）の議決機関にあたる「パレスチナ民族評議会（ＰＮＣ）」のメンバーに選ばれ、一九九一年に病を得て辞任するまでの一四年間、その任にあった。学問の世界から踏み出して、具体的な活動に身を投じたのである。おそらくは、『オリエンタリズム』を書いた彼にとっては自然の成り行きだったのだろう。サイードはイスラエルに対してこのような評価を加えている。

自らがかつて犠牲を強いられたからといって、他者に犠牲を強いることを継続できないはずだ。自ずと制約がある。

たしかにユダヤ人はヨーロッパで迫害され続け、その極致としてナチス・ドイツのホロコーストを経験したが、だからといってそのトラウマや恐怖は、イスラエルがパレスチナに対して行う非人道的行為の「免罪符」にはならない。パレスチナ人はヨーロッパの「罪」とはあくまで無縁である。それは人種隔離政策を経験した南アフリカの人びとに同様の「免罪符」が与えられていないのと同じことである。これは見方によっては、あまりに一般的なイスラエル批判のようでもあるが、サイードはこの先の〝理想〟に独自の見解を持っていた。

サイードは主張した。イスラエルの政策を批判する人々がやるべきことは、ナチス・ドイツの行為をことさらに言い募ることでもなければ、シオニズム、またユダヤ人のパレスチナへの「帰還」を叫ぶことでもない。ただひとつ、アラブとユダヤ双方に民主主義をもたらすことである。サイードは、パレスチナ人の中では早くからイスラエル国家の存在を認めることを主張し、武力によるパレスチナの解放には反対の立場をとっていたのである。

このような姿勢は一九九三年、イスラエルとパレスチナの間で交わされた歴史的合意「オスロ合意」を巡るできごとにも見て取ることが出来る。オスロ合意とは、イスラエルがパレスチナの自治権を、またパレスチナがイスラエルを国家として、相互にその存在を認めた歴史的な合意である。ノルウェーの外相らがイスラエルのラビン首相とPLOのアラファト議長の間に入り、秘密裏に交渉を進めたことでこう呼ばれる。当時、イスラエルとPLOの間で交わされたこの合意は、パレスチナ和平の大きな前進として捉えられ、世界中で歓迎された。だが、サイードはこの合意に際して、アラファトと対立してまでも、賛成の立場をとらなかった。なぜなら彼の主張は、あくまでもイスラエルでもなければパレスチナでもない一つの国家を築き、そこでお互いに認め合って暮らすことであった。その思想こそ、まさにオリエントの「寛容」であり、サイードが積み重ねてきた考察から汲み取ったオリエントの「理想」であった。また、分断を認めることが新たな火種になることも懸念していた。

果たして「オスロ合意」はどうなったのか——。もはや改めて記すまでもなく、イスラエルのパレスチナに対する行為は、一時の和平ムードなどなかったかのように、今もなお、拷問、暗殺、市民への軍事攻撃、領土併合、大量殺戮、通行の自由の禁止や妨害、医療支援の阻害、水の強奪等……様々な人権侵害が続いている。ガザは二〇〇七年から経済封鎖されたままであり、二〇一四年夏には二一〇〇人以上のガザ住民がイスラエルの攻撃の犠牲になっている。

サイードは二〇〇三年九月、六七歳でこの世を去ったが、亡くなるまで精力的に活動を続けた。

亡くなるその年の二月一九日、時のブッシュ政権がイラク戦争の準備を着々と進めていることについてカリフォルニア大学バークレー校で講演している。「米国、イスラム世界、パレスチナ問題（The United States, the Islamic World, and the Question of Palestine）」と題するその講演は、パレスチナ人に対するイスラエルの不正義がなくならない限り中東に平和が訪れることはない、米国はイスラエルへの支持やイスラエルによる人権侵害を考え直さなければならないと説いた。また、イラクのサダム・フセイン政権の弾圧政治を認めつつも、イラク戦争の根拠となったイラクの大量破壊兵器の保有を主張する米政府の姿勢は、イスラエル政府が一九四八年以降行ってきたことを覆い隠すものであると語り、強く批判した。サイードにとっては自らの住む米国もまた、厳しい批判の対象であり、そこにオリエントの歴史に見出した理想を重ねあわせていた。サイードは言う。

帝国の本当の使命とは略奪し、支配することではなく、教育し、解放することなのだ。

つまりは他国の自立を促し、発展をもたらす力をもつ国こそ、本来の実力のある国であるということである。ただ、そうあるためにはヨーロッパに源流をもつ欧米の啓蒙主義は、あまりに矛盾した性格を持っている。つまりは人道主義の理念を説きながら、一方で人道主義の高邁《こうまい》な文化的伝統を攻撃し、原理主義に道を開いてしまう。そして啓蒙主義と植民地主義は神聖ならざる同盟を築き、「他者の世界」の抑圧に導く。そうした欧米の啓蒙思想の矛盾はイラク戦争にも見られた。サイードはブッシュ大統領が「イラクに民主主義をもたらし、イラクの人々と戦うつもりはない」と主張しながらも、バグダードに向けて六〇〇〇発もの巡航ミサイルを撃ち込んだ矛盾を指摘した。

ところで、サイードはこうした言論活動の他、自らもピアノの演奏を得意とすることから、言論以外の世界でユニークな活動も行った。

サイードは一九九〇年代初頭にイスラエルのピアニストで指揮者のダニエル・バレンボイムとの出会いに和平の指針を見出した。サイードの働きかけにより、バレンボイムはヨルダン川西岸のビルゼイト大学で、イスラエルの音楽家として初めてパレスチナでの演奏を行った。一九九九年にはエジプト、シリア、レバノン、ヨルダン、チュニジア、イスラエルに住む一四歳から二五歳までの若者たちを集めてオーケストラを設立し、ドイツのワイマールで演奏をした。ワイマールはJ・S・バッハやゲーテなどを生み出したところであり、政治や文化の上で、オリエントと西洋文化が交わるところとサイードは考えていた。この試みにはベルリン・フィル、シカゴ交響楽団、チェリストのヨーヨー・マなどが協力した。

サイードたちが立ち上げたオーケストラは二〇〇〇年に再びワイマール、その後、二〇〇一年にシカゴ、二〇〇二年にスペインのセビリアで演奏を行った。そしてサイードは次のような言葉を残した。

人々が対立する問題に分離とか、戦争は解決を与えない。音楽でもなんでもいい。協力こそが必要で、私は楽観的だ。

パレスチナ問題の解決が不可能と考えるのは間違いだ。人間の紛争は人間によって起こされるが、それは人間によって解決することも可能なのだ。

冷戦下のオリエント

音楽など芸術にも和平への希望を託したサイードだったが、彼の六七年の生涯で最も向き合わざるをえなかったパレスチナ問題にも冷戦という時代的背景が色濃く投影されていた。冷戦によって、ソ連の影響力がオリエントに浸透することを恐れた米国はイスラエルを西側の橋頭堡、強力な同盟国に仕立て上げようとし、イスラエルの国際法に反する行為にも目をつぶり、軍事援助を惜しまないようになった。それもまたパレスチナ人の民族的欲求を封じることになり、彼らに悲劇をもたらした。

ここから東西冷戦下におけるオリエントの動静を見ていくが、広大なオリエント地域は概して米国など資本主義陣営の影響下に置かれた。それでも、米国の影響力を好まないエジプトのナセル政権、リビアのカダフィ大佐、イスラエルと対峙するシリア、社会主義国となった南イエメンなどはソ連からの軍事・経済援助に期待を寄せた。米国は冷戦という状況下で親米的な独裁政権、あるいは諸王政を強力に後押しし、干渉政策を進めていく。しかし、冷戦時代、米国が支援した南米や東南アジアの多くの国々がそうであったように、米国が支援するオリエント諸国の政権も腐敗して、非民主的な性格をもっていたために、各地で反米意識を台頭させ、イラン革命のように、政治・社会的な大混乱をもたらす場合も現れた。

冷戦時代の米国はソ連など社会主義陣営に対抗するため、オリエントに「自由」と「民主主義」をもたらすという米国外交の理念を掲げて、介入していった。もちろん、その前提にはオリエントが政治的に「後進的」であるという発想があり、この後進性を排除しなければ、ソ連の影響力がこの地域に浸透してしまうという判断があった。すでに第四章で述べたとおり、米国は一九五〇年代、イランの石油国有化に介入して、共産党の活動に寛容だったモサッデグ政権をCIAの工作で打倒したことがあったが、米国が介入する前、この地で勢力を誇っていたのはイギリスであった。

一九世紀以来、オリエントに対して植民地主義的進出を行ってきたイギリスの影響力は、第二次世界大戦が終結しても根強く残っていた。イギリスは連合国としてエジプト、パレスチナの支配を維持し、イランの石油権益を維持していた。しかし第二次世界大戦で支出した莫大な戦費のために、財政難に直面し、イギリスの労働党は植民地主義の放棄を考えるようになった。まずは一九四七年にパレスチナを放棄することを決定し、続いてインド、パキスタンの分離独立を認めた。最後までこだわったスエズ運河も一九五六年にエジプト・ナセル政権が国有化を宣言したことで、これを手放さざるを得なかった。

イギリスに代わって第二次世界大戦後のオリエントに重大な影響を及ぼしていったのが米国である。米国がイギリスにとって代わる過程は、中東ではないオリエント——ギリシアでも見ることが出来る。

第二次世界大戦後、ギリシアの保守政権は共産ゲリラの攻撃に悩まされ、イギリスの援助によってようやく支えられていたが、中東諸国を次々と手放してきたように、イギリスは一九四七年二月、対ギリシア援助を打ち切る方針を決めた。これを受け、トルーマン大統領をはじめとするワシントンの指導者たちは即座に方針を固め、ソ連の影響力がギリシア、トルコに及び、中東に拡がるのを防ぐためには、これら二国に対する米国の援助が必要であるとの結論に達したのである。

一九四七年三月一二日、トルーマン大統領は議会に赴き、歴史に残る演説をおこなった。いわゆる「トルーマン・ドクトリン」の表明である。この演説でギリシア、トルコに対する経済および軍事援助のため四億ドルの拠出を認めることを要請した。

トルーマンは演説でギリシア・トルコの状況とその意義とを説明したのち、「全体主義」という言葉を用いて共産主義の脅威を強調した。今や世界は自由世界と全体主義世界とに分かれており、自由世界は全体主義世界からの侵略に脅かされていると述べた。自由と独立をまもるために戦っている諸国民を助けることが、米国の政策であると主張した。

トルーマン・ドクトリンとは米国の指導者が、世界におけるソ連の勢力拡大を抑えるために米国の力を用いる決意を表明したものである。これが米国のその後の「グローバル・ポリシー」、つまり一九世紀の孤立主義とは異なって、米国が積極的に世界の問題に関わっていくことの端緒であった。

トルコや肥沃な三日月地帯のアラブ諸国（レバノン、シリア、ヨルダン、イラク）を含む東地中海地域は伝統的にイギリスの勢力範囲であり、この地域で政治的責任を引き受けることは米国としては前例のないことだった。トルーマンは世論や議会の支持を得るためには、共産主義の脅威をことさらに強調し、国民に衝撃を与える必要があると考えた。しかし、こうした挑戦的なトルーマン・ドクトリンは、すでに緊張していた国際環境をいっそう悪化させる結果となった。

オリエントの反発

米国はトルーマン・ドクトリンでヨーロッパにおける共産主義の封じ込めを図ったように、中東では軍事同盟を築くことによって、共産主義の浸透を阻止することを目指した。特にパキスタン、イラン、トルコといったソ連と接するイスラム世界の「北辺（northern tier）」にその影響力が浸透することを恐れた。一九五二年にはトルコとギリシアを反共軍事同盟であるＮＡＴＯ（北大西洋条約機構）に加盟させた。一九五五年には、イギリスとパキスタン、イラン、トルコ、イラクとの「相互協力条約」、通称「バグダード条約」が結ばれた。

しかし、こうした米国の目標は、オリエント世界の親米感情を育むことにはならなかった。バグダード条約も西側の安全保障に役立つというよりも、その強引な手法が米国の意図する秩序をイスラム世界に押しつけるものと考えられるようになった。実際、米国主導の軍事条約はエジプトのナセル大統領が主導するアラブ・ナショナリズムと衝突し、エジプト、シリア、ヨルダンとの関係は悪化した。それどころかバグダード条約に刺激されたソ連など東側陣営が中東イスラム世界に進出するようになり、一九五五年九月にはソ連の仲介の下、チェコスロバキア製の武器がエジプトに初めてもたらされた。

ナセルには、西側一辺倒なスタンスをとり続けていてはエジプトの独立を維持できないという考えがあった。そのためにエジプトは東側陣営からも武器を購入し、東西のバランスを図ろうとしていた。その真意は、どちらかの主義の是非を見定めるというよりもむしろ、戦後あらたに独立したユダヤ教の国家「イスラエル」の軍事的脅威を牽制するためであった。「自由主義」と「共産主義」の対立はイスラム地域では大きな関心事ではなかった。

民主党のトルーマンの後を継いで一九五三年に大統領に就任した共和党のアイゼンハワーは、米国の安全保障の地理的範囲はヨーロッパやアジアと同様に中東にも及ぶことを宣言した。

アイゼンハワー政権は、一九五七年にヨルダンのフセイン国王の親西側姿勢がアラブ・ナショナリズムの擁護者であるナブルスィー首相によって脅かされると、フセイン国王を支え、ナブルスィー首相を失脚させるための画策を行った。またシリアが非同盟政策をとるようになると、これを周辺諸国の安定に対する脅威と見て、特にサウジアラビアからシリアに至るパイプラインがソ連の手に落ちることを警戒するようになった。

一九五八年、米国はレバノンに軍事介入を行ったが、これによって米国による中東イスラム世界への軍事介入の端緒が開かれた。レバノンでは、エジプトのナセルのイデオロギーに影響されたアラブ・ナショナリストと親西側のマロン派キリスト教徒の内戦が発生していた。この年の七月にはイラクでハーシム家（イスラムの預言者であるムハンマドの末裔の家系）の王政がクーデターによって打倒され、ナセル主義者のカースィム将軍の政権が成立したが、中東で次々と米国離れが起きることを恐れたアイゼンハワー大統領はマロン派勢力を支援するためにレバノン派兵を決断したのである。

ただ、この派兵を決断したアイゼンハワーは次のケネディに政権を引き渡す離任演説で、実に興味深い、ある意味、米国の将来を予見するようなことを話した。アイゼンハワーは穏健派ではあったが、かつて連合国遠征軍最高司令官も務めた軍事に通暁した人物であった。アイゼンハワーはこう言った。

「軍産複合体の不当な影響力の獲得に対して、米国は自らを守らなければならない」

軍産複合体とは、軍需産業と軍、そしてそれを動かす政府、議会が同一化した実態、極論すれば癒着構造である。いわば軍需産業の要請に応じて、米国の政治が方向づけられる危険性に対し、国防総省と政府、議会を知悉するアイゼンハワーが警告を発したのである。事実上の告発と言ってもいいだろう。

しかし、このアイゼンハワーの警告は、その後、強調されることなく、米国はベトナム戦争、九・一一後のアフガニスタン戦争、イラク戦争と大義のない泥沼の戦争に嵌り込み、膨大な財政赤字も生みだしていった。元ＣＩＡ顧問で国際政治学者のチャルマーズ・ジョンソン（一九三一－二〇一〇）も軍産複合体がいかに米国、さらに人類にとって負の存在であるかを一貫して訴え続ける人物である。

「イスラム過激派」によるとされる反米テロは、ジョンソンがいう「ブローバック（しっぺ返し）」現象の一つである。ブローバックとは戦争や政権転覆の工作など、米国政府が行った行為に対する反応で、米国の「被害者」となった人々には払拭しえないほどの記憶や憤慨として残る。対テロ戦争でアフガニスタンやイラクで犠牲になった無辜の人々の家族や親族は、米国の理不尽な武力の行使を忘れず、米国は戦争によってテロの種子を世界中に撒き散らしている。

イスラエル偏重の根源

ここで第二次世界大戦後のオリエントを語るにおいて、欠かすことができないイスラエルという国家について、米国との関係をあらためて整理して紹介したい。

ヨーロッパでナチスによるホロコーストが発生し、ヨーロッパのユダヤ人たちが壊滅状態になると、米国のシオニストたちは、シオニズム運動の中心的役割を担うようになった。実際、一九三二年に八四〇〇人であった全米のシオニスト人口は、一九三九年に四万三〇〇〇人、一九四五年には二〇万人に増加していったが、これはナチスのユダヤ人迫害を受けて起こったシオニズムへの著しい傾倒を示すものだった。一九四二年一一月二日のバルフォア宣言（第一次世界大戦中の一九一七年にイギリスがパレスチナにおけるユダヤ人の民族郷土設立を支援することを明らかにしたもの）記念日に、米国のシオニストは声明を出し、ユダヤ人の民族郷土の創設を要求したが、これには六八名（全一〇〇名中）の上院議員と一九四名（全四三五名中）の下院議員の署名が集まった。このように、シオニストたちは、米国の世論、議会、政府への影響を拡大していたのである。

トルーマン大統領は当初、ユダヤ・アラブ二国家案に慎重であったが、それは、世界の安定にも大きな影響を及ぼすような紛争に帰着する可能性と、アラブ諸国と米国が敵対関係になる危惧があったからだといわれている。しかし結局、一九四七年一〇月一一日、トルーマン政権はパレスチナ分割案に賛成の意向を表明した。この背景には、在米シオニスト社会の圧力があったとされる。トルーマン大統領は一九四八年の大統領選挙でユダヤ人票を失うことを恐れていた。大統領選では、ユダヤ人票の七五％を獲得したトルーマンが僅差で勝利し、一九四八年、中東イスラム世界の中心ともいえる土地にユダヤ人の国「イスラエル」が誕生した。

米国のイスラエル支援がネーション・ビルディング（国家造成）を支えてきたと言っても過言ではなく、米国はイスラエル国家の存在に大きく貢献した。一九四八年から六七年の間、米国のイスラエルへの経済支援は年間およそ六四〇〇万ドルにのぼった。また、イスラエルは米国におけるイスラエル債の売却で一〇億ドルの収入があったと見積もられている。いずれにせよ、こうした米国の支援がこの時期における一三〇万人のユダヤ人のイスラエルへの定住を大きく進めた。そして、このイスラエル建国を米国やヨーロッパ諸国が後押ししたことは、ムスリムの米国やヨーロッパ諸国に対する感情を決定的に曇らせることとなった。特に一九六七年の第三次中東戦争でイスラエルがアラブ諸国に対して圧倒的な勝利を収めると、アラブの国々はユダヤ・キリスト教の同盟がイスラム諸国を侵食していると考えるようになった。

イスラエルが国連安保理決議二四二号（一九六七年の第三次中東戦争でイスラエルが占領したシナ

イ半島、ガザ地区、ヨルダン川西岸、ゴラン高原の返還を行う）を無視しているのは、米国の支持のためというのが一般的な見方であり、その他においても国連安保理や国連総会でイスラエルに対する非難決議が出されるたびに、反対票を投じたり、棄権したりする米国の態度は一層、ムスリムの感情を逆なでしている。穏健なイスラム主義者で知られるサウジアラビアのファハド・イブン・アブドゥル・アズィーズ（ファハド国王）でさえも、湾岸戦争の際には「ムスリムはパレスチナの地がイスラムに戻されるまで、ジハードを戦わなければならない」と、まるでイスラム過激派を想起させるような発言をしている。

こうした米国とイスラエルの「特殊」ともいわれる親密な関係は、米国の中東政策を形成する最も重要なファクターである。その親密な関係は、往々にして米国内政治によるところが大きい。米国のユダヤ系社会は、ＡＩＰＡＣ（米国・イスラエル公共問題委員会）などの働きかけを通じて米外交、とりわけその対中東政策に大きな影響を及ぼしてきた。ユダヤ系社会は米国の政治システムを熟知しており、議会においては議員たちの投票行動を監視し、もしイスラエルに敵対的な議員がいれば選挙で敗れるよう、その対立候補に選挙資金を重点的に供与したりした。もちろんイスラエルに友好的な主張を行う候補に対しては積極的に政治献金を行なった。また現在ではＪＩＮＳＡ（ユダヤ国家安全保障問題研究所）のように、米国の軍産複合体（軍部と軍需産業の結合体）とイスラエルの軍産複合体の協力を推進する圧力団体もある。

これらユダヤ系組織の活動背景には勤勉で教育熱心というユダヤ人の性向とその移住の歴史が

パレスチナとイスラエルの領土変遷

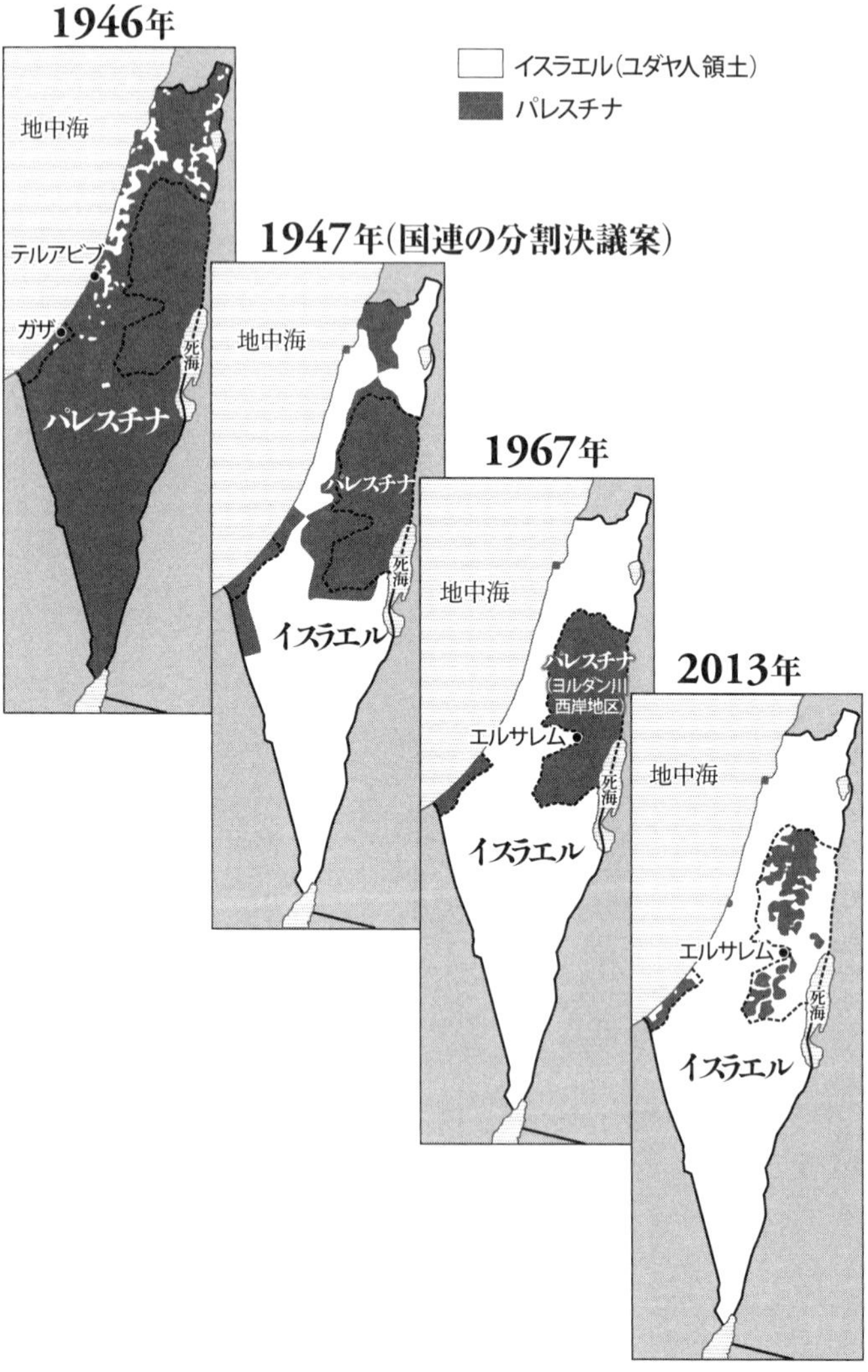

深くかかわっている。ユダヤ人がアメリカ大陸に移住し始めたのは、一六〇〇年代、オランダ、スペインといったカトリックの国々の迫害から逃れるためだった。米国独立後も、ドイツなどヨーロッパ各地でユダヤ人迫害の波が訪れると、その都度、多くのユダヤ人が米国に渡るようになった。当初は、サービス業など米国社会の周辺部分での業種に従事していたが、まさに勤勉と教育の賜物というべきであろう、次第に経済的地位を高め、米国社会の中央に食い込むようになっていった。代表例としては「ゴールドマン・サックス」を創業したマーカス・ゴールドマンなどが挙げられるが、多くのユダヤ系企業が米国経済の牽引役に成長していった。

また、彼らの活躍は経済分野にとどまらず、知的産業に就くことも多く、医師、弁護士、ジャーナリスト、大学教員などの職種にユダヤ人が多く進出している。とりわけ、マスコミでは「ニューヨーク・タイムズ」「ワシントン・ポスト」など有力紙にユダヤ系の記者が多く、米国の世論形成に大きな影響を及ぼしている。こうした米国の政治・社会の仕組みによって、米国の対中東政策は、イスラエル寄りに展開せざるをえなくなった。そして米国の政権の中枢にも次第に入るようになり、ニクソン政権のキッシンジャー国務長官、クリントン政権のコーエン国防長官、オルブライト国務長官、ルービン財務長官、さらに二代目ブッシュ政権でイラク戦争提唱の中心的人物だったウォルフォウィッツ国防副長官やファイス国防次官もユダヤ系米国人である。

米国の歴代政権とイスラエル

米国という国家においては人種、民族、宗教の違いがあっても、それぞれを認め、互いに存在することが理想となっている。いわゆるコミュニタリアニズム（共同体主義）という政治思想であり、社会形態である。その是非についての考察はここでは避けるが、それぞれの共同体が自らに有利に働くよう活動することが常態化しているのも事実で、いわゆるロビー活動という言葉で語られる。

先に触れたようにアイゼンハワーは「軍産複合体」という言葉をはじめて提示して、米国の外交、軍事政策の危うさを訴えたが、それはまさに、ロビー活動によって国の重要政策が曲げられてしまうことを懸念しての発言であった。一九五五年にソ連がエジプトにチェコ製の武器の売却を仲介すると、イスラエルは米国に兵器の移転を要請したが、アイゼンハワー政権は中東での軍拡競争がエスカレートすること、またアラブ諸国が米国から離反することを恐れ、イスラエルの要請に応ずることはなかった。同様に、一九五六年のスエズ動乱の際に、イスラエルのシナイ半島からの撤兵を実現させ、またイスラエルがヨルダン川の水流を変更した時も、圧力をかけて元の状態への回復を行わせたのもアイゼンハワーだった。

しかし、時代は冷戦さなかのことであった。ソ連とのさまざまな競争が苛烈化する過程で、軍事に対するハードルは下がり、予算のプライオリティも上位に位置づけられるようになっていった。特にパレスチナ問題については中東イスラム世界での反米感情が高まると、ソ連はパレスチナ人を支援するようになり、米国もまたイスラエルをソ連の進出をくい止める西側の橋頭堡として見るようになり、その支援は際限をなくしていった。ただし、ソ連はパレスチナ人に協力するようになったものの、ＰＬＯ（パレスチナ解放機構）が唱える「イスラエル国家を武力で抹殺する」という主張に賛同したわけではなかった。ソ連はあくまでも現実的な視点で、イスラエル国家の存在は既成事実であり、実際にユダヤ人がそこに多数居住するようになった以上、その解体は不可能だと見ていた。

ともかくも、冷戦下においては、アイゼンハワー政権以降、米国歴代大統領はパレスチナ問題により深くコミットするようになった。それは一般的にリベラルの旗手と呼ばれるケネディもまた例外ではなかった。

アイゼンハワーの後の民主党のケネディ政権は、当初、アラブとイスラエルの緊張関係をやわらげるために、エジプトのナセルとの融和政策をとろうとした。だが、エジプトがイエメン内戦（一九六二－一九七〇）で王党派を支援したサウジアラビアと対立するようになると、米国はサウジアラビアなど親米的なアラブ保守王国への支援を進めるようになり、イスラエルに対しても軍事支援を行うようになった。一九六二年にはイスラエルに対してホーク対空ミサイルの移転が行われた。これは米国によるイスラエルへの武器移転の端緒を開くものだった。これ以降、米国はイスラエルへの軍事的支援を加速させていった。

ケネディ大統領の不慮の死の後を継いだジョンソン大統領には、アラブ急進派諸国との関係改善を図る姿勢がほとんど見られなかった。ジョンソン政権の下で米国は、対イスラエル支援を一層拡大した。一九六五年のイスラエルへの武器供与が一二九〇万ドルだったのに対して、六六年にはその七倍の九〇〇〇万ドルとなった。アイゼンハワーが頑なに否定した、イスラエルによるヨルダン川の流路変更も一九六四年には黙認した。とはいえ、ジョンソン政権は「ベトナム戦争」という外交上の最難題を抱えており、中東政策にあまり多くの関心を払える状態にはなかった。

しかし、一九六七年六月、第三次中東戦争が勃発した。エジプトのナセル大統領がイスラエルにとって戦略的に重要なチラン海峡を封鎖すると、ジョンソン政権はイスラエルに対し、先制攻撃しても、米国は反対しないという言質を与えた。チラン海峡はシナイ半島とアラビア半島に挟まれた海峡で、ここを封鎖されるとイスラエルの艦船がインド洋に抜けるためには地中海からアフリカ南端まで回らなければならない。イスラエルにとっては死活問題だった。

第三次中東戦争は、イスラエルの圧倒的勝利と、ソ連と親しい関係にあったアラブ急進派諸国の無残な敗北によって、米国の中東イスラム世界における影響力をいよいよ高めることになった。イスラエルの占領地からの撤退を求めた国連安保理決議二四二号でも、撤退の時間的制限を意図的に設けなかったのはジョンソン政権の働きかけがあったためと言われている。

一九六九年からのニクソン政権時代には、米国の対イスラエル援助は、年間数億ドルに上るようになり、一九七六年からイスラエルは米国の最大の援助受益国になった。ニクソン大統領は、その就任以前からイスラエル支援の姿勢を明らかにし、一九六八年の大統領選挙期間中にイスラエルに対してＦ－４ファントム戦闘機五〇機を売却することを提案している。もちろん、こうした提案の背景には選挙でユダヤ票を獲得したいという意向もあった。ニクソン政権時代に米国はイスラエルに対して最新鋭の武器を供与し続け、米国のイスラエルへの軍事援助は増大の一途をたどり、一九七〇年、エジプトがスエズ運河地帯での停戦合意に違反しているとイスラエルが主張すると、ニクソン政権はイスラエルに、さらに七〇〇万ドル相当の軍事援助を行った。この時期から米国のユダヤ人社会は毎年一〇億ドルの献金をイスラエルにするようになっている。

ただ、ニクソン政権第一期のロジャーズ国務長官は、イスラエルが第三次中東戦争で獲得した占領地からの撤退と、アラブ諸国がイスラエルと和平を結ぶという交換条件を提示してイスラエルを怒らせてしまった。そのため次に国務長官となったキッシンジャーは基本方針を、エジプトとイスラエル間の関係改善と、シリアとの接触のチャンネルを築くことに定めた。キッシンジャーはイスラエルの占領地からの撤退にはあくまで反対で、イスラエルの撤退はアラブ急進派諸国の勝利だと考えていた。

一九七一年一二月以降、キッシンジャーが米国の中東外交に力を入れるようになると、米国はファントムやスカイホークなどの最新鋭の戦闘機をイスラエルに与えることになった。ニクソンによって大統領補佐官に抜擢され、さらに国務長官に就いたキッシンジャーは自身もまたドイツから移り住んだユダヤ人である。彼がシオニストだったかどうかの評価はともかくも、彼自身はアラブ・イスラエル紛争については、現状の維持を望み、イスラエルは米国の中東戦略にとっての「資産」であると考えていた。

ただ一九七〇年、エジプトでナセルの死去をうけてアンワル・サダトが政権に就くと、エジプトは軍事力を見せつけてイスラエルの占領の不当性を訴える動きに出るようになった。一九七三年一〇月六日に、エジプト軍はイスラエルが占領していたシナイ半島に前進し、第四次中東戦争が勃発した。早速、イスラエルは米国に兵器や物資などの提供を求めてきた。米国は中東のパワー・バランスを崩すことを懸念して、この戦争にあからさまに介入することを望まなかったが、一九七三年一〇月九日、ソ連がシリアに空輸での物資支援を行ったために、結局介入せざるをえなくなった。第四次中東戦争中に米国がイスラエルに対して行った空輸による物資の提供は一九四八年から四九年にかけて行われた「ベルリン封鎖」の際の、西ベルリンに対して行われた空輸の規模を上回っていた。

一〇月一九日にニクソン政権は議会にイスラエルに対する二二億ドルの緊急援助を提案、これは認められたが、その結果、米国はサウジアラビアなど保守的なアラブ産油国の石油禁輸措置を受けることになった。いわゆるアラブの「石油戦略」の発動であり、世界的な石油ショックの発端である。サウジアラビアに従ったアラブ諸国は、イラク、アブダビ、アルジェリア、バーレーン、クウェート、カタールだった。

キッシンジャーは、第四次中東戦争の頃からエジプトのサダト大統領と意思疎通を図るようになり、サダト大統領は米国との関係改善、イスラエルとの和平の構築を考えるようになっていった。一方、第四次中東戦争を経てイスラエルへの米国の援助はいっそう増額され、一九七二年には三億五〇〇〇万ドルだったが、七四年には二六億三〇〇〇万ドルとなった。

第四次中東戦争でアラブ産油国による石油禁輸という措置を受けた米国は、アラブ・イスラエル和平に本腰を入れるようになった。その方針はイスラエルとの結びつきを強化する一方で、エジプトのサダト大統領を米国の側に引き寄せ、PLOの影響力を中東政治から排除することであった。しかし一九七四年三月にフォード副大統領がイスラエルに対してアラブ諸国に対する和平への動きを促し、イスラエルに圧力をかけると、上院議員七六人が米国のイスラエル支援を減額すべきではないと訴えた。

なお、米国のイスラエル支援の姿勢は、ネタニヤフ政権とは疎遠と見られるオバマ政権になっても変わらない。オバマ政権は二〇〇九年の成立以来、二〇五億ドルの軍事融資をイスラエルに対して行っているが、同年に再登板したネタニヤフ首相は治安部隊によってヨルダン川西岸のパレスチナ人の家屋四四五〇戸を破壊している。イスラエルはこれらの破壊が土地や家屋の正式な登記がなかったからだと説明したが、占領地における文民の財産の破壊や没収は一九四九年のジュネーブ条約に違反するものである。

二〇一四年夏、イスラエルはガザにある国連の学校を攻撃した。またヨルダン川西岸でも不当な入植地の拡大を継続している。にもかかわらず米国はイスラエルを批判する一八の国連総会決議と五つの国連人権委員会決議に反対票を投じた。さらに、オバマ政権はイスラエルとハマスの戦闘(イスラエルの不均衡な攻撃に思えるが)に関する国際刑事裁判所と国連調査委員会の調査に反対した。これらの調査が偏向する恐れがあるというのがその理由である。

オバマ政権はイスラエルとパレスチナの二国家共存による和平の実現を唱えているが、二〇〇九年以来、ネタニヤフ政権が一万戸の入植地を建設するというイスラエルの入植地拡大に、ペナルティを科すこともなく、ガザ攻撃に際しても、イスラエルに武器・弾薬を供給するなど、和平の仲介役としての信用はない。

それどころか二〇一四年、米国は米国・イスラエル自由貿易協定によってイスラエルから二三一億ドルの物資を輸入したが、この輸入品の中にはヨルダン川西岸の占領地で生産される物品も含まれている。

米国は、二〇〇九年以来、イスラエルへの難民や移住者に対して一億四〇〇〇万ドルの支援を行った。イスラエルが帰還法によってこうした移住者を受け入れるのは、国内のユダヤ人とアラブ人の人口比が逆転することを恐れてのものだが、しかしイスラエルはエリトリアやスーダンからの難民を正当な理由もなく拘束しているケースもある。

カーター政権の和平志向

さて、時代を戻そう。第四次中東戦争で受けた「石油戦略」の経験と、そもそもの外交姿勢から、一九七七年に就任したカーター大統領は、中東の包括的和平を目指した。カーター政権は石油の確保に関してもアラブ・イスラエル紛争の解決が必要だと考えていたのである。またソ連との協調の下でアラブ・イスラエル問題の前進を図り、イスラエルが占領地から撤退すること、イスラエルとアラブ諸国の関係正常化を唱えていた。しかし、イスラエルが一九六七年の第三次中東戦争以前の境界線に戻ること、またユダヤ教の聖地がある東エルサレムを放棄することには決して触れようとしなかった。そしてＰＬＯについては、ＰＬＯがイスラエルの生存権を認める国連安保理決議二四二号を受け入れれば、直接交渉するという方針をとった。

アラブ・イスラエル紛争の解決が必要と考えたカーター政権ではあったが、イスラエルで一九七七年に右派政党リクードのベギン政権が誕生すると、そのパレスチナ人に対する急進的な抑圧姿勢はカーター政権の構想を大きく狂わせることになった。

ベギン政権は成立するや、占領したヨルダン川西岸やガザにユダヤ人の入植地を建設しはじめた。これをカーターは非難したものの、イスラエルに対して直接的な懲罰的行動に出ることはできなかった。そんな中、一九七七年一一月にエジプトのサダト大統領はイスラエル国会で演説し、イスラエルとの包括的和平を結ぶ用意があることを明らかにした。

一九七八年九月五日から一七日までカーターは、米国のワシントン郊外にあるキャンプ・デービッドでイスラエルのベギン首相とエジプトのサダト大統領の交渉を仲介した。その結果、成立したのが、「キャンプ・デービッド合意」である。キャンプ・デービッド合意では、エジプトとイスラエルの平和条約のあり方とヨルダン川西岸とガザ地区の将来について合意がなされた。一九七九年三月二六日に、エジプトとイスラエルは平和条約を結んだが、これによってアラブの大国エジプトがイスラエルの存在を認めることになった。

イスラエルにとって、第三次中東戦争で占領したシナイ半島から撤退することは後退だったが、反イスラエル陣営からエジプトが離脱したことは大きな収穫だった。ただこの動きは、エジプト国内のサダトに対する反発となって表れ、一九八一年一〇月六日、サダトはエジプトのイスラム過激派によって暗殺された。これ以降、イスラム過激派という存在が中東イスラム世界政治で注目される存在となっていく。

イラン革命の皮肉

イスラエルとアラブ諸国の紛争に米国が介入し続けたのは、イスラエルというファクターに加え、アラブの背後に控えるソ連の影響力に対する懸念があったためである。そして、こうした冷戦ファクターによって刺激されたのがイランにおける反米意識であった。

一九五三年のモサッデグ政権の打倒で揺るぎない独裁体制を確立したイランの王政を、米国はオリエント地域における信頼できる同盟国と見ていた。しかし、イラン革命の指導者ホメイニは、一九六〇年代初頭、米国の圧力によって国王が婦人参政権の導入、また宗教的寄進地を含む農地改革など非イスラム的な改革、すなわち「白色革命」を断行したこと、またこうした改革を非難する聖職者を国王体制が弾圧したことによって、米国に対する敵意を募らせていった。この「白色革命」もまたイランへの共産主義の浸透を恐れたケネディ政権の圧力によって推進されたものであった。ケネディ大統領は、イランの社会的、あるいは政治的「後進性」にソ連が付け入ることを恐れていたのである。

イランでは、絶え間ない軍事予算の増額と米国の軍事援助によって強力な軍隊ができあがった。人員的には八万人〔一九四一年〕、二〇万人〔一九六三年〕、さらに四一万人〔一九七七年〕と膨れ上がった。年間軍事費も六九年の二億九三〇〇万ドルから七八年には七三億ドルにまで上昇。六〇年から七七年までは平均して国家予算の三〇%が軍事に費やされた。この中で米国のイランへの武器売却総額は、五〇年が一〇〇〇万ドルで、七〇年が一億ドル、そしてオイルブームの七四年には三九億ドルへと急上昇した。

そして一九七七年、イランは米国製武器の最大の輸入国となり、その総額は五七億ドルに上った。実に米国の武器輸出総額の半分を超える額である。また、膨大な米国製の武器の購入に伴ってイランに滞在する米国人も次第にその数を増し、一九七二年には一万五〇〇〇人であったのが、七六年には二万四〇〇〇人へと増加した。その多くはイラン軍に軍事知識を与える軍事顧問たちであった。こうした軍事顧問に支払われる俸給も高額に上り、月額一万五〇〇〇ドルの給料を受けとる者もいた。

急激な軍の肥大化は、同時に重大な問題を引き起こした。兵器に対する訓練、習熟、さらには兵站、武器の管理システムといった現場の処理が膨大な兵器購入に追いついていかなかったのである。国王が主要な武器の購入について一切の責任を負い、政府機関はその購入について詳細にチェックを行うことをしなかったために起こったことであり、結果、管理体制が杜撰になり、米国の軍当局もイランが何を注文しているのかは細かく把握しきれていなかったという。国王はいわば兵器マニアで、恣意的に米国製の武器を買いあさっていたのである。

七三年から七八年において、イランは好況と不況が短期間の内に入れ替わるという現象にみまわれた。いうまでもなく「石油戦略」がもたらしたオイルショックの余波で、原油価格は乱高下し、結果として、イラン経済は翻弄された。七五年には貿易収支が一七億ドルの入超に転じる一方で、七五年から七六年には国庫支出が三〇％増加した。この間、石油収入は七％の伸びしか示していない。失業率も七四年には一％であったが、七七年には九％に上昇。歳入の低下を補うために政府は七六年から増税にシフトし、所得税は七六年には七一％、七七年にはさらに五一％の引き上げが実施された。そしてインフレも七七年から七八年には八五％の上昇率を示した。

こうした経済の危機は、農村から都市に移住した階層に大きな負担を与えることになり、やがて「革命」という政治変動を生み出していった。

イラン国民の膨れ上がった不満を最終的に爆発させたのは、やはり宗教であった。国王は左翼勢力などに対しては積極的に政治的弾圧を行えるが、宗教界に対しては抑圧が難しい。そのために社会矛盾をもたらす政治への不満はモスクなどの場を通じて聖職者たちに吸収されていったのである。そして必然的に革命運動の組織的基盤は宗教の中に築かれていった。

モスクでは国王体制に激しい批判を加えるホメイニの演説が紹介された。ホメイニの姿勢は誠意あるものとして多くの国民に受け入れられた。ただ、国王は、当時のカーター政権が標榜する「人権外交」により、これらイランの反体制派の弾圧を躊躇せざるをえず、結果として、米国が進める「自由化」の圧力がイラン国内の反体制勢力に勢いを与えることとなった。このようにさまざまな要素が絡み合ってイラン革命は起こったのである。


革命の指導者、アーヤトッラー・ルーホッラー・ホメイニはムハンマドの子孫の直系という、シーア派本流の家系に育った。イスラム法学者として名を成し、その宗教的見地から贅を尽くす王族に対しては批判運動の急先鋒となった。先に触れた「白色革命」では、反体制活動のかどで逮捕され、その直後に国外追放となり、フランスに亡命した。しかしフランスにおいても反対運動の指揮を執り続け、一九七九年一月、パフラヴィー家がエジプトに逃れることで革命は成立した。

　ホメイニは一九七九年の革命に至るまで一貫して「米帝国主義への闘争」という政治テーマを設定し、腐敗と抑圧にまみれた国王政治を支援する米国を強く非難したが、それが革命後のイラン・イスラム体制の反米イデオロギーのバックボーンとなり、現在でもイランは反米姿勢を墨守している。

　いずれにせよ米国による冷戦を背景とした過剰な干渉が、イランの反米意識を生みだし、さらには国益を目指して採った中東戦略が、その後の米国の負担となっていったことは、実に皮肉なことである。


　一九五〇年代から六〇年代に高揚したアラブ・ナショナリズムについては、米国が積極的にイスラエルを支持したこともあって、ソ連がこれを米国に対抗するカードとして利用しようとした。実際、エジプトのナセルはイスラエルに対抗するためには、ソ連の軍事的、政治的支援が必要と考えていたが、こうした考えは、とりわけ、一九五六年にスエズ運河が国有化され、イギリスや米国との関係が途絶えた後で強まった。しかし、アラブ・ナショナリズムは中東では共産主義と円滑に融合することはなかった。エジプトのナセル政権、またシリア、イラクのバアス党（アラブ・ナショナリズムの思想をもつ政党）政権は、それぞれの国内で共産主義者を弾圧したし、ソ連の経済支援や兵器供給も決してアラブ諸国を満足させるレベルのものではなかった。

　冷戦時代、たいていの中東諸国は、東西どちらかの陣営の影響下に入ることを控えていた。アラブ諸国は、第二次大戦後に相次いだ独立の気運もあって、米ソの強い影響下に入ることを望まず、できるだけ冷戦に巻き込まれない方針をとり続けていた。また、かりに冷戦下の環境に置かれた場合でも、多くの中東諸国は、その環境を経済的、軍事的に最大限利用しようとした。たとえばシリアの場合、ソ連と連携することが、アラブ・ナショナリズムの大義のために必要であり、またイスラエルとの闘争のために欠かせないと考えていた。

パレスチナやアラブ諸国の間でイスラエルとの共存思想が強まるのは、ソ連のゴルバチョフ政権になってペレストロイカ（改革）が推進されてからのことである。また数次にわたる中東戦争でイスラエルと軍事的に対峙してきたアラブ急進派のシリアが湾岸戦争で多国籍軍に参加したり、また米国主導のマドリード和平会議に出席したりしたのも、ソ連のペレストロイカが進み、西側との協調が見られるようになってからのことだった。すなわち、「冷戦」というカードをアラブ諸国が使えなくなったことも、その政治の中心課題である中東和平に関してイスラエルとの交渉のテーブルに着いたり、和平条約を締結したりすることの背景となった。

レーガンが蒔いた「イスラム国」の種子

一九八一年一月にカーター政権を継いだレーガン大統領が歴代の米国大統領の中で最も親イスラエルの姿勢をとったことは周知の事実だ。その背景には、レーガン大統領がクリスチャン・シオニストだったことがある。クリスチャン・シオニズムは、米国がイスラエルを擁護するイデオロギー的背景として重要なファクターである。米国の福音主義者の中には、ユダヤ人のパレスチナへの帰還と、イスラエルの建国をキリスト再臨の予兆と見なして歓迎する人々がいる。レーガン大統領の親イスラエルの姿勢には、このクリスチャン・シオニズムのイデオロギーがあったことが指摘されている。レーガン政権時代にイスラエルは米国にとって中東における「資産」としての価値を高めていった。というのも、一九七九年のイラン革命で親米の国王体制が崩壊して、イランが反米国家にシフトしたからである。

レーガン大統領は親イスラエルの姿勢を貫き、これまでの大統領が明言を避けてきた占領地におけるユダヤ人入植地の建設を不当ではないとまで言い切った。一九七七年にイスラエルで大イスラエル主義を唱える政党、リクードが政権を獲得した時期、西岸の入植者の数は八〇〇〇人であったが、八二年には二万人、また八四年には四万五〇〇〇人に増加していった。レーガン大統領は、自らの政権時代に米国とイスラエルの関係が最も強まったと公言してはばからなかった。

一九八二年にイスラエルはレバノン侵攻を行ったが、このレバノン侵攻についても、米国は事前に知っていてそれに指示を与えたとされている。レバノンで活動するPLOが敗北し、レバノンから追放されるという事態は中東和平にとって必要なこととレーガンは考えていた。一九八七年にパレスチナでイスラエルの占領に対する大規模な抵抗運動（インティファーダ）が発生すると、レーガン政権はあらためてアラブ・イスラエル和平に本腰を入れなければならなくなったが、イスラエルのタカ派であるシャミル首相は占領地の返還と和平を引き換えにするという提案にあくまで反対する姿勢を貫いた。

レーガン政権は、一九八〇年に勃発したイラン・イラク戦争では、同盟国サウジアラビアなどを介してイラクに支援を行っていた。この戦争の発端は、イラクがイランのアラブ系住民の多いフゼスタンの石油獲得を目指して侵攻したものであり、明らかに国際法違反であった。一九八三年にレーガン大統領は、フォード政権下で国防長官を務めたドナルド・ラムズフェルドをフセイン政権と友好関係を結ぶために派遣した。

一方のイランだが、イラクの侵攻には応戦しなければならない。しかしイランが主に所有していた武器は王政時代に大量に購入した米国製のものである。それに合う弾薬やスペアパーツは最早米国から入手することは出来ない。ここに目をつけたのがイスラエルだった。

当然のことながらイスラエルは米国製兵器のスペアパーツを保有しており、その一部は製造も行っている。王政時代のイランは、イスラエルに対する最大の石油輸出国であり、イラン革命以降、そのルートは、ほぼ途絶えていた。イスラエルはイランにこれら武器パーツを売却する見返りとして、イランからの石油輸入を考えたのである。イラン革命の指導者ホメイニはイスラエル国家の抹殺を唱えていたが、イラクとの戦争遂行上、必要に迫られてイスラエルとの取引に応じた。

ただこの頃、イラン・イラク戦争勃発に前後して、イスラエルが絡んでもう一つの紛争が起こっていた。レバノン内戦である。もともと他のアラブ地域に比べキリスト教信者の多いレバノンでは、宗教、民族によって棲み分けが成立していたが、パレスチナ難民の流入により、均衡が破れ、国内紛争を引き起こしてきた。そして混乱に乗じ、シリア、さらにはイスラエルが次々に介入していたのである。イスラエルにしてみれば、アラブの地から少しでも脅威を取り除くことは重要であり、一九八二年にレバノン南部に軍事侵攻した。ただ、当然のことながら、この侵攻は主にレバノン南部に住むシーア派住民たちの反発を招き、シーア派の武装集団は、レバノン南東部、ベイルート東部でイスラエルに対するゲリラ活動を開始し、さらにレバノンに住む米国人の誘拐作戦を開始した。そして事態は泥沼化し、翌年夏には米国、イギリス、フランス等の多国籍軍が出動する事態にまで発展した。

しかし、世界で起こっている混乱はこれだけではなかった。この中東の混乱の最中に、今度は米国の〝裏庭〟、中米でも実は「革命」が発生していたのである。一九七九年、キューバ革命に触発され、ニカラグアで起こったサンディニスタ革命である。レーガン政権はニカラグアでサンディニスタ左翼政権が成立したのを脅威と感じ、市民をも容易に殺害するコントラという極右武装集団を支援していた。

イラン・イラク戦争、レバノン内戦、そしてニカラグアの革命。レーガン政権の中枢はこれらの問題を一挙に解決するすべを考えていたが、そこでいきついたのは、あまりに不当な手段だった。

レーガンは、イラクに海軍などによる支援を与え、イランに対するイラクの化学兵器使用が国連安保理で非難されることを防いだ。同時に、米国はイラク、イラン双方とも決定的な勝利を収めることができないと見ると、偵察衛星によって得られたイラン軍の位置情報をイラクに提供することも行っていた。

そんな中、レーガン大統領は、ＴＯＷ対戦車ミサイルをイランに提供したが、これは武器売却には事前に議会の承認が必要だとする米国の武器輸出法に違反するものだった。こうした武器売買の仲介を行ったのは、イスラエルの武器仲介業者たちだった。また他方で、レーガン政権はイラクに対して軍事的支援を継続し、イラクが米国の同盟国であると伝え続けた。レーガン政権は、イランに売却した武器の代金をスイスの銀行に預け、それを徐々にニカラグアのコントラに与えていった。ニカラグアのコントラに与えたのは、米国の資金ではなく、本来はイラン政府の金であった。米国製武器を得る代わりにイランは、レバノンのシーア派に米国人人質の解放を求めた。こうしたレーガン政権の動きが米国内で明らかになったのは一九八六年のことで、世にいう「イラン・コントラ事件」というスキャンダルに発展した。

ただ、振り返れば、同様の構図は一九七九年に起こったソ連のアフガニスタン侵攻でも見ることが出来る。アフガニスタンに成立した共産党政権に対し、イスラム教徒の戦士「ムジャヒディン」が反乱を起こし、その弾圧のためにソビエトが軍事介入した、いわゆる「アフガン侵攻」である。レーガンは、アフガニスタンに侵攻したソ連軍と戦うムジャヒディンたちに対して数十億ドルの軍事援助、さらには軍事訓練を行った。米国製の武器を、また時には米国の提供を隠匿するために作られたソ連製の模造兵器を手に、ムジャヒディンたちはソビエト軍と戦い、事態はいっそう泥沼化し、紛争は一九八九年のソビエト撤退まで続いたが、このムジャヒディンの中にいた一人がアルカイダのオサマ・ビンラディンであった。

イラクのサダム・フセイン、アルカイダのビンラディンにおいても、いずれもが米国によって生み育てられたことは、特筆すべきことである。彼らのイスラムの大義に訴える武力活動は、やがてシリアやイラクを支配する「イスラム国」の活動のモデルとなった。実に、米国やヨーロッパ諸国の最大の安全保障上の懸念となっている「イスラム過激派」の誕生をもたらしたのはレーガン政権と言っても過言ではないだろう。

湾岸戦争の非情

直前にも述べたようにレーガン政権時代にイランに武器を売却するというスキャンダル「イラン・コントラ事件」が起きたが、そこでイスラエルが仲介役となった理由としては、イラクがイランよりも地理的により近い敵だからであったことが挙げられる。

しかし、米国はイラクについて、サダム・フセインの独裁体制による人権侵害や、イラン・イラク戦争の戦端を開いたことを問題にすることはなかった。米国は、一九七九年に反米的なイラン革命が起こると、「敵の敵は味方」の論理でイラクとの親密な関係を維持したが、その背景にはもちろん、軍需産業や石油企業の意向が反映されていた。

一九八〇年代、サダム・フセインはイスラエルの核兵器に対抗するため、核兵器への関心を隠さなかったし、イランやクルド人たちに対しても化学兵器を使用した。にもかかわらず、アメリカはイラクが反米的なイランに対する抑止力になると考えていた。一九八九年一〇月に発せられた米国の国家安全保障令二六号も、米国とイラクとの良好な関係は、米国の長期的な国益にかない、ペルシア湾岸や中東の安定を促進すると記され、レーガン政権を引き継いだ共和党ブッシュ（父）政権もイラクの穏健化をもたらすために、食糧にとどまらず、ハイテク分野での輸出も行っていた。

一九九〇年四月、サダム・フセインは「イスラエルがイラクに対して何かを企てるならばその半分を焼き尽くす」と発言して物議を醸した。しかし、米国は中東の同盟国が脅威にさらされていても、イラクの最大の貿易パートナーであり続け、さらに下院がクルド人に対する化学兵器の使用を非難し、イラクに対する信用供与を停止する経済制裁決議を成立させても、ブッシュ政権にはイラクに制裁を発動する姿勢はなかった。

ただ、米国との良好な経済関係にもかかわらず、イラクは経済的な困難に直面したままであった。石油価格の下落に伴って失業率は上昇、またイランとの戦争で莫大な戦費を使ったため、ペルシア湾岸のアラブ諸国に対し巨額の負債を抱えていた。一九九〇年になると、サダム・フセインは、クウェートがイラクの油田を盗掘していると主張し始め、武力で「奪還」することをほのめかすようになった。一九九〇年七月になると、イラクはクウェートとの国境地帯に軍隊を移動させた。ただ、米国のイラクに対する政策はあくまで懐柔的なものであり、一九九〇年七月にエイプリル・グラスピー駐イラク米大使は、米国はアラブ諸国の二国間の問題に介入する立場にないことをフセインに伝えるにとどめた。米国がとってきたイラクとの良好な関係、またグラスピー大使の発言はフセインに誤解を与えたことは確かであろう。一九九〇年八月二日、イラクはクウェートに侵攻した。

クウェートの歴史は一八世紀初頭、アラビア半島内陸から移住してきた部族が、サバーフ家による首長支配を確立したことに始まる。一九世紀を通じてクウェートは交易で繁栄し、アブドゥッラーⅡ世首長（在位一八六六－一八九三）の時代には、オスマン帝国に接近した。しかし、彼は一族のメンバー、ムバーラク大首長に殺害され、その後を継いだムバーラクはオスマン帝国がクウェートを併合するという懸念からイギリスに接近していった。

一八九九年、クウェートはイギリスの保護国となる条約を結び、第一次世界大戦勃発後はイギリスの保護領となった。そして大戦後の一九二二年には、アル・ウカイル（現在のサウジアラビア）で、イギリスはサウジアラビアとの話し合いで、その保護領であるクウェートの境界線を策定した。ただ、イラクはイギリスに統治されていたため国境の批准はできず、一九一三年にイギリスとオスマン帝国の間で結ばれ、クウェート周辺地域がイギリスの自治保護領となった協約もイギリスの裁量で決められてしまった。

イラクのクウェートに対する領土要求は一九三八年、クウェートで油田が発見されたことから始まっている。イラクも、オスマン帝国もクウェートを支配したことがなかったものの、イラクはクウェートとの過去からの交流を強調した。また、かつてオスマン帝国は、クウェートが帝国のバスラ州の一部に含まれるという認識をもっていたが、これもサダム・フセインのクウェート侵攻の歴史的根拠となっている。

一九九〇年八月にイラクがクウェートに侵攻した時、ブッシュ大統領は休暇中だったが、すぐにイラクの行為を「あからさまな侵略」と形容し、イラクとクウェートの在米資産を凍結したが、行動方針を決めることは出来なかった。そしてイギリスのサッチャー首相に相談したことで、ようやくイラク制裁の方向性は定まった。

サッチャー首相は、一九八二年に武力でフォークランド諸島をアルゼンチンから奪還したこと、さらには「鉄の女」と呼ばれたように当初から武力によるクウェート解放の方策を排除しない人物であった。さらに彼女はサダム・フセインをナチスのヒトラーになぞらえた。ブッシュ大統領は、休暇からワシントンに戻ると、クウェート侵攻はまったく許容できないという姿勢をあきらかにして制裁に動き始めた。

イラクのクウェート侵攻後、ブッシュ政権の次の懸念は、イラクがサウジアラビアまで軍隊を進めることだった。サウジアラビアの石油をイラクが支配すれば、世界の石油の四〇%がサダム・フセインの思いのままになる。ただ冷戦が終焉したこの時代の国際環境は、イラクに圧力をかけるのに好都合であった。米国が提出した国連安保理の決議案は、全会一致で認められ、拒否権を行使する国はなかった。イラクの侵攻を非難する決議は八月二日に、またイラクに対する経済制裁決議は八月六日に成立した。チェイニー国防長官がサウジアラビアに飛び、ファハド国王に米軍の駐留を持ちかけると、即座に受け入れられた。サウジアラビアには、イラクに対抗するだけの軍事力がなかった。ブッシュ大統領は八月六日にサウジアラビアに地上兵力を派遣する大統領令を出した。イラクのさらなる侵攻を食い止める「砂漠の盾作戦」の開始である。司令官にはノーマン・シュワルツコフが任命されたが、彼の父親もまた軍人で、かつてイランのモサッデグ政権の転覆に関わったといわれている。

ブッシュ政権は、ソ連のゴルバチョフ大統領が米国と一体となることで、反ゴルバチョフ派が台頭することを不安視したが、それでもソ連もイラク問題では協力的であった。イギリスとフランスはイラクに対する武力行使に協力する姿勢を見せ、憲法で海外での武力行使を禁じられている日本とドイツは資金でもって米国などの軍事行動を支えることになった。日本とドイツはそれぞれ一四〇億ドル、一一〇億ドルの資金を拠出した。さらに、米軍の駐留でイラクに対する防衛を考えたサウジアラビアと、侵攻を受けたクウェートはそれぞれ一六〇億ドルもの巨額の資金を提供したが、米国の呼びかけに応じた国は四〇カ国以上に上った。

国連による経済制裁があったにもかかわらず、一九九〇年一〇月までにイラク軍には撤退する様子がなかった。ブッシュ政権はさらに軍事的圧力をかけ、米軍の大幅な増派を決定する。一一月二九日に国連安保理決議六七八号が成立し、一九九一年一月一五日までにイラク軍がクウェートから撤退しない場合、クウェートを解放するためにあらゆる必要な手段（すなわち戦争）を用いることが決定された。この国連安保理決議にはキューバとイエメンが反対し、中国が棄権した。

戦争が近づくにつれて、本来は議会に宣戦の権限があったものの、ブッシュ大統領は国連安保理決議を履行する際には議会の承認がなくても、大統領が軍事行動に踏み切れると主張し、結局、議会はそれを容認した。

イラク軍をクウェートから排除する「砂漠の嵐作戦」は一九九一年一月一七日に開始され、激しい空爆とミサイル攻撃が行われた。湾岸戦争の始まりである。徹底的な空爆は一カ月以上続いたが、この間、ソ連は外交特使をバグダードに派遣し、米国との相違を強調してみせた。しかし、イラクがソ連の外交的努力に応じることはなく、二月二二日にブッシュ大統領はイラクに対し、クウェートからの撤退に二四時間の時間的期限を与えた。イラクはこれに対して、クウェートの油田に放火し、この要求を拒否した。

そして二月二四日に、地上戦が開始された。ただ、空軍力を伴う米軍など多国籍軍の攻撃にイラクはまったく太刀打ちできるはずもなく、イラク軍は通信網が遮断され、クウェートからイラクに敗走する際には数千人の兵士が戦死し、一〇万人以上が投降した。敗走するイラク軍の車両が空爆で破壊される様子は「死のハイウェー」とも形容され、「虐殺」という批判の声も上がった。

ブッシュ大統領は、二月二七日に勝利宣言を出し、翌二八日の現地時間午前八時に攻撃は停止された。イラクは停戦と、クウェート侵攻にかかわるすべての国連決議に応ずることを表明した。ブッシュ大統領が米軍をイラクまで攻め込ませず、サダム・フセイン政権を打倒しなかったことについて、米国内から不満の声が上がったが、米軍がイラクにまで攻め込んだら、米兵やイラク人にさらなる犠牲者が出ることは明らかだった。また中東地域のパワー・バランスを崩しかねないという懸念もブッシュ大統領にはあった。ブッシュ大統領は、軍事力をソ連の反対もなく、国連決議によって行使し、イラク軍を撤退させたことで、冷戦後の「新たな世界秩序」を構築したと誇ってみせた。しかし、イラクが「金満国家」のクウェートに侵攻したことについてはアラブ・イスラム世界の貧困層からは支持するムードがあり、域外の欧米諸国がイスラム世界に介入し、さらに聖地メッカがあるサウジアラビアで異教徒の米国の軍隊が展開したことは、新たな反米感情を増幅させることになった。

ところで、イラクは戦争の可能性が高まったとき、イラクのクウェートからの撤退と、イスラエルの占領地からの撤退を条件とする、いわゆる「リンケージ（抱き合わせ）論」をもち出してきた。「アラブ・イスラム」の大義を示すことによって、米国側に立ったアラブ諸国の離反を意図したのである。そして戦争が始まると、イラクはイスラエルに対して通常型弾頭のスカッド・ミサイルを撃ち込んだ。だが、米国はこれに対してパトリオット・ミサイルをイスラエルに供与して応戦した。

戦争終結後、フセインの「リンケージ論」を重く見たブッシュ政権は、一九九一年一〇月にスペインのマドリードでイスラエルとパレスチナの和平会議を開いたが、ＰＬＯの参加を認めなかったこともあり、和平はいっこうに進展しなかった。ブッシュ政権は、イスラエルのシャミル首相の強硬な政策に当初から懐疑的だった。シャミル政権はソ連からのユダヤ人の移民を積極的に推進していたが、そのうちの一〇％を東エルサレムに移住させることを考えていた。こうしたイスラエルの動きに対してブッシュ政権のベーカー国務長官は、イスラエルに対する援助の減額などを考え、圧力をかけようとした。湾岸戦争でイラクのフセイン大統領がイラク軍のクウェートからの撤退と、イスラエルの西岸・ガザからの撤退を交換条件にしたことが、今さらながらブッシュ政権にパレスチナ問題の解決が中東の安定のために不可欠と判断させるようになったのである。

矛盾を抱える米国

クウェート危機が起こるまで、米国がイラクの軍事力増強や大量破壊兵器の開発に加担していたのはこれまで述べたとおりであるが、湾岸戦争の終結は、その実態を詳らかにした。

一九九二年一〇月、米上院の「金融、住宅、都市問題委員会」は、米国の数十に及ぶ企業がイラクの弾道ミサイルや核兵器、さらに化学兵器の開発に協力していたことを明らかにした。また米国企業がイラクと盛んな武器取引を行っていたことも暴露された。

当然、米国政府当局者も米企業が輸出していた軍備転用可能な製品やテクノロジーがどこの国に売却されているのか、把握していないはずはない。米国の商務省が、イラク軍に対する二二〇の輸出免許を与えたことは明らかになっているし、一九七二年に生物兵器の開発、生産、蓄積、また毒物兵器（化学兵器）の禁止条約に、イギリスや他の諸国と並んで調印していたにもかかわらず、米国は一九九〇年代、イラクに生物兵器の輸出も行っていた。

後にUNSCOM（国連大量破壊兵器廃棄特別委員会）の代表となるデヴィッド・ケイは、公聴会で米国製の部品やテクノロジーがイラクの核開発プログラムの中で見つかったと述べている。またウィスコンシン大学の法学の教授で、ウィスコンシン核兵器管理プロジェクトの代表であるゲリー・ミルホリンは、米国の技術や部品がイラクの核兵器、ミサイル開発、また生物・化学兵器開発にとって不可欠であったことを明らかにした。また、パリを拠点に活動する軍事専門家のケネス・ティマーマンは、一九八五年一月から、イラクによるクウェート侵攻があった一九九〇年八月までの間に、米国の商務省は通常兵器を含むイラクへの輸出アイテムの七七〇に許可を与えたと述べた。ティマーマンによれば、イラクへの武器輸出は一九八二年のレーガン政権時代に議会の承認なしに始まっており、イラクの核兵器開発にとって不可欠な最新のコンピューターや科学的装置も米国から輸出されていたことを明らかにしている。

米国の軍需産業は、イラクの兵器開発にテクノロジーまで提供していたのである。しかし、こうした公聴会や報告を通じて明らかになったことに対し、米国は、イラクの兵器開発に手を貸したことに謝罪はおろか、反省の姿勢も見せることはなかった。それどころか「イラク市場の重要性」「イラクの石油開発」や「農業ビジネス」の支援といった言葉ですべての武器輸出を正当化してしまったのである。そのためか、二〇〇二年一二月、イラクが国連安保理の査察官に提出した一万二〇〇〇ページにのぼる報告書では米国企業の関与に関する部分は公表される前に削除されていた。そして米国は湾岸戦争に自らの責任を問うことなく、次の戦争の火種をイラクの大量破壊兵器の保有に求めるようになったのである。

イラク戦争の無残

「勝利なき戦争」といえば、米国が二〇〇〇年代から行っている「対テロ戦争」はまさにその性格をもつ戦争である。二〇〇一年九月一一日に起こった同時多発テロを機に米国はアルカイダ掃討を掲げ、アフガニスタンで対テロ戦争を始めたが、二五〇〇人近くの米兵と二二万人のアフガニスタン人が亡くなり、数百万人が難民となった。そしてその先にイラク戦争と再び「勝利なき戦争」を戦うこととなった。

二〇一六年米大統領選挙で民主党の候補として名乗りを上げたヒラリー・クリントンは二〇〇三年のイラク戦争に賛成したが、対立候補のバーニー・サンダースは反対票を投じている。バーニー・サンダースは、二〇〇二年一〇月九日に議会でこう語った。

「イラクの戦争で何人の米国の若者たちが戦死するのか、またどれだけのイラクの女性や子供たちが犠牲になるのかまったく聞き及んでいない。世界に責任をもつ国として戦争が引き起こす恐るべき大災難を防ぐためにあらゆる手立てを尽くさなければならない。戦争はあくまで最後の手段だ。サダム・フセインが排除された後、いったい誰がイラクを統治するのか、政権崩壊後に発生するだろう内戦に米国はどんな役割を担うだろう？　イスラム原理主義勢力を抱える穏健な政府が打倒され、過激勢力にとって代わられることはないのか？」

二〇〇三年三月に始まったイラク戦争はバーニー・サンダースの予言した通りに展開することになった。米兵の戦死者は四五〇〇人近く、イラク市民の犠牲者は少なく見積もっても一〇万人。フセイン政権崩壊後にスンニ派、シーア派の武装集団による泥沼の内戦、「イスラム国」の台頭などの大混乱を招き、戦争の「大義」となった大量破壊兵器もついに見つからず、戦争が大失敗であったことは衆人が認めるところとなった。

イラク戦争を主導した米国のブッシュ大統領（息子）は、戦争によってイラクは「自由」になり、独裁体制から民主主義への移行を実現すると言った。しかし、米国がつくり上げたシーア派主体の政府は権威主義的方策をとり、国民の政治的自由を大きく制限した。このことがスンニ派地域の人々が「イスラム国」を支持する背景になった。米国にはイラクが自由や民主主義に至る具体的な計画がなく、サンダースが語ったように、誰がイラク政治を担っていくかについても具体的なビジョンがなかった。そこにあるのはただ一つ、フセイン政権の打倒だけだった。

二〇一六年現在、民主党のヒラリー・クリントンは、大統領選に際し、議会でイラク戦争に賛成したのは、サダム・フセインに国連の査察に再び応じさせるためだったと主張している。しかし、イラクは二〇〇二年一一月に無条件の査察受け入れを表明していた。イラク戦争に至る米国の政治家たちの無責任な判断が「勝利なき戦争」による悲劇をイラク国民や米兵の家族たちにもたらし、その結果、生まれた「イスラム国」の暴力に世界は向き合うことになっている。

二〇〇三年三月にブッシュ政権がイラク戦争を開始した時点で、国連の査察はすでに四カ月間継続していたが、大量破壊兵器を発見することができなかった。ヒラリー・クリントンは、大量破壊兵器が見つからなくともサダム・フセインは大統領を辞任すべきだと語っていた。クリントンは、ブッシュ大統領の固い意志を支持し、イラク戦争を「対テロ戦争」の一環として考えていた。イラク戦争については米下院の二〇九人の民主党議員のうち賛成したのは一二六人で「たいていの民主党の議員たちが支持していた」という大統領候補選びにおけるヒラリーの発言は事実とは異なる。

米国ブッシュ政権はイラクと、九・一一事件を起こしたとされるアルカイダとの関係も証明することなく、イラクを「対テロ戦争」の舞台とした。

サダム・フセインという独裁者の下に、イギリス帝国主義がつくった人造国家「イラク」の多種多様な民族、宗派は絶妙なバランスを保っていた。そのためにイラク開戦に際しては、米国防大学のイラク政治・現代史専門家のフィビー・マー元教授が「イラクは失敗国家になる」と予想していたように、イラクでは独裁制が民主的な手続きではなく、戦争によって崩壊するので、それぞれの宗派、民族集団が個々の利益を主張していくことは明らかであったが、それでもブッシュ大統領は、イラク人は米国を「解放者」として見てくれるだろうと息巻いた。

湾岸戦争後の一九九〇年代、イラクは米国と国連の厳しい制裁の下に置かれたが、そこにはびこったのはヨルダンとの密貿易で、ヨルダンからは物資とともにスンニ派の急進的なイスラム思想も浸透するようになった。さらに、イラク戦争後、米国統治がイラク政府からスンニ派のバアス党員を排除し、数万人とも見積もられるスンニ派の職員たちを解雇したことも、彼らの一部をスンニ派武装勢力の支持層にして現在の混乱を生み出している。イラク戦争で米国は急進的なシーア派の勢力と協力し、スンニ派アラブ地域に高い失業率をもたらした。また米国が二〇〇三年からイラク軍や国営工場を解体した結果、スンニ派の労働人口のおよそ半分が職を失うことになった。スンニ派への冷遇政策は、イラク新政府マリキ政権まで継続した。また、イラクでは一九九〇年代の経済制裁によって、教育水準も低下し、中間層の零落をもたらした。

二〇一六年四月の時点で、イラクにはおよそ四一〇〇人の米軍兵士たちが派遣されていると見られている。中にはイラク戦争が開始された二〇〇三年には一〇歳にも満たなかった兵士たちも多くいる。

米国はイラクで戦争ばかりをしていたわけではなく、「民主主義の創設」「女性の社会進出」「小規模ビジネスの起業」などを念頭に戦後復興も目指した。しかしイラクでスンニ派とシーア派の宗派対立が激しくなると、「穏健」なスンニ派に資金や住宅を提供し、暴力を停止させる工作も行っている。

米軍がイラクから完全撤退した二〇一一年、イラクはスンニ派、シーア派、クルド人という宗派や民族によって明らかに分断された国家になっていた。イラクにおける米国のプレゼンスは、一〇億ドルをかけて建築した米大使館だけである。それはコンクリートの壁によって護られ、イラクの一般市民の目に触れることはない。イラク戦争後、米国に代わってイラクでの影響力を増大させていったのは、米国と敵対してきたイランであった。

米国は六〇〇億ドルをイラク復興に費やした。新生イラク軍の訓練には二五〇億ドルの予算を使った（イラク戦争そのものには全体で二兆ドルという巨費をつぎ込んだが）。しかしその新生イラク軍は「イスラム国」の進出を容易に許してしまうようなひ弱な戦闘力しかもっていない。イラク戦争で、米兵の戦死者四五〇〇人、負傷者一九万人を出しながら、イラクに安定した親米国家をつくるという米国のもくろみは成功しなかった。

各地で過激派が台頭するようになり、さらに地域的にも拡散していった。オバマ政権は新たに他国への「地上部隊派遣《ブーツ・オン・ザ・グラウンド》」をしないことを基本方針として、第二期政権発足当初はパキスタンの部族地域やアフガニスタンへの無人機攻撃を強化した。しかし、オバマ政権時代にイラク、シリア、リビア、西アフリカ、イエメン、ソマリア、ケニヤ、南スーダンは政治的にも社会的にもいっそう混乱していくことになった。

さらに、二〇一四年初夏に突如現れた「イスラム国」の脅威によってオバマ政権はさらなる政策転換を迫られ、イラクに対する介入を再び強めていくことになった。イラクの新しい首相、アバーディは米国の意向で任命され、また閣僚ポストの各宗派や民族への配分にも米国は介入するようになった。オバマ政権は、対「イスラム国」対策に三六カ月を要すると言いきったが、それはオバマ政権が次期政権にその最終的処理をゆだねたことを意味する。米国はベトナムから撤退した後、ベトナムに再び戻ることはなかったが、「イスラム国」に対する戦争によって、米国のイラクへの軍事的関与は三度目となった。

二〇一四年六月、イラクの数万人の治安部隊は「イスラム国」の攻勢に対してバグダード北方にあるニネヴェ県をあっさり放棄してしまった。この治安部隊は米軍が訓練を施し、米国製の武器・弾薬で装備させたものだったが、小火器主体の「イスラム国」との戦闘に敗れ、兵士たちは軍服を脱いで一般市民の中にまぎれ込んでしまった。

二〇〇三年五月、元国務長官特別補佐官のポール・ブレマーが代表を務める暫定統治当局（CPA）は、イラン・イラク戦争などで戦闘に熟練したイラク軍を解体してしまった。米国が創設した新しいイラク軍は主に米空軍の訓練によるものだったが、その任務はイラク国境の防備にあたるというものだった。サダム・フセイン時代の四〇万人の軍隊を解体したことはその多くを「失職状態」に置き、少なからぬ元将兵たちが米軍占領への「レジスタンス」に参加、中には現在の「イスラム国」の活動に加わっている者もいる。その典型的な人物はサダム・フセイン政権時代の将軍であったイザット・イブラーヒーム・アル・ドゥーリーである。彼は現在「イスラム国」の軍事作戦を指揮して、米軍を手こずらせている。

「イスラム国」は戦車、大砲、ジープ、さらにはヘリコプターなどイラク戦争で米国がイラクに残した武器や、シリア政府軍の兵器を押収して使用するようになっている。

「イスラム国」には腐敗した政権を打倒し、外国勢力を駆逐するという「目的」があるものの、イラク政府軍にはそうした「目的」が見当たらない。政府軍が守るべきシーア派主体の政府は、腐敗して、抑圧的で、行政能力も皆無で、国民の間ですこぶる評判が悪い。イラク政府に対する軍隊の信頼の欠如もまた、政府軍が容易に戦線を放棄する背景となっている。そして、「イスラム国」に対する米軍の空爆、また米軍のイラク政府軍への武器の供与、軍事顧問の派遣、兵士たちへの訓練……、いずれもまったく成功していない。

腐敗した政府は腐敗した軍隊しかつくり出さない。

二〇一五年の「トランスパレンスィ・インターナショナル」による世界の腐敗度数ではイラクは世界一六八カ国中一六一位であった。二〇一四年六月にイラク北部のモースルが「イスラム国」の手に落ちた時、公式には六万人の兵力があったイラク政府軍だが、実際に戦闘できたのは二万人だけだったと見られている。兵士たちは給与を得ていたものの、副業をもっていたり、給与を上官にピンハネされたりしていた。また、上官は兵士の数を水増し報告してその分の給与を着服する場合もあるし、米国製の兵器を購入する場合には、その半分近くが賄賂に支払われたという指摘がなされた。

かつて米国と戦争をしたベトナムは独自の発展を遂げ、現在は南シナ海の領有問題で中国に対して米国と協調するようになっている。かりにイラクが「イスラム国」の支配下に置かれた場合、イラクがどのような発展を遂げるかは米国がまだまだ考えたくないシナリオだろう。

米国や南ベトナム政府軍と戦った「南ベトナム解放民族戦線（通称ベトコン）」は、戦闘だけでなく、裁判所を設立し、社会サービスを行い、また軍隊を創設するなど行政能力を備えていったが、それに対して中央政府や米国は各地の腐敗した軍閥と結託し、非人道的な行為を住民たちに行い、それが民族解放戦線をさらに膨れ上がらせることになった。

ベトナムのように、軍閥と結託して、反政府勢力を制圧しようとする米国の方針が成功しなかったのは、イラクやアフガニスタンでも同様である。イラクやアフガニスタンでも米軍と協力する武装集団は「人身の保護」と引き換えに住民たちから恣意的な「税金」を取り立てるなど腐敗していった。現地の武装集団を利用するという米国の方針は、駐留する国における対立や（宗派や民族などを単位とする）党派主義、混乱をいっそう助長するだけである。そして政府の打倒を考える部族などの反政府勢力は共通の目標の下に連帯していく。

イラクやシリアの「イスラム国」、あるいはアフガニスタンのタリバンのように、腐敗、堕落した政府を打倒しようとする「準政府」の能力を軽んずることはできない。それはレバノンのヒズボラ、パレスチナのハマスにも言い得ることで、これらの組織も住民たちに政府よりも有効、有益な統治を行ってきた（ハマスは二〇〇六年から民主的に選出された政府をつくっているが……）。

欧米が現在のイラクやアフガニスタンの政府を軍事的に、また経済的に支えたとしても、それと並行して存在し、機能する「準政府」を弱体化することは容易ではないことは二〇世紀から米国が各地で関わってきた戦争が証明するところである。

破壊する「福音主義者」

米国の福音主義者（「キリスト教原理主義者」とも形容される）は、米国最大の宗教コミュニティーだが、その信徒たちの多くが米国による「イスラムとの闘争」を支持する。イリノイ州にあるホイートン大学は、キリスト教福音主義に基づく大学だが、二〇一五年一二月にこの大学のラリシア・ホーキンス准教授が、ヒジャーブを着用し、キリスト教とイスラムとの連帯を唱えると停職処分になり、大学は彼女の解雇に向けて動いている。彼女はイスラムとキリスト教は同じ神を信ずると、二〇一三年にフランシスコ法王が行ったのと同様な発言をしたが、それも大学によって問題視された。

特に米国の白人の福音主義者たちは、外交政策に関してタカ派的傾向が強く、神の「意志」が現世に満たされるためには戦争もいとわないとし、拷問も否定しない。中東政策についても、イスラエルの利益を擁護することがキリストの復活を早めると考え、米国政府に親イスラエルの中東政策をとらせるように働きかける。米国の中東政策が突出してイスラエル寄りになる重要な背景の一つにこの福音主義者たちの動静がある（ちなみにヨーロッパの福音主義者たちにはこのような考えはない）。

米国の福音主義者たちは、米国が神の意志として世界を支配し、米国はキリスト教国家として創造されたと考え、一種のキリスト教ナショナリズムの立場をとる。そして米国のムスリムたちに対する偏見を煽り、移民に対して敵意をもつ。福音主義者たちは、その世界観を軍事力に訴えて実現しようとし、イエスが最後の犠牲者であるように、戦死する米国の軍人たちも同様な「犠牲者」であると考える。

奇異とも感じられるこの米国の福音主義者たちの思考だが、米国の総人口の四分の一を占め、その政治社会の中では決して侮れない存在となっている。二〇一六年に共和党の大統領候補の指名を争ったドナルド・トランプやテッド・クルーズの発言がイスラムに敵対的になるのも、米国の特殊な宗教事情がある。米国の福音主義者たちは、イラクのサダム・フセインが一九九一年の湾岸戦争でイスラエルにスカッド・ミサイルを撃ち込んだこともあって、フセインを打倒するイラク戦争を支持した。

米国の福音主義にイスラエルで呼応するのはユダヤ教原理主義者たちだ。アヴィグドール・リーバーマン外相は極右政党「イスラエルわが家」の党首でもあり、その支持層は主に旧ソ連からの移民だ。彼自身も現在のモルドバの生まれで、二〇歳の時にイスラエルに移住してきた。モルドバではナイトクラブの用心棒をしていたという経歴もある。一九五八年生まれで、二〇歳の時にイスラエルの「帰還法」によってイスラエルに移住した。

極右の彼は、ヨルダン川西岸の入植地の拡大、つまりイスラエルへの併合を進め、またマフムード・アッバース・パレスチナ自治政府大統領を「テロリスト」「羊の仮面をかぶったオオカミ」と形容する。

オバマ政権のケリー国務長官が主導するパレスチナ和平が頓挫したり、あるいは二〇一四年夏のガザ攻撃を行ったイスラエル強硬派の傾向は、リーバーマンのスタンスに象徴されるであろう。

ユダヤ過激派の潮流は一九九〇年代にロシアでエリツィン政権時代の混乱があった際に、ロシア系ユダヤ人たちの大量の移民があって強まっていった。エリツィン政権時代はロシアでポグロム（ユダヤ人の迫害）が頻発していた時期で、そのこともあってこれらのユダヤ人の間では極端なナショナリズム的傾向が強まっていった。

「イスラエルわが家」は人種主義的イデオロギーに基づくともいえる政党で、もしこの政党がドイツなどで結成されていたら直ちに非合法化される可能性もある。リーバーマンは一九九八年にアスワンハイダムを爆破して「エジプト」という国を地中海に流して消滅させてしまえと語ったこともある。

また二〇〇一年、国家インフラ相の時にはヨルダン川西岸を四つのカントン（居住区）に分け、パレスチナから中央政府を奪うことを提案したこともある。さらには二〇〇二年の閣議では、パレスチナ人たちに「午前八時に商業センターを、正午にガソリンスタンドを、さらに午後二時に銀行を爆破する」といった〝最後通牒〟を口にしたこともある。さらに、二〇〇三年には、数千人のパレスチナ人の政治犯を死海で溺死させ、埋葬するまでの交通手段を提供すると述べた。二〇〇四年五月には、イスラエルのパレスチナ人（アラブ人）との引き換えにヨルダン川西岸の土地をパレスチナ自治政府から譲渡されることを主張したことがある。かりにこの提案が実現すれば、イスラエルに住むアラブ系市民の三分の一が市民権を剥奪されることになった。この措置は決して非民主的なものではないとリーバーマンは述べている。二〇〇六年五月には、ガザのハマス主導の自治政府メンバーと会ったイスラエルのクネセト（国会）議員のメンバーを処刑することを提案した。

リーバーマンは、二〇〇九年から外相と副首相の地位にあり、彼の政党である「イスラエルわが家」はネタニヤフ首相の政権を構成する連立与党となっている。

彼は「汚職」の疑惑によって二〇一二年一二月にいったん閣僚を退いたが、しかし二〇一三年一一月、エルサレムの裁判所は彼の「無罪」を宣告した。

文明人はヨーロッパ人だけか

イスラムに対する「オリエンタリズム」はムスリム移民の多いヨーロッパでも強まる傾向にある。二〇一五年二月、デンマークの首都コペンハーゲンで預言者ムハンマドの風刺画を描いた画家が出席する〝表現の自由を支持する集会〟やユダヤ教の礼拝所シナゴーグを銃撃する事件が連続して発生した。

デンマークに居住するムスリムの大多数はイスラム諸国からの移民の第一世代、第二世代である。ムスリム移民の最初の段階は一九六〇年代から七〇年代にかけて、トルコ、旧ユーゴ、パキスタンからやってきた移住労働者たちで、労働で得た給与を本国に送金することを目的に、単身でやって来る男性がほとんどだった。

一九七三年一一月、デンマーク政府は自由な移民の受け入れを停止し、難民のみに永住権を与えるようになったが、以前から労働移住していた者たちに対しては居住が認められた。その結果、移民の第二段階として、家族をもつようになったムスリムの労働者たちは出身国に帰還するよりも、そのままデンマークで暮らすようになった。

ムスリム移民の第三段階は、一九八〇年代にイスラム諸国からの紛争を逃れてきた難民たちで、イラン（革命後の混乱やイラン・イラク戦争による）、イラク、ガザ、ヨルダン川西岸、さらに一九九〇年代になると、ソマリアやボスニアからの難民が顕著に見られるようになった。

二〇〇九年の統計によると、デンマークの人口五五〇万人のうち、一七万五〇〇〇人から二〇万人がムスリムと推定されている。

デンマークには反差別法である刑法二六六条があり、「公的な場所で、あるいは広い範囲の人々に対して、人種や肌の色、国籍、出身、あるいは信条や性的志向に関連して、特定のグループを中傷したり脅したり侮辱したりした者は罰金あるいは二年以下の懲役刑に処す」とされている。

デンマークのムスリムたちがこの法律の適用を求めたのは、二〇〇五年一〇月のことで、デンマーク最大の日刊紙「ユランズ・ポステン」が「表現の自由の限界をテストする」という理由から、イスラム教の預言者ムハンマドの一二枚の風刺画を掲載したことに対する反発であった。「ユランズ・ポステン」によれば、最も問題視されたムハンマドのターバンに爆弾の導火線がついていた風刺画も「イスラム教の名の下に暴力行為を行う、狂信的なイスラム・テロリストへの問題提起のつもりだった」という。この風刺画の掲載は、デンマーク国内で高まりつつある反移民、反ムスリム感情に応じたものであるという見方もある。

一九九八年、一四歳のムスリムの少女が、デパートのレジでの研修をヒジャーブ（スカーフ）の着用を理由に断られたこともあった。反移民感情は人種的にニグロイドのソマリア系移民に対して特に厳しく、雇用、住宅などの面で冷遇されている。デンマークの国内法もムスリム難民たちの保護について決して十分ではない。デンマークでも移民の排斥を唱える極右政党である国民党が台頭し、党首のピア・キェアスゴーは「ムスリムがヨーロッパに侵入し、ヨーロッパ人の民族浄化を企んでいる」「文明人はヨーロッパ人だけ、他は全て野蛮人」などのヘイト発言を繰り返している。

二〇一五年一月七日、フランスで風刺週刊紙を発行している「シャルリー・エブド」が襲撃され、一二人が銃弾に斃れた。預言者ムハンマドの風刺画に憤慨して起こった事件にもかかわらず、「シャルリー・エブド」は、事件後に「生存者」と題する特別号で、預言者ムハンマドの風刺画を特集、表紙には「私はシャルリー」というプラカードをもたせたムハンマドの風刺画を載せて、「すべては許される」という見出しをつけた。「シャルリー・エブド」はテロに屈しないために、この特集を組んだとするが、同紙が意図するところとは別に、多くのイスラム教徒（ムスリム）たちの神経を逆なでするものであったことは間違いない。

二〇一五年一月一三日、北アフリカで活動する「イスラム・マグレブ諸国のアルカイダ（AQIM）」は声明を発表し、パリでの一連の事件がフランスによるイスラム世界への暴力と冒瀆の代償であると述べた。フランスがマリや中央アフリカ共和国に軍を駐留させ、「イスラム国」に対する空爆を継続し、さらに預言者を冒瀆している限りフランスは最悪の事態に遭遇するだろうという「警告」を発した。

フランスはおよそ一〇〇〇人の兵力をマリに進駐させ、中央アフリカ共和国ではムスリムを主体とする反政府勢力「セレカ」が平和維持活動を行うフランス軍と戦っている。二〇一三年一月に発生し、日本人一〇人が犠牲になったアルジェリア・イナメナスの人質事件の容疑者たちも、フランス軍のマリからの撤退を要求していた。

「シャルリー・エブド」の風刺画も旧宗主国と旧植民地の人々の歴史的葛藤を背景にしているよ

うな気がしてならない。フランスは一三〇年の間、アルジェリアを直轄支配し、アルジェリア独立戦争では一〇〇万人のアルジェリア人が犠牲になったと推定されるほど、過酷な軍事的制圧の姿勢がフランスにはあった。フランスのオランド大統領は二〇一二年一二月にアルジェリアに対して謝罪するつもりがないことをあらためて明らかにしている。

オリエント消滅

イラク戦争を含む米国の「対テロ戦争」はあたかも古代ギリシアの戯曲『オレステイア』のようである。『オレステイア』は古代ギリシアの悲劇作家アイスキュロスの書いた、トロイア戦争におけるギリシア総大将アガメムノーン一族についての戯曲だが、以下は第一作からだ。

舞台は、神話時代のギリシア、アルゴス城。

トロイア戦争開始から十年。アルゴスの城では物見の男がトロイア陥落の知らせを待ちわびていた。

そこにトロイア陥落を伝える篝火《かがりび》がたかれる。明かりを見た物見は喜び、城内に知らせる。アルゴスの長老からなる合唱隊が現れ、かつて王アガメムノーンとその弟メネラオスの兄弟がギリシア軍を率いてトロイアに向かったことが歌われる。それは客人としてもてなされながら、メネラオスの妻ヘレネを略奪したトロイアの王子パリスへの報復であり、ゼウス神の意志なのだと。

だがアウリスに集結したギリシア軍は、アガメムノーンがアルテミス女神の怒りを買ったことで風がなくて出港できなかった。神託に従い、アガメムノーンは長女のイピゲネイアをアルテミス女神への生贄として殺した。乙女が呪いの言葉を吐かぬよう、口にさるぐつわをかませ、憐れみを誘う眼差しも無視して。

長老たちがその悲劇を歌っていると、王妃クリュタイムネストラが登場し、山の峰から峰へと篝火をたく送り火の知らせによってトロイア陥落の報がもたらされたと告げる。長老たちはパリスへの復讐が成ったとゼウス神を称える。だがトロイアへの出兵はギリシアにとっても悲嘆を生んだ。兵士を送り出した家は、彼らの面影も忘れやらぬうちに、懐かしいその人の代わりに骨壺と灰を受け取ったのだと。

このように古代から戦争の悲劇は勝者の側にもあることが描かれていたが、果たして今日の「対テロ戦争」に勝者はいるのであろうか？

一一世紀に始まった十字軍の遠征、一八世紀の欧米の進出をもって「オリエント」を〝敗者〟に仕立て上げるのは、いささか無理があるのかもしれない。むしろ人類が文明をもって以降の時間軸で考えると、「オリエント」は圧倒的な〝勝者〟であった。したがって、先に示した米国の国際政治学者のチャルマーズ・ジョンソンの指摘を当て嵌めるのなら、いま起こっていることは、まさに「ブローバック（しっぺ返し）」なのかもしれない。「イスラム国」の行動原理と何ら変わりのない、その歴史のほとんどを〝敗者〟で過ごしたヨーロッパの反撃である。
だが、そう言い切ってしまうと、何か重大なものを忘れてしまっているような気がする。

確かに、人類は争いの歴史の中にその足跡を残してきたが、改めてその歴史を振り返ってみた時、かつての争いと今のそれが、明らかに違うことに気付くはずである。それは、大方の戦争には〝勝者〟と〝敗者〟が生まれ、そこで争いが終結していることである。ただ、アイスキュロスが『オレステイア』で描くように、〝勝者〟にも、必ず悲劇は付きまとい、それを苦しめる。

アイスキュロスはこのことを、二五〇〇年も前に知っていたのである。まだ、ユダヤ教もキリスト教もイスラムも、そしておそらくはゾロアスター教も誕生する前にである。

にもかかわらず、そのあとに続く人類は同じことを繰り返してきたのだが、そこに全くの進歩がなかったのかというと、そうではない。人類は繰り返す戦争の中で、ひとつの「答え」を導き出していたのである。少なくとも「オリエント」においては、そうである。

すなわち、それが「寛容」である。

本書において幾度となく使ってきた「寛容」という言葉。その根源をゾロアスター教の精神にも求めたが、それだけでなく、「オリエント」で巨大な国家を築いた国々はみな、その精神をもって国を統べてきた。おそらくは、数千年にわたって争いを続けてきた末に導き出した、ひとつの「知恵」であり、「オリエント」が最も誇るべき「文明」である。

ただ、残念なことに今、世界中、こと「オリエント」の地で繰り広げられる争いには、「寛容」

の精神は見当たらない。

　現在、米国はシリア、アサド政権の打倒を目指してシリアの反政府勢力に肩入れするものの、そのアサド政権は「イスラム国」に対して攻撃を行っている。二〇一五年九月末からはアサド政権を支えるロシアが空爆をはじめて、シリア政府軍が戦局を優位に展開させるようになったが、これに対しては二〇一六年二月四日、サウジアラビアが数千人規模で地上軍をシリアに派遣する用意があることを発表。七日にはアラブ首長国連邦（UAE）もまた同様のことを明らかにした。この二国ともアサド政権打倒と、「イスラム国」壊滅を唱えている。

　先にも触れたように、現在のシリア情勢をさらに詳らかにすれば、この程度の説明では済まないのだが、少なくとも、これだけ見ても、ここには敵も味方も存在しない。敵の敵は、みな敵であり、味方もまたしかり。それぞれが、自らの価値観にもとづいてエゴを剝き出しにしているに過ぎない。サウジアラビアに関していえば、ここに、さらに米国の対イラン制裁解除の動きが絡んでくる。「テロとの戦争」で、米国にその存在感を示したいのである。

　もはや、「寛容」という言葉はどこにも見出せず、ただ複雑に絡まった争いの糸が、どこかで切れるのを待っているようにも見える。だが、そのことすらも難しいのが現状である。

　米国は二〇一四年に始めてから二〇一六年一月までに、実に九〇〇〇回以上（イラクに六〇〇〇回、シリアに三〇〇〇回）、「イスラム国」に空爆を行い、一万人から二万五〇〇〇人の「イスラム国」メンバーを殺害したとしている。これが正しければ、一度の空爆で殺害したのはせいぜい二、三人である。しかし、一方で二〇一四年の段階で米CIAは、「イスラム国」のメンバーを二万から三万人と発表している。この数字も正確であれば、もうとっくの昔に「イスラム国」のメンバーはいなくなっているはずである。だが、今もなお二万から三万のメンバーがいると言う。エドワード・サイードは、その著書、『イスラム報道』の中でこんなことを書いている。

私は、ムスリムがイスラムの名によってイスラエル人や西洋人を攻撃したり傷つけたりしたことがない、などと言っているのではない。私が語っているのは、人がイスラムについて（欧米の）メディアを通して読んだり、見たりすることのほとんどが、暴力行為はイスラムに由来するものであり、〈イスラム〉とはそういうものだからだと伝えられている、ということである。その結果、イスラム地域で発生する具体的で、正確なさまざまな状況は意識されないか、無視される。言い換えれば、イスラムについて報道するということは、ムスリム（イスラム教徒）が何をしているかを曖昧にする一方で、このように「欠陥だらけ」と伝えられるムスリムやアラブ人とは何者であるかが強調される一面的な行為になっている。

（宮田加筆・修正）

この記述を見ても分かるように、サイードは一方的に米国やイスラエルが悪いと言っているのではない。ムスリムの非を認めつつも、それをことさらに非難する欧米の姿勢にも大いに問題があるとしている。彼の生きた時代、当然のことながら、まだ「イスラム国」は生まれていなかった。しかし、その構造に何ら変わりはない。そう思うと、アルジェリアの独立戦争のイデオローグで、医師、さらにはサイードと同じポストコロニアル論の旗手であったフランツ・ファノン（一九二五－一九六一）のことを想起する。

ファノンは、著書『地に呪われたる者』の中で、植民地世界を成立させたのは、植民者と被植民者であることを説く。そして両者の接点は暴力であるとする。植民者たちは、経済的利益の獲得のため、秩序を守り、そして被植民者たちを抑圧し、収奪してゆく。経済的余剰を被植民者たちを犠牲にしながら引きずり出すのだ。そうする過程で、植民者たちは体系的な暴力的システムを維持するのだ。そのために脱植民地化の過程においては、植民者との間で交渉や平和的協定というのは有りえないのだ——。

彼の主張は、フランスからの独立を目指して蜂起したアルジェリアの独立戦争の精神的支柱となったものだが、暴力による支配は、当然の帰結として暴力を生み出すものであるとする。

アルジェリア戦争は、アルジェリアだけでの争いでは終わらず、本国フランスにおける軍部のクーデター騒動にまで発展しているが、まさに、暴力の連鎖である。フランスのクーデター騒動はドゴールの圧倒的な指導力でもって抑え込まれたが、もしそれが出来なかったら、今のフランスもアルジェリアもなかったであろう。そして、これを現在に当て嵌めて考えれば、ドゴールがいなかった時のアルジェリア戦争の結末が見えてくるようである。

ドゴールは軍部を抑え込むに際し、アルジェリアの民族自決を認めている。いわば、過去の清算であり、「寛容」である。暴力の連鎖を断ち切るためには、やはりどこかで「寛容」がなければならないのである。少なくとも「オリエント」ではそうである。

今、「オリエント」の地を見渡した時、果たして「寛容」の形を見ることが出来るであろうか？　多様な民族、宗教が入り混じり、それぞれの価値観が際立つこの地において、ひとつの価値観だけが〝勝者〟となって残ることはありえない。それは歴史の中で十分に証明されている。アケメネス朝もサーサーン朝もオスマン帝国も、〝勝者〟でありながらも、その領土の中に〝敗者〟を受け入れ、その存在を認めた。ゆえに争いは終結し、国家は存続したのである。

むろん、そのような体制ゆえに、新たな争いも生み出してはいるが、その争いは、「終わり」のある争いであった。いわば「寛容」を生み出すことによって「オリエント」は存続し続けたのである。裏を返せば「寛容」の見当たらない「オリエント」はすでに消滅してしまったのかもしれない。

過去、数千年にわたって人類の文明を生み出してきた場所は、すでにこの地球上から消えてしまったのだろうか――。

最終章　オリエントという希望

オリエンタリズムの変容

いまも、欧米とロシアは、「イスラム国」を根絶すると言いながらも、シリアで空爆を繰り返し、大量の難民が発生する重大な要因をつくり出している。

前章で紹介したサイードが言うように、イスラエルの行為が国際法の基準から免除されるのは、ヨーロッパでのユダヤ人迫害やナチス・ドイツによるホロコーストの過去があるからだが、イスラエルによって虐げられるパレスチナ人はヨーロッパの「罪」とはあくまで無縁である。「反ユダヤ主義」と「ホロコースト」はイスラエルのパレスチナ人に対する振る舞いの「免罪符」の論理として使われるものの、ガザの人々の悲痛な叫びは、ナチズムの犠牲者たちとはまったく関係がない。

しかし、そんなサイードの懸念を受けてか、いまイスラエルに対して免罪符を与えてきたヨーロッパで変化が起きつつある。フランス議会は二〇一四年一二月に政府にパレスチナ国家の承認を求める決議を採択し、二〇一六年一月二九日にはファビウス外相が「イスラエルとパレスチナの交渉をいま一度推進するものの、もし交渉が成功しなければ、フランスにはパレスチナ国家を承認する用意がある」と表明した。またこれに先駆けてスウェーデンは二〇一四年一〇月に「パレスチナ国家」を承認している。さらにフランス、イギリス、オランダ政府は、それぞれの国内企業に対してヨルダン川西岸のイスラエル占領地とビジネスを行わないよう勧告。EUは、占領地で生産される産品に対しては明確にその旨をラベルで表記すべきだと主張するようになった。

何かが起こっている。

フランス政府が中東和平でイニシアチブを握り始めたのは、二〇一五年、二度にわたってパリでテロが発生したことにも関係があるだろう。フランスの人口の七%から九%はアラブ系住民であり、彼らアラブ系の人々は政権与党である社会党の支持基盤でもある。

歴史というものは人間が作るものであり、作らずにおくことも、書き直すことも可能だ。

サイードのこの言葉をたずさえて、これまでのことを振り返りながら今オリエントで起こっていることを考えてみようと思う。

秩序を変えようとするクルド人

一九一六年、イギリスとフランスは、地域の宗教や民族など社会的集合にほとんど配慮することなく「サイクス=ピコ協定」を成立させたが、この協定においても、もっとも配慮の埒外にあったのは「クルド人」だった。クルド人はインド・ヨーロッパ系言語の「クルド語」を話す人々の総称である。クルド人たちはサイクス=ピコ協定など英仏による中東の秩序づくりの過程で、国家をもてない民族となった。

一九一八年にトルコのオスマン帝国が第一次世界大戦に敗れると、国家を持っていなかったクルド人の民族主義者たちは「独立国家」建設に期待するようになった。一九二〇年の「セーブル条約」(連合国とオスマン帝国の間で締結された講和条約)でも将来の独立を目指すクルド人に対し、自治の付与が約束されていた。しかし、一九二三年の「ローザンヌ条約」（トルコ共和国と連合国が結んだ条約）では、セーブル条約よりも三割多い国土をトルコに認め、クルド人の国家建設の約束を反故にしてしまった。この背景にはイギリスがソ連に対抗するためにトルコを利用しようとしたことがある。こうしてクルド人たちが抱いた「クルド人国家」の構想は霧散し、彼らはトルコ、イラク、イラン、シリア、ソ連に分断されて居住することとなった。

二〇一六年二月初め、イラクのクルド人自治政府のマスード・バルザニ議長は、独立の是非を問う住民投票を行う声明を出した。しかし米国のオバマ政権は、「イスラム国」と戦うクルド自治政府の民兵組織「ペシュメルガ」を米国の空爆で支援することと引き換えに、この住民投票実施を阻んできた。米国は「イラク」という国家の枠組みの変更を望んでいないし、同じくクルド独立を嫌う同盟国トルコへの配慮からも認めることは出来なかった。

住民投票を決定したバルザニ議長の強気の声明の背景には、米国やイラク政府が「イスラム国」を軍事的に敗北させるためには「ペシュメルガ」の協力が不可欠であるという判断があった。バルザニ議長は「クルド人が自らの将来を決めるのに適した時が来た」と述べ、それがクルド独立に直結するものではないが、クルド人の意志を示すためのものであると語った。時期こそ未定だが、こうしたイラクのクルド人自治政府における住民投票の動きは、西欧が作った中東秩序への挑戦であり、一〇〇年間に亘って彼らの民族的な要求が封じられてきたという悲憤の表出でもある。

しかし、こうした動きを受け、二〇一六年になってクルド人とトルコ政府の関係が一層険悪になっている。二〇一六年二月一七日にはトルコの首都アンカラでテロが発生し、二八人が死亡した。トルコのダウトオール首相は翌一八日に、テロはシリアのクルド人武装勢力（YPG）による犯行だと述べたが、すでに一七日夜からイラク北部にあるその拠点の空爆を始めている。トルコは二〇一五年七月から、クルド人の独立国家建設を目指す武装組織、クルディスタン労働者党（PKK）と関連があるシリアのクルド武装組織の拠点を攻撃しているが、トルコ政府の発表通りだとすれば、テロはその報復ということになるだろう。トルコとクルド人の対立が先鋭化しはじめたのは、一九二三年にトルコ共和国が民族国家（トルコはトルコ人によってのみ構成されるという考え）になってからである。

しかし、これまで述べてきたようにトルコ共和国を生み出したオスマン帝国は、ミッレト制という自治制度の下、さまざまな民族宗教の共存システムを築いた国家であった。帝国の各地では、キリスト教会やユダヤ教の集会所シナゴーグが建てられ、支配者の言語であるトルコ語だけでなく、各民族の言語が話されていた。また、スペインで国土回復（レコンキスタ）運動が起こり、一四九二年にユダヤ人がイベリア半島から放逐されるようになると、オスマン帝国はヨーロッパで迫害されたユダヤ人たちを大量に受け入れた。

オーストリアのノーベル文学賞受賞者エリアス・カネッティ（一九〇五－一九九四）もスペインからオスマン帝国に逃れたユダヤ人の子孫だったが、彼は、オスマン帝国支配下のブルガリアのルスチュク（ルセ）に生まれ、差別を知らずに育っている（鈴木董『オスマン帝国 イスラム世界の

「柔らかい専制」』講談社現代新書)。

イスラムにおいてはその国家に対し、非ムスリムとムスリム社会との関係を政府の管理に委ねるという強い宗教上の「指令」があり、強大な、よく組織された、イスラム法を守るムスリム国家こそが非イスラム教徒の権利の擁護者になるとされる。それはオスマン帝国の基盤を作り上げたメフメトII世が、トルコ人でありながらも、アラビア語やペルシア語に習熟し、イスラム諸学や詩作を好み、またイタリアからは知識人を招くなどコスモポリタン的な教養人であったことからも理解できるであろう。その意味ではオスマン帝国は非ムスリムの擁護者としての資格を十分そなえた国家であった。

現在のトルコをはじめとする周辺地域の諸政府、諸民族・諸宗派グループは、改めてこのオスマン帝国の治世を思い起こす必要がある。

一九世紀の「難民問題」

二〇一六年二月一八日付のヨーロッパのニュースサイト、ユーラクティブ(EurActiv.gr)が「ポーランドの外交官が〝中東の人間とは共存できない〟と、ムスリム移民を受け入れない考えを示した」と報じた。ポーランドの人々は中東や北アフリカのムスリムたちとは一緒に生活したことがないというのがその理由だ。またスロバキアのロベルト・フィツォ首相も同化させることは不可能と述べている。果たしてそうなのだろうか。

一九世紀、オスマン帝国は多くのポーランド難民を受け入れてきた。特に一八三〇年から三一年にかけては反ロシア暴動に失敗した難民が大量にオスマン帝国に流れてきた。ウィーン体制下で成立した「ポーランド立憲王国」は、ロシアの皇帝が国王を兼ね、次第にロシア化政策が進められたため、一八三〇年一一月にポーランド人による反乱が始まったのだ。翌年四月末にポーランドは独立を宣言したが、同年九月にはロシアによって首都ワルシャワが軍事制圧されて、独立運動は壊滅した。ちなみに音楽家のショパンはロシア軍のワルシャワ占領に衝撃を受けて有名な楽曲「革命」を作った。

ポーランド革命の失敗後の一八四二年、イスタンブール近郊にポーランド難民の入植地「ポロネズキョイ」の村がつくられた。さらに、一八四八年に、ハプスブルク家のオーストリア帝国からハンガリーが独立するという運動（ハンガリー革命）が失敗すると、それに参加したポーランド人もまた難民としてオスマン帝国にやってきた。その中にはハンガリーを支援することで、ポーランドの独立を目指したユゼフ・ベム将軍（一七九四－一八五〇）もいた。彼は、イスラムに改宗して、「ムラト・パシャ」、あるいは「ユースフ・パシャ」を名乗るようになった。

総じてポーランドとオスマン帝国の関係は良好に推移し、相互貿易も発展した。オスマン帝国の服装などがポーランド人にも影響を及ぼし、またポーランド語の中にもトルコ語からの借用語が少なからずある。

オスマン帝国が迫害された異邦人を受け入れたのは、イスラムの宗教信条の一つで、「客の権利」として三日間にわたる宿泊と食事の権利が与えられていることや、あるいはトルコ人の先祖のオグズ族の伝統として、客をもてなし、彼らをその敵に引き渡してはならないというものがある。本書で繰り返して伝えてきた、まさに「寛容」の精神であるが、ここでイランの詩人、サーディの一節をひこう。イスラムの「寛容」を見事に捉えた詩である。ポーランドの為政者たちは、過去を知った上で、この詩が伝える意味を理解するべきであろう。

人間は人類を構成するメンバーであり、一つの本質、魂から創造された。
一人の人間が苦痛にさいなまれていたならば、他のメンバーたちも心配だろう。
他の人の苦痛に同情しないのならば、人としての資格をもちえない。

ラテンアメリカのパレスチナ政策

中東イスラム世界以外の地域でも欧米のオリエンタリズムに挑戦する動きが起きている。特に、米国の「裏庭」とも形容されるラテンアメリカ諸国にその傾向が顕著になっている。

二〇一六年二月初めに、ブラジルで西半球初めてとなるパレスチナ大使館が業務を開始した。ルイス・イナシオ・ルーラ・ダ・シルヴァ前大統領が寄付した一五八〇平方メートルの土地に建てられたものである。一方でブラジル政府は二〇一五年一二月、ヨルダン川西岸の、国際法に違反する占領地出身のイスラエル大使の着任を拒否した。ネタニヤフ首相によって駐ブラジル大使に指名されたダニ・ダヤンは占領地の入植者たちを指導する人物であり、ブラジル政府によって好感をもたれることがなかった。ブラジルは、ラテンアメリカ諸国の中ではイスラエル最大の貿易パートナーだが、国際法に触れる行為をする人物の大使着任を拒否することで、政治的な道理を通したのだ。

「メルコスール（南米南部共同市場）」は、南米域内での関税撤廃と域外共通関税の実施を目指す関税同盟である。ブラジル、アルゼンチン、ウルグアイ、パラグアイ、ベネズエラの五カ国が加盟し、米国の経済的、政治的影響力からの脱却を目指している。

二〇一四年七月末、ベネズエラで開催されていたメルコスールのサミットでは、イスラエルのガザ攻撃に対して共同声明を出し、ガザにおけるイスラエルの過剰な軍事行動を強く非難し、ガザの人々の自由な移動や食糧、医薬品、人道物資の搬入が陸海空から可能になることを求めた。米国とは異なり、イスラエルに対して断固たる姿勢を見せた。

ラテンアメリカ諸国にはアラブ系移民社会がある。たとえば、チリの首都サンチアゴには「パレスティーノ」という有名なサッカーチームがあるが、一九二〇年にパレスチナ人移民によってつくられたものである。また、南米の左翼勢力は、パレスチナ人が置かれた苦境に同情をもち続けた。チリのミシェル・バチェレ大統領は、ピノチェト政権によって国を逐われた経験があり、故地に帰還できないパレスチナ人に対する強い同情があるとされる。

ラテンアメリカ諸国が米国の中東政策に同調せず、パレスチナに対する強い同情を持つことは、米国と距離をおく地域的関税同盟「メルコスール」の動きのように、米国のこれら諸国への影響力の低下もあり、「米国の裏庭」という立場に置かれてきたラテンアメリカの気概を示すものであると考える。

ナチス政権時代のユダヤ人とムスリム

アルバニアは一九一二年にオスマン帝国から独立した国で、第二次世界大戦中にはイタリア、次いでドイツに占領されていた。戦後はエンヴェル・ホッジャ（一九〇八－一九八五）労働党第一書記の下、社会主義、鎖国政策の国となっていた。

一九九二年に民主化運動が起こって体制が変わると、過去の出来事が次々に明らかになった。その中には、第二次世界大戦下のアルバニアで、ムスリムがユダヤ人たちをナチスのホロコーストから救ったという事実もあった。

アルバニアのムスリムたちは、ユダヤ人たちにナチスのホロコーストからの避難場所を提供した。アルバニアからはナチスの強制収容所に入れられたユダヤ人が一人もいなかったといい、セルビア、オーストリア、ギリシアからアルバニアに難民として逃れたユダヤ人たちも少なからずいた。実際、アルバニアは第二次世界大戦が終わると、戦前よりもユダヤ人の人口が増えていた。

この事実が明らかになった今、ユダヤ人をホロコーストから救ったアルバニアのムスリムたちの名前は、ワシントンDCのホロコースト博物館の「救済の壁」、またイスラエルのヤドヴァシエム・ホロコースト博物館に「諸国民の中の正義の人」として名前が刻まれている。「諸国民の中の正義の人」には、第二次世界大戦中、リトアニアのカウナス領事館で六〇〇〇人のユダヤ人たちに通過査証を発給した杉原千畝氏もいる。

現在のイスラエルのタカ派勢力には、ムスリムをイスラエル国内から排除し、パレスチナ国家を認めず、アラブ・ムスリムとの交渉を拒絶する傾向があるが、彼らは過去にアルバニアでユダヤ人を助けたムスリムが、「われわれはユダヤ人と同じ神を共有する」と発言していることを想い起こす必要がある。

オリエンタリズム的利権の矛盾

オリエンタリズム的な見方への批判は米国の映画界にもあった。米国の著名な男優のマーロン・ブランドは、一九七三年のアカデミー賞主演男優賞の受賞を拒否したが、その理由は、ハリウッド映画で非白人の登場人物が不公平、不公正に描かれているというものであった。確かにジョン・ウェインの西部劇などでは米国の先住民は、後進的で、粗暴な存在として表現されてきたが、このことは映画界だけでなく、中東イスラム世界への欧米諸国の見方にも言い得るものだという気がしている。

現在、米国や英仏、ロシアなどはシリアに空爆を行っているが、「イスラム国」の活動を軍事力で「根絶」するというのは、繰り返しになるがエドワード・サイードが『オリエンタリズム』として表現したことに当てはまる。サイードは、欧米はイスラム世界を含めた「オリエント」を、西洋の自己イメージの〝負の側面〟にあたるものとして捉えている、すなわち「オリエント」を後進、奇矯、受動、無気力、専横、野蛮などといった特質を集合的にもつ実体として描いてきたと述べたが、これはそのまま欧米の対中東政策に敷衍される。例えば軍事力を行使することによって「自由」や「民主主義」をもたらすとした米国ブッシュ政権によるイラク戦争や、リビアを空爆することによって「アラブの春」を後押しするNATO諸国の姿勢、古くは一九六〇年代にイランを「近代化」することによって共産主義の中東への浸透を予防しようとしたケネディ政権の政策なども第二次世界大戦後の欧米の「オリエンタリズム」的な発想、姿勢であった。

二〇一五年一一月のパリでのテロを受け、即座にシリアへの空爆を強化したフランスの姿勢もこういったオリエンタリズムの延長にあるだろう。日本など東洋世界ではテロがあったから直ちに空爆という考えには至らないのではないか。現に二〇一三年にアルジェリアで日本人企業関係者たちが武装集団の立てこもりに巻き込まれ犠牲になった時に、「報復」などという声は国内からは上がらなかった。

イラク戦争に見られたように、米国はアラブに「自由」や「民主主義」をもたらすと訴えているが、他方で民主的ではない湾岸の諸王国には武器を提供し、その民主主義の育成を妨げている。原油価格の下落は、ペルシア湾岸諸国の経済にも少なからぬ影響を与えているが、これら諸国の武器購入にはさほど影響を与えていないようだ。以下はSIPRI（ストックホルム国際平和研究所）のデータである。

二〇一一年から二〇一五年の間、サウジアラビアの武器購入は二〇〇六年から二〇一〇年の期間に比べると、二七五％増えた。さらに今後五年間米国、イギリス、スペインからの輸入を増加させることが見込まれている。米国はさらにイエメンに関する軍事情報をサウジアラビアに提供している。サウジアラビアは米国の武器輸出の九・七％、またUAEは九・一％を構成する。中東は米国の武器の総輸出の実に四一％を占める。UAEは武器輸入を二〇〇六年から二〇一〇年の期間から二〇一一年から二〇一五年の間に三五％、カタールは同期間に二七九％、エジプトは三七％増加させた。

　こうした動きは米国の最初の「対テロ戦争」の舞台となったアフガニスタンでも見ることができる。二〇〇一年一〇月、アルカイダ討伐を掲げてアフガニスタンで「対テロ戦争」を開始した米国は、同年一二月にタリバン政権を崩壊させた。それ以来、米国は軍隊をアフガニスタンに駐留させ続け、アフガニスタン軍・警察の創設に六五〇億ドルを費やしたが、米国は実際に存在しない兵士や警官にまで給与を支払っている。こうした資金の提供が司令官などに着服され、腐敗の温床になっていることは間違いない。二〇一五年には、戦闘やテロによるアフガン市民の犠牲者の数は、国連によれば過去七年間で最高となった。アフガニスタンは復興とはほど遠い状態で、若者の多くは、職を見つけることができずに、ヨーロッパに難民として逃れる者もシリア難民と同様に多い。

　米国はアフガニスタンに一〇万人以上の兵力を送り、二五〇〇人近くの兵士が戦死した。そして三五万人の兵員によるアフガニスタン治安部隊（ＡＮＳＦ）をつくった。しかし、それでも内戦は収まらず、オバマ大統領は、二〇一六年末までの撤収計画を先送りして、なお一万人の兵力を残すという方針をとっている。

　アフガニスタンの内戦が長期化する一つの重要な背景として、ケシの栽培、アヘンの流通がある。アフガニスタンでは米軍が駐留するようになってから五年の間にアヘンの生産は一八〇トンから八二〇〇トンに増えた。

思い返せば冷戦時代、米国CIAがソ連軍の侵攻に抵抗するアフガニスタンのムジャヒディンやアラブ義勇兵を支援したことはアフガニスタンとパキスタンの国境の往来をより活発にし、アヘンの流通も活性化させることになった。部族地域には警察署や裁判所もなく、関税も課せられず、武器取引もまた違法ではなかった。アフガン・パキスタンの国境地帯にはヘロインの密造所が造られ、この地域で生産されるヘロインは米国で流通する六〇%、またヨーロッパの八〇%を占めるようになった。

米国務省によれば、アフガニスタンはアヘンの栽培に適し、東南アジアよりも多くの生産が見込まれるという。特にヘルマンド州ではケシの栽培が盛んとなり、ムジャヒディンたちもケシ栽培農家より「税」を徴収し、それを戦闘資金にした。またアフガニスタンで栽培されたケシはパキスタンの北西辺境州の「工場」に運ばれた。タリバン政権打倒には熱心だった米国からはアフガニスタンでのケシの栽培を厳格に取り締まる姿勢がまるで感じられない。石油とアヘンとを同列に語ることは避けたいが、一方で、その生産によって生み出される社会には相似性を見出さざるを得ない。

二〇一六年二月、オバマ政権は対ロシアの軍事費を四倍に増額することを発表した。この増加は地理的にロシアに近いところにある米軍の軍備を増強し、さらに一兆ドルの予算を今後三〇年間に核兵器関連の装備の近代化に充てることを意味する。オバマ大統領は、二〇〇九年四月、チェコのプラハでの演説で「核兵器を唯一使用した国として米国には道義的責任がある……それゆえ、明確に、確信をもって米国が核兵器のない世界の平和と安全を求めていく」と発言してノーベル平和賞を受賞したが、政権が続くに従って冷戦的発想にとらわれるようになった。

軍事予算の増額は、言うまでもなく、米国内の軍需産業が歓迎するものだろう。「イスラム国」との戦いには対ロシアほどの軍事予算はつかないし、長期的な「脅威」となるかは定かではない。米国のＮＧＯ「国家優先プロジェクト（National Priorities Project）」によれば、一年間に米国が核兵器開発に使う予算は六〇万人の学生が大学で四年間勉強できる額だという。

強大な帝国が軍事費の増大によって弱体化していくケースは歴史上少なからず存在する。東西世界を支配したオスマン帝国は、中央ヨーロッパ及び帝国東部の領域を維持するため、また伸長するヨーロッパ諸国に対抗するため、軍事費が増大し、その結果、財政は慢性的に赤字化した。オスマン帝国は税制を変更し、徴税請負制を導入したが、徴税請負人による過酷な取り立ては、庶民、農民を逼迫させていった。

現代の「ペルシア帝国」を目指したイランのパフラヴィー朝（一九二五－一九七九）が崩壊したのも、軍事費の増大の要因が大きい。王政と米国との蜜月関係の中、一九七七年にイランの国家予算の四〇％が軍事費に投入されるようになると、イラン国民は反米感情をいやがうえにも増幅させ、ホメイニによるイスラム革命につながっていった。

米国初代大統領ジョージ・ワシントンは共和国の最大の敵は常備軍だと言った。また、常備軍は共和制体の自由の格別な敵であり、米国の軍産複合体は、米国民からの税金も含めて、ワシントンへと権力を集中させ、帝国的大統領を生み出すというのは、米国の国際政治学者チャルマーズ・ジョンソンの主張だが、イラク戦争におけるブッシュ大統領の権力行使とその失敗を見れば明らかであろう。

帝国的発想が教育や福祉などをないがしろにして、市民に不幸をもたらし、帝国自体が弱体化していくことは古くはローマ帝国、近年では米国の対テロ戦争など、多くの歴史的事実が証明することである。軍事力で中東の紛争を解決し、民主主義をもたらすなどという発想——それこそが「オリエンタリズム」なのである。

交じり合わないシリア和平

米国のケリー国務長官は二〇一六年二月下旬、上院外交委員会で、早く手立てを講じなければ、シリア全体の領土保全を維持するのは困難になるとの考えを示した。シリアは、一九一六年のイギリス・フランスによる秘密条約「サイクス＝ピコ協定」を経て、これら二国が恣意的に引いた境界線をもとにできあがった国だが、またロシアなどの思惑によってさらなる分割の危機に瀕するようになっている。

シリア和平会議は「イスラム国」やアルカイダ系のヌスラ戦線を排除して行われている。しかし米国が対イスラム国の地上戦で頼みの綱とする「自由シリア軍」は対シリア政府においてはヌスラ戦線とともに戦っている。さらにはアレッポ東部で政府軍に包囲される「自由シリア軍」の勢力は「イスラム国」とも共闘を組んでいる。

ロシアとシリア政府は東アレッポの武装勢力との停戦合意を行い、アレッポの半分の地域に人道的な物資の搬入を認めることで、停戦合意に対する「誠意」を見せようとした。またロシアは「自由シリア軍」を二〇一六年四月の選挙に参加させることで選挙の正当性を訴えようとした。

現在、シリアのクルド勢力は北東のハサカ県の多くの部分を支配下に置くが、当面クルドは「イスラム国」やトルコの軍事的脅威に備えなければならない。クルド人は、トルコがシリアのクルド人独立を容認するとは思っておらず、むしろカナダのような連邦制になることを望んでいる。クルドの武装勢力も、対「イスラム国」で時折アサド政府軍と軍事的に協力している。

政府軍は地中海に面したラタキア北部、西部を再占領するようになった。政府軍によって、「シリアの自由人（アハラール・アル・シャーム・イスラム運動）」や「イスラム軍（ジャイシュ・アル・イスラム）」は、それぞれダマスカス北部や西部から押し戻されるようになっている。

北西部のイドリブ県はアルカイダ系ヌスラ戦線の武装組織の手にあり、アレッポ県の東部は自由シリア軍と「イスラム国」の掌中にある。北部のラッカは「イスラム国」の「首都」であり続けるが、イラク政府軍がイラク北部を奪還すれば、イラクからの補給の途を断たれることになる。イラクでは、ファルージャで部族勢力が「イスラム国」に反旗を翻すようになった。

シリア政府軍がアレッポを奪還し、ラタキア県を維持し続ければ、イドリブ県は「征服軍（ジャイシ・アル・ファタハ）」の孤立した地域となる。

武装集団の数の多さ、その合従連衡の複雑さなど、まるで日本の戦国時代や一九七〇年代中期から一九九〇年までのレバノン内戦を彷彿させるかのようだが、不用意な和平は事態を悪化させるだけである。ロシアや米国など外部勢力が出来るものでもない。彼らはそれぞれの宗教、主張、価値観をもっている。むろんすべてを斟酌することは出来ないが、すべてを無視して線を引いてしまえば「サイクス＝ピコ協定」のように将来に禍根を残すことになる。

シリアの将来像を予測するのは難しい。一九九〇年代の泥沼の内戦を経たものの、安定を見せるアルジェリアのように国民和解が成立することを望むばかりだが、アフガニスタンのように、一部地域では戦闘が継続していく可能性がある。

動き始めた世界

二〇一六年二月、ローマ・カトリック教会のフランシスコ法王は、米大統領選の共和党候補のドナルド・トランプの「米国とメキシコ国境沿いに壁を建設する」という発言に対して、「橋ではなく壁を築くことばかり考える人は、キリスト教徒ではない。移住を強いられるという悲劇は今日の世界的な現象だ」と語った。私は法王の発言を知って、二〇一四年一一月「ベルリンの壁」崩壊二五年の記念式典で、ドイツのメルケル首相が「紛争や人権侵害など人類がいまだに抱えている『壁』を壊そう」と訴えたことを思いだした。トランプの発言は国際的な協調によって「暴力、イデオロギー、敵意」という「壁」をなくそうという発想に欠けている。

ギリシアのレスボス島スカラシカミニアスは、一九一九年から二二年にかけて起こったギリシア・トルコ戦争（希土戦争）の難民によってつくられた人口二〇〇人ぐらいの小村である。現在、「アラブの春」を経て中東やアフリカからの難民がたどりつくところとなっている。

中東の通信社「アルジャズィーラ」は、この村で活動するクリストフォロス・シュフ神父が、ムスリム難民たちに対して礼拝用の絨毯を提供していることを紹介した。神父は「我々は同じ神を共有する」と語り、レスボス島の修道院の使用されていない部屋やベッドを難民たちに開放すべきだと主張している。

イスラムでも神は「ラフマーン（慈愛あまねき者）」「ラヒーム（慈悲深き者）」という名称で表され、人間など、神の被創造物に対する「愛」を表現するが、神への愛に応えるためにも困窮する人々に対する慈愛がなければならないのは、トランプ氏が信ずるキリスト教も同様だろう。

オリエント世界にも希望がまったくないわけではない。

二〇一六年二月にNHKで放送された「新・映像の世紀　第5集　若者の反乱が世界に連鎖した」では、一九六八年を中心に多くの犠牲を出しながらも戦争をやめようとしないアメリカ政府に怒る若者たち、また東側でも自由と民主化を求めて立ちあがった若者の姿が描かれていた。世界の若者たちに反乱の連鎖をもたらしたのはテレビというメディアであり、彼らはテレビを通じて世界がつながっていることを実感した。また、キューバ革命直後にキューバを訪れたフランスの哲学者・作家のサルトルは「若者だけが革命を企てられるだけの怒りと苦悶、成功させるだけの清潔をもっていた」と語った（番組より）。

二〇一一年の「アラブの春」を引き起こしたのは、テレビではなく、フェイスブックやツイッター、YouTubeなどソーシャルメディアで、冷戦時代の東側諸国のように、自由や民主化を求める共通の心情をもった若者たちがつながるようになり、政治的抑圧を否定し、行動を呼びかけた。若者たちはチュニジア、エジプト、リビアで独裁体制を崩壊させるのに重大な貢献をした。

現在、シリア、リビアは紛争、暴力で混迷を深めているが、アラブ世界の若者たちは自分たちの親の世代よりコスモポリタン的で、インターネットなどパソコンに関する知識があり、一般に宗教と距離を置くようになっている。実際、「アラブの春」の主体となったのは、停滞した社会や、腐敗した政治に対して憤る若者たちだった。特に職のない若者たちはインターネットのコミュニケーション手段、また小規模なミーティングなどを通じて、民意が反映されること、生活が改善されることを訴えた。

「イスラム国」やヌスラ戦線など過激な宗教に訴える集団もあるが、オリエントの若者たちが、ソーシャルメディアなどを通じて世界の若者たちと「自由」や「社会正義」、「イスラム」と「キリスト教」などの価値観をいっそう共有していけば、ヨーロッパ植民地主義がつくった「国境」という垣根を越えて、世界がポジティブに変容していくことは十分考えられるだろう。現在の情報ツールを使いこなす若者たちは、かつて物資とともに人々の価値観も運んだ隊商を彷彿とさせる。あとはそれを支えるキャラバンサライを〝誰〟が、〝何〟が担うかである……。

書き換えられた歴史は、掘り起こして昔を知ることもできれば、その上に書き足してゆくこともできる。なによりオリエントには「寛容」がある。

オリエント共存の知恵はこの地域の過去の歴史的発展の中にあるという気がしている。

わが愛するムスリムたちよ

二〇一六年三月二二日、ベルギー・ブリュッセルで起こった同時テロ事件を受けて考えた。イスラムやムスリムたちに対する偏見が強まるならば、それは「イスラム国」の思うつぼだ。彼らはしきりに「十字軍」という言葉を用いるが、それは欧米世界とイスラム世界の対立を人々の心に刻み、憎悪や怒りをあらためて開拓し、ムスリムたちが欧米の犠牲者であることを強調し、新たなメンバーたちに武器をとらせるために他ならない。ヨーロッパで暮らすムスリムたちがさらなる疎外感をもてば組織が膨らみ、今回のような事件が繰り返されていく可能性は十分あるだろう。特にヨーロッパの人々は、域内で暮らすムスリムたちに対して慈愛の精神をもってほしい。

欧米とイスラム世界は対立、敵対を繰り返してきたばかりではない。八世紀にアラブ・イスラムがイベリア半島を支配するようになると、ムスリムたちが発展させた学芸文化を学んだヨーロッパ人は後にルネサンス文化を開花させた。科学、医学、天文学などの分野においてムスリムたちがヨーロッパの学問に果たした貢献は計り知れない。ヴェネツィア商人たちは、マムルーク朝やオスマン帝国のアレッポ、アレクサンドリアという商業都市に領事館を置いて、香料、医薬品、織物、染料、ガラス、貴石、紙をもたらした。さらには製本技術や、象嵌細工、青と白を基調にした製陶技術もイスラムからやって来たものだ。一七世紀後半にサファヴィー朝の首都イスファハーンを訪ねたフランスの宝石商のシャルダンはその美しさを讃えた。本書で紹介してきたように、中東や北アフリカなどのオリエントの世界は西欧にとってまさに東方の日の昇るところ、希望の象徴のように、西欧文明をその先進的な文化で照らしていた。

紛争や暴力が続く現状をとらえて、ヨーロッパ植民地主義進出以前の「オスマン帝国時代の平和（パックス・オスマニカ）」を懐旧する声はトルコ人だけでなく、アラブ人からも出てきている。

古代フェニキア人たちは、現在のレバノンのスールから商人たちをエーゲ海や地中海の島嶼やスペイン南部、北アフリカのカルタゴに送っていた。北アフリカのチュニスからベイルート、ダマスカス、バグダードは世界の交易の中心として繁栄し、ヨーロッパ、トルコ、ペルシアに交易網が広がっていった。この海上交易一つをとってもオリエント内部だけでなく、オリエントとヨーロッパは共生の関係にあった。

イスラム世界と欧米が共存していくには、この両者の関係における「よかった過去」を思い起こすことが必要だ。もちろん「よかった過去」もあれば、「よくなかった過去」もある。いずれもが、人類がやって来たことであり、もはや否定することは出来ない。だからこそ求められるのは、そう「寛容」なのである。

＊　＊　＊

二〇一六年五月五日投票のロンドン市長選で、野党労働党議員でイスラム教徒のサディク・カーン氏が当選した。ヨーロッパの主要都市で初めてムスリムの市長が誕生したとされるが、それは、この二〇〇年ぐらいの間の近現代においてのことであり、ムスリムがヨーロッパの都市の行政の最高責任者であったことは、その歴史においては繰り返し見られてきた。

キリスト教がヨーロッパに浸透したのが四世紀で、その四世紀後にイスラムはヨーロッパのスペインやフランス南部で信仰されていく。ヨーロッパの一部でイスラムが布教されるようになってからおよそ一三〇〇年が経過する。

スペインは七一一年から一四九二年までイスラム支配に置かれた。コルドバは七五六年にアブドゥル・ラフマーンI世に征服されて後ウマイヤ朝の都となった。シチリア島も八三一年から一〇七二年までアラブ・イスラム支配下に置かれ、宗教的寛容性と文化的多様性がよく維持され、農業・商業が発展し、アラブ、ギリシア、西欧の文化交流の地となった。

ギリシアは一四五八年から一八三二年まで四〇〇年にわたってオスマン帝国の支配下に置かれ、この間、アテネの支配者はオスマン帝国のムスリムの総督だった。また、オスマン帝国はハンガリーの多くの部分を統治し、ブダペストの西側部分に相当するブダの街は、この地域におけるオスマン帝国支配の拠点であった。

サディク・カーン氏の選出は、ヨーロッパ全体で「イスラム嫌い（イスラム・フォビア）」が台頭する中でロンドン市民の政治・文化意識の多様性を表したものといえる。近現代において、ムスリム市長の誕生は大変めずらしいかもしれないが、ヨーロッパでは過去にムスリムが地方自治を行い、キリスト教徒と相互に宗教や文化の多様性を認め合っていた。ロンドンでのムスリム市長の誕生がヨーロッパにおけるイスラムに対する偏見や誤解を弱め、「文明の衝突構造」を弱めることになるかもしれない。

外国語文献

- Ervand Abrahamian, *Iran Between Two Revolutions* (Princeton University Press, 1981)
- M. E. Ahrari ed., *The Gulf and International Security: The 1980s and Beyond* (Palgrave Macmillan, 1989)
- Shahrough Akhavi, *Religion and Politics in Contemporary Iran* (State University of New York Press, 1980)
- Hamid Algar tr., *Islam and Revolution: Writings and Declarations of Imam Khomeini* (Mizan Press, 1981)
- Mohammed Amjad, *Iran: From Royal Dictatorship to Theocracy* (Greenwood Press, 1989)
- Hooshang Amirahmadi, *Revolution and Economic Transition: The Iranian Experience* (State University of New York Press, 1990)
- Peter Avery, Gavin Hambly and Charles Melville eds., *The Cambridge History of Iran, Volume 7, From Nadir Shah to the Islamic Republic* (Cambridge University Press, 1991)
- Malek al-Shua'ra Bahar, *Tarikh-i Ahzab-i Siyasi-yi Iran* (Rangin Press, 1944)
- Andrew J. Bacevich & Efraim Inbar eds., *The Gulf War of 1991 Reconsidered* (Routledge, 2003)
- Mas'ud Bahnud, *Dowlatha-yi Iran az Sayyid Zia ta Bakhtiyar* (Tihran, 1366)
- Amin Banani, *The Modernization of Iran, 1921-1941* (Stanford University Press, 1961)
- Hossein Bashiriyeh, *The State and Revolution in Iran* (Croom Helm, 1984)
- James A. Bill, *The Eagle and the Lion: The Tragedy of American-Iranian Relations* (Yale University Press, 1988)
- J. A. Boyle ed., *The Cambridge History of Iran, Volume 5, The Saljuq and Mongol Periods* (Cambridge University Press, 1968)
- Sushil Chaudhury, Michel Morineau eds., *Merchants, Companies and Trade: Europe and Asia in the Early Modern Era* (Cambridge University Press, 2007)
- Margarita Diaz-Andreu, *A World History of Nineteenth-century Archaeology : Nationalism, Colonialism, and the Past* (Oxford University Press, 2008)

- Warren Dockter, *Churchill and the Islamic World* (I. B. Tauris, 2015)
- Manochehr Dorraj, *From Zarathustra to Khomeini: Populism and Dissent in Iran* (Lynne Rienner, 1990)
- Encyclopaedia Britannica　http://www.britannica.com/
- John L. Esposito, ed., *The Oxford Encyclopedia of the Modern Islamic World, 4 volumes* (Oxford University Press, 1995)
- Faramarz S. Fatemi, *The U. S. S. R. in Iran* (A. S. Barnes, 1980)
- Graham E. Fuller and Ian O. Lesser, *A Sense of Siege: The Geopolitics of Islam and the West* (Westview Press, 1995)
- Murray Friedman, *The Neoconservative Revolution: Jewish Intellectuals and the Shaping of Public Policy* (Cambridge University Press, 2005)
- R. N. Frye ed., *The Cambridge History of Iran, Volume 4, The Period from the Arab Invasion to the Saljuqs* (Cambridge University Press, 1975)
- Ilya Gershevitch ed., *The Cambridge History of Iran, Volume 2, The Median and Achaemenian Periods* (Cambridge University Press, 1985)
- M. Reza Ghods, *Iran in the Twentieth Century: A Political History* (Lynne Rienner Publishers, Inc., 1989)
- P. M. Holt, Ann K. S. Lambton and Bernard Lewis eds., *The Cambridge History of Islam, Volume 1A & 1B* (Cambridge University Press, 1977)
- Eric J. Hooglund, *Land and Revolution in Iran, 1960–1980* (University of Texas Press, 1982)
- Shireen T. Hunter, *Iran after Khomeini* (Praeger, 1992)
- Shireen T. Hunter, *Iran and the World: Continuity in a Revolutionary Decade* (Indiana University Press, 1990)
- Suroosh Irfani, *Revolutionary Islam in Iran: Popular Liberation or Religious Dictatorship?* (Zed Books Ltd., 1983)
- Peter Jackson and Lawrence Lockhart eds., *The Cambridge History of Iran, Volume 6, The Timurid and Safavid Periods* (Cambridge University Press, 1986)
- JAMI (Jebhih-yi Azadi-yi Mardum-i Iran), *Gozashteh Cheragh-I Rah-i Ayandeh Ast* (Paris, 1966)
- 'Abudul Samad Kambakhsh, *Nazari Bih Junbish-i Kargari u Komunisti dar Iran* (Tudeh Press, 1975)
- Homa Katouzian, *The Political Economy of Modern Iran, 1926–1979* (MacMillan and Co., Ltd., 1981)

- Homa Katouzian, *Muqaddame be Khaterat-i Siyasi-yi Khalil Maleki* (Tehran: Ravaq, 1980)
- Rouhollah Khumeini, *Velayat-i Faqih: Hokumat-i Islami* (Tihran, 1357)
- Nikki Keddie, *Roots of Revolution: An Interpretive History of Modern Iran* (Yale University Press, 1981)
- George Lenczowski, *Russia and the West in Iran* (Cornell University Press, 1949)
- George Lenczowski ed, *Iran under The Pahlavids* (Hoover Institution Press, 1978)
- Bahman Nirumand, *Iran: The New Imperialism in Action* (Monthly Review Press, 1967)
- David Menashri, *Iran: A Decade of War and Revolution* (Holmes & Meier, 1990)
- Kamran Mofid, *The Economic Consequences of the Gulf War* (Routledge, 1990)
- Trevor Mostyn (executive ed.), *The Cambridge Encyclopedia of the Middle East and North Africa* (Cambridge University Press, 1988)
- David Motadel, *Islam and Nazi Germany's War* (Harvard University Press, 2014)
- Misagh Parsa, *Social Origins of the Iranian Revolution* (Rutgers University Press, 1989)
- Gema Martin Munoz ed, *Islam Modernism and the West* (I. B. Taurist, 1999)
- John M. Owen, *The Clash of Ideas in World Politics* (Princeton University Press, 2010)
- Vijeya Rajendra and Gisela Kaplan, *Cultures of the World: Iran* (Marshall Cavendish, 1995)
- Rouhollah K. Ramazani, *Iran's Foreign Policy 1941-1973: A Study of Foreign Policy in Modernizing Nations* (University Press of Virginia, 1975)
- Barry Rubin & Wolfgang G. Schwanitz, *Nazis, Islamists, and the Making of the Modern Middle East* (Yale University Press, 2014)
- Amin Saikal, *The Rise and Fall of the Shah* (Princeton University Press, 1980)
- M. M. Salehi, *Insurgency through Culture and Religion: The Islamic Revolution of Iran* (Praeger, 1988)
- Stanford J. Shaw, Ezel Kural Shaw, *History of the Ottoman Empire and Modern Turkey: Volume 2, Reform, Revolution, and Republic: The Rise of Modern Turkey 1808-1975* (Cambridge University Press, 1977)
- Jonathan Spyer & Cameron Brown, *The Rise of Nationalism: The Arab World, Turkey, and Iran* (The Making of the Middle

East）(Mason Crest, 2008)
- Josef Wiesehöfer, *Ancient Persia* (I. B. Tauris, 1996)
- Donald Wilber, *Iran: Past and Present* (Princeton University Press, 1976)
- Robert Wistrich, *Hitler's Apocalypse: Jews and the Nazi Legacy* (Weidenfeld and Nicolson, 1985)
- Sepehr Zabih, *The Iranian Military in Revolution and War* (Routledge, 1988)

海外ウェブサイト
- Associated Press
- Reuters
- New World Encyclopedia
- www.aljazeera.com/
- Foreign Policy
- Foreign Policy in Focus

雑誌
- *Current History*
- *The Middle East Journal*
- *Middle East Report*

日本語文献
- 井筒俊彦『イスラーム文化　その根柢にあるもの』（岩波文庫、一九九一年）
- 井筒俊彦訳・解説『ルーミー語録』（岩波書店、一九七八年）
- 『岩波講座世界歴史〈第1〉古代1　古代オリエント世界　地中海世界I』（岩波書店、一九六九年）
- 『岩波講座世界歴史〈第8〉中世2　西アジア世界』（岩波書店、一九六九年）

・エドワード・W・サイード（中野真紀子訳）『遠い場所の記憶　自伝』（みすず書房、二〇〇一年）
・エドワード・W・サイード（板垣雄三・杉田英明監修　今沢紀子訳）『オリエンタリズム　上・下』（平凡社ライブラリー、一九九三年）
・大塚和夫・小杉泰・小松久男・東長靖・羽田正・山内昌之編『岩波イスラーム辞典』（岩波書店、二〇〇二年）
・岡田恵美子・北原圭一・鈴木珠里（編著）『イランを知るための65章』（明石書店、二〇〇四年）
・オマル・ハイヤーム（小川亮作訳）『ルバイヤート』（岩波文庫、一九七九年）
・加賀谷寛『イラン現代史』（近藤出版社、一九七五年）
・片倉もとこ他編『イスラーム世界事典』（明石書店、二〇〇二年）
・上岡弘二編『アジア読本　イラン』（河出書房新社、一九九九年）
・黒柳恒男『イラン　栄光の過去と現在』（泰流社、一九七五年）
・黒柳恒男『ペルシア文芸思潮』（近藤出版社、一九七七年）
・小玉新次郎「パルティアとササン朝ペルシア」／山崎利男「南アジア世界の形成　総説」『岩波講座世界歴史〈第3〉古代3　地中海世界Ⅲ』（岩波書店、一九七〇年）
・サアディー（蒲生礼一訳）『薔薇園（グリスターン）―イラン中世の教養物語』（東洋文庫、一九六四年）
・鈴木董『オスマン帝国　イスラム世界の「柔らかい専制」』（講談社現代新書、一九九二年）
・日本イスラム協会監修・佐藤次高他編『新イスラム事典』（平凡社、二〇〇二年）
・延近充「アフガニスタン戦争における犠牲者数」　http://web.econ.keio.ac.jp/staff/nobu/iraq/casualty_A.htm
・延近充『薄氷の帝国　アメリカ―戦後資本主義世界体制とその危機の構造』（御茶の水書房、二〇一二年）
・フェルドウスィー（岡田恵美子訳）『王書』（岩波文庫、一九九九年）
・深見奈緒子『世界のイスラーム建築』（講談社現代新書、二〇〇五年）
・フレッド・ハリデー（岩永博・菊地弘・伏見楚代子訳）『イラン　独裁と経済発展』（法政大学出版局、一九八〇年）
・堀田善衛『スペイン断章〈上〉歴史の感興』（集英社文庫、一九九六年）
・堀田善衛『スペイン断章〈下〉情熱の行方』（集英社文庫、一九九六年）
・松本清張『ペルセポリスから飛鳥へ』（日本放送出版協会、一九八八年）

・水谷周編著『アラブ民衆革命を考える』（国書刊行会、二〇一一年）
・宮田律『中東イスラーム民族史』（中公新書、二〇〇六年）
・宮田律『中東　迷走の百年史』（新潮新書、二〇〇四年）
・村川堅太郎・江上波夫他編『世界史小辞典』（山川出版社、一九六八年）
・モハメド・ヘイカル（佐藤紀久夫訳）『イラン革命の内幕』（時事通信社、一九八一年）

地図作成　ジェイ・マップ

新潮選書

オリエント世界《せかい》はなぜ崩壊《ほうかい》したか
――異形化《いぎょうか》する「イスラム」と忘《わす》れられた「共存《きょうぞん》」の叡智《えいち》

著　者………………宮田《みやた》律《おさむ》

発　行………………2016年6月25日

発行者………………佐藤隆信
発行所………………株式会社新潮社
〒162-8711 東京都新宿区矢来町71
電話　編集部 03-3266-5411
　　　読者係 03-3266-5111
http://www.shinchosha.co.jp
印刷所………………株式会社三秀舎
製本所………………株式会社大進堂

乱丁・落丁本は、ご面倒ですが小社読者係宛お送り下さい。送料小社負担にてお取替えいたします。価格はカバーに表示してあります。

ISBN978-4-10-603790-0 C0322